N
W
O
S
EUROPÄISCHES
NORDMEER
24
23
Narvik
Bodø
22
SCHWEDEN
E6
Steinkjer
Trondheim
Kristiansund
Ålesund
5
6
E6
NORWEGEN
19
17
15
Dombås
16
14
21
12
Lom
13
E6
8
7
Lillehammer
18
Hamar
10
11
Geilo
9
BOTTNISCHER MEERBUSEN
OSLO
Haugesund
2
Drammen
Skien
1
3
4
Karlstad
E6
Stockholm
Arendal
Risør
Vänern
E18
Grimstad
Kristiansand
Lindesnes
Mandal
SKAGERRAK

Kreutzkamp

Straßen in die Einsamkeit

Dieter Kreutzkamp

Straßen in die Einsamkeit

Norwegen

Zwischen Oslo und Lofoten

Mit Wohnmobil, Fahrrad, Schiff, Kanu,
Eisenbahn und
zu Fuß durch Skandinavien
Extrateil: In den Kanurevieren Süd-Schwedens

Frederking & Thaler

Bildnachweis:
Byarkiv Stavangar: S. 58
Klaus Finn: S. 21, 73, 74/75, 85, 87, 88, 137, 139, 155 oben
Fykesarkivet i Sogn og Fjordane: S. 78
Alexander Geh: S. 23, 24/25, 59, 60/61, 76, 79 oben, 96, 100, 112, 125, 126, 127, 148, 149 oben, 155 unten, 156, 167, 171
Jan Goedelt: S. 110/111
Claus Görk: S. 70, 133
Björn Klauer: 182, 185
Volker Krack: 199
Michael Lange: S. 10, 65, 140/141, 159, 160/161, 192, 193, 194, 197
Uwe Lochstampfer: S. 4/5, 9, 15, 43, 44/45, 54, 57, 66/67, 97, 98/99, 104, 132, 134, 144, 152/153, 163, 164/165, 172, 176, 180/181
Helge Mücke: S. 35, 46, 47, 52, 55, 63, 113, 115
Thomas Münzberger: S. 8, 12, 13, 16, 27, 29, 31, 33, 37, 38, 40, 41, 49, 50, 82, 83, 90, 92, 93, 107, 117, 118, 119, 121, 122/123, 145, 149 unten, 173, 166, 174, 178
Nordis Picture Pool: S. 14, 17, 34, 77, 103, 105, 129, 131, 142, 168
Telemark Reiser: S. 32
Götz Weihmann: S. 26, 28
Archiv Kreutzkamp: S. 18, 19, 20, 64, 170, 175

Abbildung auf dem Umschlag vorn: Helge Mücke
Abbildung auf dem Umschlag hinten: Michael Lange

Die Fotos von Uwe Lochstampfer

wurden mit Leica R_7 aufgenommen.

Das Zeichen [i] im Informationsteil weist auf eine Stelle hin, an der touristische Informationen erhältlich sind.

Die Deutsche Bibliothek – CIP-Einheitsaufnahme

Kreutzkamp, Dieter:
Norwegen : zwischen Oslo und Lofoten / Dieter Kreutzkamp (Hrsg.). Texte: Alexander Geh ; Helge Mücke. Unter Mitarb. von: Michael Lange ... – München : Frederking und Thaler, 1995
(Straßen in die Einsamkeit)
ISBN 3-89405-341-0
NE: Kreutzkamp, Dieter [Hrsg.]; Geh, Alexander

Produktion: Martin Gawelzyk, München
Karten: Theiss Heidolph, Kottgeisering
Fotosatz: Uhl + Massopust, Aalen
Reproduktion: eder repros, Ostfildern
Druck und Bindung: Druckerei Uhl, Radolfzell
Printed in Germany

ISBN 3-89405-341-0

INHALT

INHALT

INHALT

So zauberhaft kann der Sommer auf den rauhen Lofoteninseln sein!

Wildnis vor der Haustür – viel Natur und wenige Menschen

Für alle, die die Stille einer wilden, noch intakten Natur suchen, ist dieses Reisehandbuch über Norwegen, zwischen Kap Lindesnes und Lofoten, zwischen der fjordgesäumten Küste und dem Hochland des Inneren, geschrieben.

»Straßen in die Einsamkeit« lautet der Titel der Reihe, in der das Buch erscheint. Denn Straßen sind die Schlüssel zur Natur. Einsamkeit ist leicht zu erreichen in Norwegen. Dieses Buch hat eine Fülle von Tips dazu parat. Auch zu Fuß, per Boot, mit Skiern oder Hundeschlitten kann man Norwegen auf die stille Art kennenlernen. Reizvoll ist die Kombination von PKW-Fahrten und Fußwanderungen, wobei sich die romantischen Nebenstraßen geradezu anbieten.

Der »Rücken« des auf der Landkarte so markanten skandinavischen »Löwen«, das langgestreckte Norwegen, mißt zwischen Südwesten und Nordosten rund 1700 Kilometer Luftlinie. Drehte man Norwegen oder schlüge auf dem Atlas mit dem Zirkel einen Bogen, reichte seine Nordostspitze bis nach Rom oder zur Ferieninsel Mallorca. Das klingt verlockend für den, der aus der Enge Mitteleuropas kommt. Der große »Nordkaprundkurs« zum Beispiel entspricht einer Reise von Hamburg nach Südeuropa – und immer noch befindet man sich im selben Land, hat noch nicht einmal seinen äußersten Zipfel erreicht. In der Breite mißt Norwegen maximal 430 Kilometer, an der schmalsten Stelle, im Trældal, nur 6 Kilometer.

Norwegen bedeckt eine Fläche von 386 958 Quadratkilometern, das ist etwa soviel wie die der Bundesrepublik Deutschland. Doch dieses Land

Die Tradition der Trachten wird nach wie vor gepflegt: Beispiel aus dem Stesdal

Wilde Bergregionen, romantische Kanugewässer: Norwegen besticht durch eine breite Palette an Outdoor-Aktivitäten

bevölkern kaum mehr als vier Millionen Einwohner – nur 13 pro Quadratkilometer (Deutschland: 246).

Doch Durchschnittszahlen sagen nicht alles. Große Regionen sind unbewohnbar, die Bevölkerung konzentriert sich auf einen schmalen Streifen an der Westküste und den Südteil, wo schon immer die Voraussetzungen für eine Besiedlung günstig waren (etwas mehr als 80 % aller Einwohner leben in einem Abstand von weniger als 15 Kilometern von der Küste; rund ein Drittel wohnt im Oslo-Bezirk).

Dahinter aber tut sich das auf, was die Faszination dieses Landes am Polarkreis ausmacht. Fast menschenleere Weite. Immerhin ist ein Fünftel Norwegens über 900 Meter hoch und damit fast immer über der Baumgrenze – karges Land, das sich nur schwer erschließen läßt. Rund ein Fünftel ist bewaldet, drei Viertel sind mit Felsen und Geröll, mit Gletschern, Wasser und Wildnis bedeckt. Eigentlich gibt es nur vier große Städte: die Hauptstadt Oslo, Bergen, Stavanger und Trondheim. Wie günstig für Naturfreunde!

Vulkane wie in Island gibt es hier nicht; dafür aber eine Vielzahl von Seen und Gletschern. Der größte Gletscher ist der 486 Quadratkilometer große Jostedalsbre, doch auch der relativ leicht erreichbare, weit im Süden gelegene Hardangerjøkul umfaßt immerhin noch 78 Quadratkilometer. Der größte Binnensee ist der Mjøsa (368 Quadratkilometer); der unter Touristen sehr bekannte Femundsee zählt ebenfalls zu den großen (201 Quadratkilometer). Abgesehen davon ist das Land mit unzähligen kleineren Seen und Weihern übersät.

Fast überall trifft man auf einen Fluß, ein Flüßchen oder einen Bach. Auf einer Norwegenreise gehört das Rauschen eines fließenden Gewässers während der Nacht im Zelt, im Wohnmobil oder in der Campinghütte zum vorherrschenden Eindruck. Noch lange wird er in Erinnerung bleiben.

Als Naturfreund findet man in Norwegen eine besonders große Vielfalt an Biotopen, an Lebensräumen – es ist, als habe sich hier ganz Europa in einem einzigen Land vereint. So warm wie auf Mallorca wird es natürlich nur selten; doch ist Norwegen wiederum auch nicht so kalt, wie man es aufgrund seiner nördlichen Lage erwarten könnte – das liegt am Golfstrom. Im Winter kann sibirische Kälte eintreten: minus 40 Grad sind dann im Landesinneren nicht ungewöhnlich. Im Sommer aber wird es heiß; 30 Grad Celsius sind bei wolkenlosem Himmel durchaus nicht selten. Der Wärmerekord soll bei 35,6 Grad über Null liegen. Ein Land der Kontraste also – gerade das aber macht es zu einem der beliebtesten Reiseziele Europas.

Ein Land verblüfft – Norwegen in Fakten

Norwegen beeindruckt durch...

...2650 Kilometer Festlandküste. Die Fjorde hinzugerechnet, beträgt seine Küstenlinie mehr als das Achtfache, nämlich 21 347 Kilometer. Zählte man die zahllosen Inseln hinzu, laden 57 000 Kilometer Küste zum Baden, Tauchen und Bootfahren ein.

...die spektakulärsten Fjorde unserer Erde. Der längste, der Sognefjord, schneidet sich 204 Kilometer ins Landesinnere ein. Der Oslofjord bringt es immerhin noch auf 100 Kilometer.

...auffällige klimatische Nord-Süd- und West-Ost-Gegensätze; der vom Meer geprägte Westen ist maritim, der Osten zeigt kontinentale Züge. Die mittlere Julitemperatur beträgt in Stavanger und Bergen ca. 16 °C, in Oslo hingegen knapp 22 °C. Während in Bergen 2800 mm jährlicher Niederschlag fallen, bei Bodø gar 4000, sind es im östlichen Jotunheim, im oberen Gudbrandstal lediglich 500 mm.

...rund 50 000 Inseln, viele davon »Schären«, von denen die meisten unbewohnt sind.

...mächtige Flüsse und Wasserfälle. Längster Fluß ist mit 598 Kilometern die Glomma. Der Skykkjedalsfoss am Eidfjord stürzt 300 Meter in die Tiefe.

...ein vorbildliches Sozialsystem (»Volkssicherungsgesetz«) mit dezentraler öffentlicher Gesundheitsfürsorge, Unterstützung für Familien mit Kindern, staatlicher Basisrente usw. Das Recht auf Sozialleistungen wird als Grundrecht angesehen. Das Recht auf Arbeit ist in der Verfassung verankert.

...die emanzipierte Stellung seiner Frauen: Von den 165 Parlamentssitzen sind 65 mit Frauen besetzt. Gro Harlem Brundtland wurde 1985 zur ersten Premierministerin gewählt und besetzte die Hälfte ihres Kabinetts mit Frauen.

Ein zauberhaftes Reiseland, kein »Raseland«

Da stand er nun auf dem Parkplatz, der Kleinbus, und einer nach dem anderen sprang heraus: Vater, Mutter, zwei Kinder. Oben auf dem Autodach prangte ein Rentiergeweih. Vorn an der Kühlerhaube stand in weißen Buchstaben: »Nordkapp« (in Norwegisch mit zwei »p«). Sie hatten sie also hinter sich, die große Touristentour: »Einmal Nordkap und zurück.«

Man fährt dorthin überwiegend auf der meist sehr gut ausgebauten Europastraße 6, um möglichst rasch voranzukommen, ist viel unterwegs und übernachtet jede Nacht woanders – mehr als viertausend Kilometer beträgt der Rundkurs insgesamt. »Mindestens zehn Tage muß man rechnen«, heißt es. Gewiß, eine faszinierende und auch beliebte Tour für den Einstieg. Doch wird man die Seele Norwegens dabei wirklich kennenlernen? Die stillen, beschaulichen Täler, die Buchten, Berge, Fjorde und grandiosen Hochebenen? Norwegen bietet eine der letzten großen und vielfach noch unbekannten Wildnisse Europas. Viele dieser spektakulären Landschaften »erfährt« man nur in Muße. Hier gilt die Devise »weniger ist mehr« ganz besonders.

»Hütten« zählen zu den angenehmen Besonderheiten hier. Fast jeder Campingplatz hat nicht nur Zeltplätze, sondern auch mehrere Holzhäuschen unterschiedlicher Größe, in denen man in seinem mitgebrachten Schlafsack (ohne Bettwäsche also) übernachten kann. Der Komfort ist unterschiedlich: Die einfachsten Campinghütten haben keine Stromversorgung, das Wasser wird aus dem nahegelegenen Fluß oder See gepumpt. Hütten der Mittelklasse sind mit einer Kochplatte, teilweise auch mit einem Kühlschrank versehen; einige sind ganz besonders gemütlich eingerichtet – mit Kamin und handgewebten Läufern –, ja geradezu liebevoll gestaltet. Verpflegen muß man sich selber, doch sind viele Hütten mit Geschirr, Besteck und Kochtöpfen ausgestattet.

Bezahlt wird pauschal pro Hütte. Je nach Größe, kann man die Hütte mit zwei, vier oder mehr Personen bewohnen – am günstigsten ist es mit einer kleinen bis mittleren Familie. Man sieht: Norwegen ist ein familienfreundliches Land!

Oft erlebt man es, daß zunächst kein Verwalter am Campingplatz zu sehen ist, auch niemand, bei dem man sich anmelden kann. An den Hütten hängt nur ein Schild mit der Aufschrift »ledig« (frei, unbesetzt), der Schlüssel steckt in der Tür. Man braucht in solchen Fällen nur das Schild umzudrehen – »opptatt« steht auf der anderen Seite (besetzt) – und den Schlüssel an sich zu nehmen. Irgendwann am Abend kommt jemand und nimmt das Geld in Empfang. In eher seltenen Fällen erlebt man es, daß niemand mehr kommt, vielleicht auch, weil man zu früh wieder abreist. Nun, so steckt man eben einen Schätzbetrag in einen Umschlag, schreibt ein paar Dankesworte dazu, gibt sicherheitshalber die Heimatadresse an und wirft das Ganze in den Briefkasten. Norwegische Gastfreundschaft ist ein besonderes Erlebnis!

Ein Reiseland ist Norwegen – kein Raseland. Eine Tagesetappe von mehr als 300 Kilometern ist schon zu viel, wenn man das Land hautnah erleben und sich dabei noch erholen möchte. Die Geschwindigkeit ist außerhalb geschlossener Ortschaften grundsätzlich auf 80 Stundenkilometer begrenzt. In geschlossenen Orten gelten 50 km/h. Überschreitungen werden hart bestraft – auch bei Touristen.

Die Straßen sind zumeist nicht zum Schnellfahren geeignet. Besonders auf schmalen, gewundenen Bergstraßen muß man sehr konzentriert fahren. Hier zeigt sich schon bald, warum Abblendlicht verbindlich vorgeschrieben ist. Erkennt man ein entgegenkommendes Fahrzeug, weil plötzlich Lichter auftauchen, muß man blitzschnell entscheiden, ob man bis zur nächsten Ausweichstelle vorfährt und abwartet oder ob man rasch anhält und zur vorigen Ausweichstelle zurücksetzt. Manchmal wird diese Entscheidung durch ein besonderes Verkehrsschild erleichtert: ein weißes »M« auf blauem Grund. »Møteplass« (Treffplatz, Ausweichstelle) bedeutet es, und kennzeichnet eben die Ausbuchtungen, an denen man den Gegenverkehr vorbeilassen kann.

Diese Schilder und die Ausweichstellen haben allerdings noch einen anderen, »typisch norwegi-

Torghatten – der sagenumwobene Berg mit dem Loch (an der Westküste zwischen Trondheim und Bodø) ▷

Wohnen mit Panoramablick: Im Hintergrund die »Sieben Schwestern«, eine markante Bergkette an der Küstenstraße Riksvei 17 bei Sandnessjø

Informationen: Nützliche Anschriften

Eine hervorragende und preiswerte Möglichkeit zur Vorbereitung einer Reise nach Norwegen bietet das jedes Jahr neu herausgegebene »offizielle Reisehandbuch Norwegen«: ca. 300 Seiten.
Man kann es über eine Buchhandlung bestellen oder über die folgende Stelle bekommen, die auch sonst reichlich Informationsmaterial bereithält:
[i] NORTRA Marketing GmbH, Versandservice, Christophstr. 18-20, 45130 Essen.

Allen Grund zum Lachen: Für Petrijünger ist Norwegen ein Dorado – hier der König der Fische, ein Lachs

[i] Für den Norwegen-Liebhaber (der es schon ist oder werden und bleiben wird) empfiehlt sich die Mitgliedschaft in der Deutsch-Norwegischen Freundschaftsgesellschaft:
DNF-Geschäftsstelle, z. Hd. Edith Neumann, Christophstr. 18-20, 45130 Essen, Tel. (02 01) 78 03 53.
Jedes Mitglied erhält jährlich das Reisehandbuch und sechsmal im Jahr ein Norwegen-Magazin.
Selbstverständlich kann man sich auch direkt an das zuständige Fremdenverkehrsamt wenden:
[i] Norwegisches Fremdenverkehrsamt, Postfach 76 08 20, 22058 Hamburg, Tel. (0 40) 22 71 08 10; Fax: (0 40) 22 71 08 15.

Karten: Dem Norwegen-Reisehandbuch ist auch eine Straßenkarte beigelegt. Der Maßstab beträgt 1:1 270 000. Das mag eine erste Grundlage sein. Empfehlenswerter sind die Karten der norwegischen Firma Cappelen: Cappelens Bil- og turistkart im Maßstab 1:325 000. Norwegen ist hier auf fünf Karten verteilt, von denen die ersten beiden Südnorwegen betreffen. Nr. 1: Sør Norge – sør (Südnorwegen, Südteil); Nr. 2: Sør Norge – nord (Südnorwegen, Nordteil). Dieselben Karten werden auch in Lizenz vom deutschen Verlag Kümmerly und Frey gedruckt. Man kann diese und andere Karten bereits in Deutschland beziehen von:
[i] NORDIS Buch- und Landkartenhandel, Postfach 343, 40798 Monheim, Tel. (0 21 73) 5 66 65, Fax: (0 21 73) 5 00 95.
Eine Karte, auf der die für Wohnwagengespanne geeigneten Straßen markiert sind, erhält man bei der NORTRA-Marketing-Gesellschaft oder direkt beim Straßenverkehrsamt in Norwegen:
[i] Vegdirektoratet, Postboks 8142 Dep, N-0033 Oslo.
Auf der Rückseite der dem »Reisehandbuch« beigefügten Karte sind weitere Informationen aufgedruckt – z. B. über Fährpreise und -fahrpläne. Ganz wichtig: rechtzeitig eine Fähre buchen, da in der Hauptsaison viele Schiffe ausgebucht sind. Auskunft holt man sich am besten im Reisebüro. Beim Buchen einer Autofähre sind die genauen Maße des Fahrzeugs anzugeben (Länge und Höhe) – also vorher ausmessen oder nachlesen!

Über die bei **Autoreisen** wichtigen Gesichtspunkte, Verkehrsregeln usw. informiert:
[i] **Det Kongelige Justis- og Politidepartement,** Akersgt. 42, N-0030 Oslo, Tel. 22 34 90 90. Das ist die oberste Polizeibehörde. Aber natürlich erteilt auch jede Polizeidienststelle Auskunft – norwegische Bezeichnung »politi«, weiße Schrift auf blauem Grund.

Die Telefon-Vorwahl für Norwegen von Deutschland aus lautet: 0047.

schen« Sinn: Fährt man ein langsames Fahrzeug, hinter dem sich eine lange Schlange gebildet hat (z. B. ein Wohnwagengespann), wird erwartet, daß man ab und zu anhält, um die schnelleren Fahrzeuge vorbeizulassen. Das ist hier so Brauch!

Welches die beste Art ist, Norwegen zu bereisen, hängt doch sehr von den persönlichen Bedürfnissen und Möglichkeiten ab. Neben Autoexkursionen sind Schiffs-, Rad- und Fußtouren beliebt. Auch für eine Reise ganz ohne eigenes Auto enthält dieses Buch Beispiele. Aber wie immer man auch reist, an einem Problem kommt man nicht vorbei – vor allem, wenn man möglichst viel kennenlernen möchte: Das Land ist riesig. Mit anderen Worten: Man ist auf effektive Fortbewegungsmittel angewiesen.

Freiluftkonzert in Lillehammer: Eine der zahlreichen norwegischen Schulkapellen sorgt für den guten Ton

Das Problem läßt sich mit geringfügigem finanziellen Mehraufwand lösen. »Fly and drive« lautet die Devise. Man legt größere Strecken mit dem Flugzeug zurück und mietet sich jeweils am Flughafen einen Wagen, um die besonderen Ziele anzusteuern, die man vorgeplant hat. Das Flugnetz ist in Norwegen gut ausgebaut. Rund 50 größere Flugplätze finden sich über das ganze Land verteilt. Für ausländische Touristen gibt es teilweise Sonderangebote, die Flugreisen durchaus erschwinglich machen – es lohnt, sich nach Bedingungen und Preisen zu erkundigen.

Hotels sind grundsätzlich teuer, doch gibt es auch hier Sonderangebote und Rabattsysteme, die das Reisen von Hotel zu Hotel erleichtern. Aber man muß aufpassen, ob Frühstück inbegriffen ist. Das ist nämlich nicht selbstverständlich.

Nicht nur wegen der hohen Hotelpreise ist Norwegen ein Dorado für Wohnmobil- oder Wohnwagen-Touren. Die Möglichkeiten des Jedermann-Rechts, wilde Natur, einsame Plätze und zumeist großartige Ausblicke machen es zu einer bevorzugten Adresse für die Freiheit auf vier Rädern. Allerdings gibt es auch Straßen, die nur mit einigem Geschick und Übung mit größeren Fahrzeugen befahren werden können. Das Straßenamt in Oslo (Vegdirektoratet) hat eine Karte herausgegeben, in der die Straßen gekennzeichnet sind, die sich bedingt oder gar nicht für Wohnwagentouren eignen. Am besten besorgt man sie sich vor der Reise!

Eisenbahnfahrten sind in Norwegen ein Erlebnis für sich, wenn es auch nur einige wenige Hauptstrecken gibt. Und natürlich gibt es eine Fülle von Möglichkeiten, mit dem Schiff zu fahren. Eine besondere und lohnende Touristenattraktion sind die Postschiffe der »Hurtigrute«.

Wie immer man auch reist – man sollte den Wahlspruch beherzigen, den die Norweger so unnachahmlich aussprechen: »Tar det med ro«! Nimm es mit der Ruhe, bleib gelassen! Norwegen ist eben ein Reiseland, kein Raseland... In diesem Sinne: »God tur« – Gute Reise!

Wegweiser in die Einsamkeit: 2518 spannende Kilometer zwischen Kap Lindesnes und dem Nordkap

Norwegisch für Anfänger – zum Thema »Autoreisen«

bil – Auto
bensin – Benzin
blyfri – bleifrei
olje – Öl
uhell – Panne
ulykke – Unglück, Verkehrsunfall
bompenger [bummpenger] – Straßengebühr
bomvei – gebührenpflichtige Straße
veiarbeidsområdet – Baustelle, Straßenbauarbeiten
bilutleie – Autovermittlung, Mietwagenverleih
bilverksted – Werkstatt, Autoreparaturen
camping [kamping – also nicht englisch auszusprechen] – Camping

Seit 3 Milliarden Jahren in Arbeit – Skandinavien entsteht

Skandinavien gehört zu den ältesten europäischen Landmassen. Es besteht aus einem kristallinen Grundgebirge (Granite, Gneise usw.) mit einer flachen Aufwölbung in Finnland, Schweden und Süd-Norwegen. Dieses Grundgebirge, der Baltische Schild, ist im Nordosten mit rund drei Milliarden Jahren am ältesten. Gen Süden hin wird er jünger, doch auch dort ist er noch rund eine Milliarde Jahre alt. Damit stammt diese Region aus dem ältesten Erdzeitalter, dem Präkambrium.

Norwegens und Schwedens Berge sind nordsüdwärts ausgerichtet. Ihre Geschichte beginnt vor 510 Millionen Jahren. Damals existierte ein Vorgänger unseres heutigen Atlantik zwischen der amerikanischen und europäischen Landmasse, »Iapetus« nennen ihn die Wissenschaftler. Dieses prähistorische Meer, der Prototyp unseres heutigen Atlantik, wurde beim Aufeinanderprallen der Landmassen immer stärker eingekeilt, bis es unter ihnen verschwand. Im Zuge dieses kontinentalen »Crash« erhoben sich mächtige Gesteinsmassen im Nordwesten und Westen Norwegens und Schwedens. Damit war das Kaledonische Gebirge entstanden.

Das Quartär (Beginn vor 2 bis 1,5 Millionen Jahren) formte, schnitzte, fräste und hobelte diese grobe Oberfläche. Besonders die Eiszeiten prägten das Land. Auf Relikte jener Zeit stößt man noch heute in Form von Moränen, Geröllen und Striemungen auf Gesteinsoberflächen. Eins der verblüffendsten Überbleibsel steht im schwedischen Süd-Dalarna: der größte Findling Skandinaviens, mit den Ausmaßen eines Hauses.

Seefahrertradition: Kampf mit dem Meer wie schon zur Wikingerzeit – die »Saga Siglar« auf Nordmeerfahrt ▷

Im Zeitraffer: vom schrecklichen Hägar bis zur »schrecklichen EU«

872 Schlacht am Hafrsfjord: Der Sieger, Harald Hårfagre (Harald Schönhaar), vereint die vielen kleinen Fürstentümer zum ersten norwegischen Reich, das mit seinem Tod zerfällt.

Es ist keine friedliche Zeit: Während viele Normannen bereits seit dem fünften Jahrhundert in Europa umhersegeln und Handel treiben, verdienen andere ihren Lebensunterhalt auf weniger ehrbare Weise. Sie gehen auf Wikingfahrt, auf Beutezug, und verbreiten Angst und Schrecken in West-, Mittel- und Osteuropa. Durch ihre wendigen Schiffe sind die Wikinger auf See überlegen.

1015 König Olav Haraldsson führt die Christianisierung durch und setzt sich selbst als Oberhaupt der Kirche ein, was im fernen Rom nicht gerade begeistert zur Kenntnis genommen wird.

1030 Doch gefährlicher sind die Neider unter den weltlichen Machthabern. Die vom König entmündigten Kleinfürsten verbünden sich mit dem dänisch-englischen König. Olav fällt bei Stiklestad. Als an seinem Grab angeblich wundersame Dinge geschehen, wird er heiliggesprochen.

Walfang in alten Tagen – so heute nicht mehr zu verantworten

1035 Mit dem Amtsantritt von Olavs Sohn Magnus als König beginnt die Konsolidierung des Reiches. Freilich bleibt es Brauch, Meinungsverschiedenheiten mit den Waffen beizulegen.

1048 Gründung der Stadt Oslo. Hauptstadt des Reiches ist der Königs- und (spätere) Bischofssitz Nidaros, das heutige Trondheim.

1070 Gründung der Stadt Bergen.

1250 König Håkon IV. ermächtigt die Lübekker Hanse, das westnorwegische Bergen in ihr Handelsnetz zu integrieren. Die verkehrsgünstig gelegene Stadt erfährt einen beträchtlichen wirtschaftlichen Aufschwung.

1262 Norwegen verleibt sich Island und Grönland ein. Es waren norwegische Wikinger gewesen, die 874 Island und 982 Grönland entdeckten und besiedelten, ja von dort aus um 1000 nach Nordamerika gesegelt waren.

1349 Mehr als die Hälfte der Bevölkerung stirbt an der Pest.

1397 Die Kalmarer Union besiegelt den unfreiwilligen Zusammenschluß von Dänemark, Schweden und Norwegen unter dänischer Vorherrschaft. Während Schweden 1523 unter Gustav Wasa die Unabhängigkeit zurückgewinnt, verkümmert Norwegen zur dänischen Provinz. Bauern und Fischer fristen ein karges Dasein, bleiben aber von der Leibeigenschaft verschont. König und Adel im fernen Kopenhagen sehen keinen Anlaß, in »dieser rauhen, düsteren Landschaft« an der Peripherie ihres Reiches Landsitze oder gar Schlösser zu errichten. Sie besetzen die Verwaltung mit Landsleuten und machen das Dänische zur Amtssprache.

1624 Ein Brand verwüstet Oslo. Christian IV. läßt die Stadt wiederaufbauen und krönt sie mit seinem Namen: »Christiania« wird Amtssitz des dänischen Statthalters.

1814 Norwegen wird im Kieler Frieden der Siegermacht Schweden zugesprochen. Die erhoffte Unabhängigkeit wird auf dem Schachbrett der europäischen Neuaufteilung geopfert. Die Norweger geben sich nicht geschlagen: In Eidsvoll, nördlich von Oslo, tritt eine verfassungsgebende Versammlung zusammen. Die ausgearbeitete Verfassung sieht eine konstitutionelle Monarchie vor, in der die Gesetzgebung einem Parlament, dem Storting, übertragen wird. Der 17. Mai, an dem die Verfassung verabschiedet wird, ist seitdem der Nationalfeiertag.

Die Zwangsunion mit Schweden können die Norweger jedoch nicht verhindern. Der künftige König, Karl Johan, erkennt immerhin die Verfassung von Eidsvoll an. Lediglich die Außenpolitik liegt in der Verantwortung der schwedischen Regierung. Karl Johan läßt sogar, anders als seine dänischen Vorgänger, ein Schloß in Christiania errichten.

Die Norweger des 19. Jahrhunderts reagieren auf diese Union, indem sie die eigene Identität und Geschichte betonen. Wikinger, Stabkirchen, bäuerliche Rosenmalerien und Volksliteratur erleben eine Renaissance. Die Nationalromantik erfaßt auch die Kunst.

1825 Die Auswanderung nach Nordamerika setzt ein. Obwohl im 19. Jahrhundert die ersten Industriezweige rentabel arbeiten (Holz, Textilien) und die Landwirtschaft mehr abwirft als früher, reicht das wirtschaftliche Potential nicht aus, um die anwachsende Bevölkerung zu ernähren. Bis zum Beginn des Ersten Weltkrieges verlassen mehr als 800 000 Menschen ihre Heimat und ziehen über den Ozean.

1898 Das allgemeine Wahlrecht wird eingeführt. »Allgemein« klingt gut, bedeutet zu dieser Zeit aber »Männerwahlrecht«.

1903 Bjørnstjerne Bjørnson wird mit dem Literaturnobelpreis ausgezeichnet. Er ist Vorreiter des Realismus und gilt als Innovator der einheimischen Literatur.

1905 Norwegen sagt sich per Volksentscheid von Schweden los. Schweden verzichtet auf eine militärische Intervention, womit Norwegen, nach mehr als 500 Jahren, wieder unabhängig ist.

Die konstitutionelle Monarchie wird beibehalten. Der neue König, Prinz Carl von Dänemark, nimmt als Håkon VII. die Namenstradition aus der Zeit vor der Kalmarer Union wieder auf. Landeshauptstadt wird Kristiania, wie es nun heißt.

1911 Roald Amundsen erreicht als erster Mensch den Südpol.

Bauern in ländlicher Tracht im Sätersdal

1913 Das Storting beschließt das Frauenwahlrecht.

Zur Deckung des steigenden Energiebedarfs werden Wasserkraftwerke geplant.

1914 Norwegen erklärt sich im Ersten Weltkrieg für neutral. Da die Handelsflotte, inzwischen die drittgrößte der Erde, Versorgungsaufträge für England fährt, wird sie in den Krieg hineingezogen und verliert gut die Hälfte ihrer Schiffe. Zu Hause werden die Güter des täglichen Bedarfs knapp und teuer.

1920 Literaturnobelpreis für Knut Hamsun (»Hunger«, »Pan«, »Victoria«, »Segen der Erde«).

1922 Friedensnobelpreis für den ehemaligen Polarforscher Fridtjof Nansen, mittlerweile Hochkommissar des Völkerbundes. Er hatte sich um die Rückführung von Kriegsgefangenen nach dem Ersten Weltkrieg verdient gemacht.

1924 Oslo heißt wieder Oslo.

1928 Literaturnobelpreis für Sigrid Undset (»Jenny«, »Frühling«, »Kristin Lavranstochter«).

Fischerdorf auf den Lofoten zur Jahrhundertwende

1935 Nach der Weltwirtschaftskrise hat sich die Ökonomie stabilisiert. Erstmals regieren Sozialdemokraten über mehrere Jahre hinweg. Mit Sozialreformen leitet die Regierung Nygaardsvold den Weg zum sogenannten Wohlfahrtsstaat ein.

1940 Die deutsche Wehrmacht besetzt das Land. König Håkon VII. und der politischen Führung gelingt die Flucht. Norweger kämpfen als Partisanen oder in britischen Einheiten gegen die Besatzer, indem sie Sabotageaktionen ausführen.

1947 Thor Heyerdahl überquert in seinem Holzboot »Kon-Tiki« den Pazifik. Er will dadurch beweisen, daß die Wurzeln der polynesischen Kultur in Südamerika liegen.

1949 Als Konsequenz des Krieges tritt Norwegen der NATO bei.

1952 Olympische Winterspiele in Oslo.

1957 Olav V. wird nach dem Tod seines Vaters Håkon König.

1971 Nach jahrelanger Forschung beginnt die Ausbeutung der Erdöl- und Erdgasfelder in der Nordsee. Norwegen entwickelt sein Wohlfahrtssystem weiter und wird zu einem der reichsten Länder der Erde.

1972 Nach einer emotionalen Debatte entscheiden sich die Norweger in einer Volksabstimmung gegen den EG-Beitritt.

1991 Nach Olavs Tod besteigt sein Sohn Harald V. den Thron.

1993 Unter Vermittlung des norwegischen Außenministers Holst treffen sich Vertreter von israelischer Regierung und PLO zu geheimen Gesprächen in Oslo. Der Dialog im Nahen Osten wird eingeleitet.

1994 Olympische Winterspiele in Lillehammer.

Zum zweiten Mal entbrennt die Kontroverse für und wider EU-Beitritt. Die Gegner, vorwiegend die ländliche Bevölkerung, fürchten die Fremdbestimmung durch Brüssel, während die Befürworter mit wirtschaftlichen Sachzwängen argumentieren. Die Volksabstimmung gewinnen die Nein-Sager mit 52,2 %.

Schauplatz Natur

Italien besitzt seine großen Opernbühnen, Frankreich das pulsierende Paris, Spanien und Portugal ihre Kathedralen und weiße Sandstrände – Norwegen aber hat eigentlich nur eine Kulisse: seine grandiose Natur. Sie zwang den Menschen, sich an ihr zu messen – bis heute.

In kaum einem Land Europas wird die Begegnung mit der Natur so leicht gemacht wie in Norwegen. »Natur pur« ist das Reiseziel der meisten Norwegen-Urlauber.

Was dem Urlauber aus Mitteleuropa zuerst auffällt, ist die unglaubliche Stille.

Da ist der klare Waldsee, in dem sich die Bäume so deutlich spiegeln, daß Abbild und Wirklichkeit kaum zu unterscheiden sind. Ein stiller Fluß mit großen und kleinen, moosbewachsenen Steinen, auf denen ein Angler in hüfthohen Stiefeln steht. Das winzige Wandererzelt, das sich zwischen flechtenüberzogenen Granitbrocken im Hochgebirge an den Hang schmiegt (die Schutzhaut zwischen Mensch und Natur ist hier manchmal beängstigend dünn). Die Bootsfahrt auf einem grünlich-klaren Fjord mit den hoch aufragenden, schroffen Felsen im Hinter-

Balzplatz Natur: In den Nadelwäldern Norwegens ist der Auerhahn noch überall anzutreffen

grund. Schlichte Holzhäuser auf Pfählen unmittelbar am Wasser in der rauhen Wirklichkeit einer Lofoteninsel, erfüllt vom Fisch- und Salzgeruch und vom Geschrei der Möwen. Das sind die vom zivilisationsmüden Reisenden so begehrten Schauplätze der Natur.

Ohne staatlichen Schutz geht es allerdings auch hier nicht mehr – übrigens war Norwegen das erste Land der Welt, das ein Umweltministerium einrichtete (1972). Man unterscheidet verschiedene Schutzformen: vom großen Nationalpark bis hin zum Schutz einzelner Arten oder Lebensräume. Rund 26 000 qkm sind als Nationalpark ausgewiesen – 20 Nationalparks gibt es derzeit, 20 weitere sind in Planung. Grundsätzlich darf man die Pflanzen und Tiere der Nationalparks nicht stören, keine Blumen pflücken, keine Insekten sammeln usw. Nur das Sammeln von Beeren und Pilzen ist im nichtkommerziellen Rahmen erlaubt. Sinngemäß gilt das auch für Jagd und Fischerei.

Weniger streng ist der Schutz bei den Landschaftsschutzgebieten wie Skaupsjø-Hardangerjøkul. In ihnen sollen bestimmte Landschaftstypen bewahrt werden – darunter auch vom Menschen geprägte, also Kulturlandschaften. Zum Naturreservat können kleinere Areale von wissenschaftlichem oder pädagogischem Wert erklärt werden. Sie sind wieder sehr streng geschützt, bis hin zur totalen Befriedung mit Betretungsverbot in bestimmten Jahreszeiten (z. B. in den 27 Seevogelreservaten in Aust-Adger).

Reichlich Natur also – für jeden etwas. Zu den wichtigsten natürlichen Lebensräumen gehören Laubwälder, Nadelwälder, Feuchtgebiete, Strandwiesen und Moore.

Die Laubwälder bestehen aus wärmeliebenden Baumarten wie Ulme, Esche, Buche, Hasel, Linde, Ahorn, Sommer- und Wintereiche; der Boden ist nährstoffreich. Die nördliche Verbreitungsgrenze solcher Wälder zieht sich durch Norwegen. Daraus ergibt sich eine besondere Verpflichtung zu ihrem Schutz. Im einzelnen lassen sich verschiedene Typen unterscheiden, beispielsweise Ulmen-Linden-Wald und Schwarzerlen- oder Sumpfwald. Auch der Nadelwald weist mehrere Varianten auf, je nach Nährstoffreichtum des Bodens, Feuchtigkeitsgehalt oder Klima. Die nördliche natürliche Verbreitungsgrenze der Fichte liegt in Norwegen am Südrand des Saltfjell. Die Nadelwälder sind zwar nicht vom Aussterben bedroht. Sie wurden immer genutzt und sorgfältig gepflegt. Doch bleibt es eine wichtige Aufgabe, die künstlich angelegten und vereinzelt auch noch natürlich gewachsenen Forsten zu erhalten.

Die Bezeichnung »Feuchtgebiet« ist ein unklarer Sammelbegriff. Gemeint sind in der Regel Gebiete mit Gewässern, die für die Vogelwelt regionale, nationale oder auch internationale Bedeutung haben, wie zum Beispiel Møsvatn-Austfjell am Ostrand der Hardangervidda. Moore sind Landschaften mit einer ganz besonderen Prägung: Starke Feuchtigkeit und Torfmoose sind ihre hervorstechenden Merkmale. Die im natürlichen Zustand existierenden Moore wie zum Beispiel in Fokstumyra im Dovregebiet müssen vor Entwässerungsmaßnahmen geschützt werden.

Schauplatz Natur in Norwegen: leicht erreichbar, manches Mal fast unberührt, oft menschenleer und mit einer Vielfalt an Pflanzen und Tieren – doch keineswegs ungefährdet. Der Schutz vor allzu großen Eingriffen des Menschen ist auch hier erforderlich.

Eine der bizarren Bergformen, die von der Natur in Jahrmillionen geformt wurden: Romdalshorn ▷

Rundreisen

SCANDIC HOTEL
RICA
PARKEN HOTEL

Der Mitternachtssonne entgegen – Skandinavien per Wohnmobil

Nördlicher Polarkreis und Mitternachtssonne. Rentierherden, die mit knackenden Hufen über die weite Tundra ziehen, am Rande des Birkenurwalds vielleicht sogar einmal ein Elch. Fjorde mit himmelhohen Felswänden, tiefdunkelblauem Wasser und Scharen darüber hinsegelnder Möwen im Spiel des Windes. Im breiten, waldgesäumten Tal saftiggrüne Matten mit mächtigen uralten Höfen in dunkelbraunem Holz. Wild zerklüftete Bergwelt mit steilen Auf- und Abfahrten zu gewaltigen Gletschern und Firnfeldern. Gischtende Wasserfälle mit hellweißem Schwall zu dritt, zu fünft nebeneinander vor senkrechter Felswand. Lappen am Feuer vor ihren Sitzzelten. Nördliches Ende des westlichen Europa … Erinnerungen an eine Skandinavien-Reise, nordwärts via Dänemark – Schweden – Finnland, zurück dann durch das schier endlose Norwegen. Und das alles mit einem Campingbus, einem Wohnmobil, das uns Fahrzeug, Gasthof und Hotel zugleich war.

Mittwoch, 9. Juli. Um 11 Uhr ist Kirkenes am Eismeer, der nordöstliche Endpunkt Norwegens und damit das Ende Westeuropas, erreicht. 4222 Kilometer liegen hinter uns. Nun stehen wir mit unserem Auto an der russischen Grenze. Bis Murmansk sind es von hier noch knappe 150 Kilometer.

Ohne längere Zwischenaufenthalte hatten wir Dänemark durchquert, waren durch die schwedischen Landschaften bzw. Provinzen Småland, Västmanland und Dalarna gefahren, hatten die Route entlang dem Bottnischen Meerbusen genommen, bei Haparanda die Grenze zu Finnland überschritten und bald darauf inmitten eines Waldes den nördlichen Polarkreis erreicht.

Der »Arctic Circle« (auf 66° 33′ nördlicher Breite) begrenzt jene nördliche Zone der Erde, wo zu bestimmten Zeiten im Sommer die Sonne niemals untergeht und zu den »entgegengesetzten« Zeitspannen nicht aufgeht. Am Polarkreis ist dies eine einzige Nacht: die vom 21. zum 22. Juni

Venedig an Norwegens Westküste: die Stadt Ålesund

(die Sommersonnenwende) bzw. der 21./22. Dezember (die Wintersonnenwende). Je nördlicher man dann fährt, um so länger wird diese Zeitspanne permanenter Helligkeit oder eben Dunkelheit. Am Nordkap schließlich, dem – fast – nördlichsten Punkt Europas, bleibt die Sonne vom 14. Mai bis zum 30. Juli ständig über dem Horizont.

Die Mitternachtssonne – das ist ein ganz außerordentliches Erlebnis. Es betrifft nicht nur das Sehen. Es erfaßt den ganzen Menschen, die Seele und das Gemüt. Man ist fast ständig hellwach, kaum kommt Müdigkeit auf. Oft fahren wir bis 23 Uhr oder gar bis Mitternacht, ja bis zwei Uhr und werden doch nicht müde. Nur die Vernunft läßt uns irgendwann halten und ausruhen, wobei es sich als notwendig erweist, die Fenster dicht zu verhängen, da es draußen auch mitternachts taghell ist. Und schon um sechs oder sieben Uhr sind wir wieder putzmunter. Ja, man lebt sommersüber intensiver im hohen Norden.

Nordwärts – bereits in Lappland – werden die Wälder spärlicher, die Seen seltener, das Gelände hügeliger. Statt hoher Bäume Krüppelwuchs, statt Fichten und Kiefern zunehmend Birken, doch auch sie nicht so stattlich und gradstämmig wie in Schweden und Südfinnland. Und kaum mehr größere Siedlungen.

In Sodankylä an der Mündung des Jeesiöjoki in den Kitinen besuchen wir die älteste Lappenkirche Finnlands: ein Holzbau aus dem Jahre 1689 mit eigenartigen Schindelmustern auf Hauptdach und Vordächern.

Und dann ist der Inarisee erreicht, Finnlands drittgrößter See, der Fläche nach mehr als doppelt so groß wie der Bodensee.Er zählt zum Romantischsten, was Finnland zu bieten hat, doch leider auch zum Mückenreichsten. Eine Qual für die Urlauber, die auf dem Campingplatz in Zelten hausen. Noch um Mitternacht hören wir sie Mükken klatschen. Ein Hoch auf unser fugendichtes Wohnmobil!

Und weiter geht's nach Norden hinauf. Kurz hinter Kaamanen gabelt sich die Straße: Links geht es Richtung Karasjok mit Fernziel Nordkap, rechts nach Utsjoki und zu unserem Wendepunkt Kirkenes. Die Straße wird jetzt relativ schmal und wirkt seitlich wie ausgefranst. Und es wird nun

Im Norden angelangt – unter Stockfischgestellen

auch ein wenig kühler. Nun ja, seit Rovaniemi bewegen wir uns auf der Eismeerstraße. Nur waren die Tage bisher hochsommerlich warm. Jetzt aber kommt ein frischer Hauch aus dem Norden, der freilich am nächsten Tag schon wieder vergeht. Unglaublich, wie schön der Sommer im nördlichsten Europa sein kann!

Links und rechts der Straße Tundra, die arktische Vegetationsform jenseits der Waldzone: Puschelgras, Heidekraut, Rentiermoos, niedriges Buschwerk, Zwergsträucher, manchmal Moorboden und Blumen. Hier ist jetzt sozusagen Frühling und Sommer zugleich. Die Wärme der Sonne und das ganztägige Licht lassen die Natur sich voll entfalten. (Im Winter geschieht dann freilich das Gegenteil, da büßen Mensch und Natur für die Wohltat der Mittsommerzeit.)

In Nuorgam ist die finnisch-norwegische Grenze erreicht. Jedoch kein Schlagbaum, kein Wächterhäuschen, kein Kontrolleur. Nur ein Schild »NORGE« und ein Gitterrost quer über die Straße, damit die finnischen Kühe nicht nach Norwegen und die norwegischen Schafe nicht nach Finnland »auswandern«.

Kurz hinter Varangerbotn, bei Karlebotn, erreichen wir das westliche Ende des gewaltigen Varangerfjords, dessen Südufer wir ein gutes Stück folgen. Wir passieren das südliche Ende des Bygøyfjords, setzen über das Bordefjell hinweg (norw. fjell = Berg, Gebirge), folgen ein Stück dem Munkefjord, der alsbald in den Neidenfjord übergeht, und queren auf einer Brücke den schmalen Langfjord. (Ja, die Nordküste Norwegens ist fast so fjordreich wie die weit bekanntere Westküste!) Unmittelbar danach geraten wir ganz dicht an die russische Grenze, die an dieser Stelle bis auf 4 Kilometer an unsere »Reichsstraße Nr. 6« herandrängt. Und wenige Minuten später kommt endlich, endlich das Ortsschild »Kirkenes«, das übrigens im Finnischen »Kirkkoniemi« heißt. 5000 Menschen wohnen hier in ziemlicher Abgeschiedenheit und haben sich ihre kleine Welt so wohnlich eingerichtet, wie es halt möglich war. Wir finden den Ort doch ganz akzeptabel, zumal am Nachmittag ein im Hafen einlaufendes Schiff der »hurtigrute« dokumentiert, daß zwischen Bergen

So sieht es also bei euch aus? – Begegnung mit einem neugierigen Rentier

im Süden Norwegens und diesem Ort hier am Nordostende des Landes keine Küstensiedlung »vergessen« ist.

Kirkenes ist der Kehrpunkt unserer Reise. Unser nächstes Fernziel ist das Nordkap, 520 Kilometer von hier in nordwestlicher Richtung gelegen. Zurück also zunächst bis Varangerbotn. Hier juckt es uns, nun auch noch die 121 Kilometer lange Stichstraße entlang der Nordküste des Varangerfjords bis nach der Kleinsiedlung Svartnes zu fahren und dort über den Bussesund nach Vardø überzusetzen, der östlichsten Stadt Skandinaviens. Die Straße ist, wiewohl doch recht abgelegen, tadellos ausgebaut. Wir passieren Jakobselv. Im kleinen Hafen zeigt uns ein Fischer stolz seinen heutigen Fang: 11 Lachse zu je 10 Kilo im Schnitt. Übrigens sind die Menschen hier in dieser Gegend oft von typisch lappischem Aussehen: extrem klein, mit kurzen stumpfen Nasen in einem breiten Gesicht. Doch man kommt gut mit ihnen ins Gespräch. Es sind Menschen, die Ruhe und Gelassenheit ausstrahlen.

Bald kommen die ersten Berge mit geschlossenen Schneehauben ins Blickfeld: das Kongsfjordfjell. Allmählich geht dann der Tanaelv in den Tanafjord über. In Rustefjelbma wendet sich der

Praktisch und prächtig zugleich: Same (»Lappe«) in traditioneller Kleidung

Weg nach Westen. Kurvig bergauf führt die Straße hart an steilen Schluchtabbrüchen entlang bis zum Ifjordfjellet. Hochgebirgscharakter auf noch nicht einmal 500 m Meereshöhe! Dann in ständigem Auf und Ab über das Fjell. Tundrawuchs, Heidekraut, und eingesprenkelt immer wieder kleine tiefblaue Seen. Einsamkeit, Natur pur!

Ab Kunes wird die Strecke etwas eintönig. Es geht lange kerzengeradeaus über weite Hochflächen. Erst nach und nach kommt wieder Abwechslung in die Landschaft, mit Blicken auf den Porsangen, einen geradezu riesigen Fjord. Bei Børselv erreichen wir seine südliche Ostküste und müssen nun den ganzen Bogen um den Fjord ausfahren. In großartiger Streckenführung folgt die Route über 130 Kilometer hin seinem Westufer, bis wir endlich gegen 21 Uhr Kåfjord erreichen, die Fährenstation zur Nordkap-Insel Magerøya.

Kåfjord ist lediglich eine Schiffsanlegestelle mit Autoverladung. Leider steht hier schon eine lange Warteschlange: Personenwagen, Lastautos, Omnibusse, wohl alle aus der anderen Richtung hierhergekommen, nur wir von Osten her. Wir bekommen ein Ticket für die Zwei-Uhr-fünfzehn-Fähre.

Die ganze Nacht hindurch ist es fast taghell. Nach 45minütiger Fährenfahrt erreichen wir um 3 Uhr morgens Honningsvåg auf Magerøya. Zum Nordkap sind's noch 36 Kilometer Sandstraße, oft dicht an Steilabbrüchen entlang. Durch eine völlig leere, vegetationslose Hügellandschaft geht es nordwärts. Beiderseits der Straße sieht man große Rentierherden. Dennoch eine unwirtliche Gegend.

Da, plötzlich eine Schranke. Aha, die Straße hinauf zum Kap ist eine Privatstraße und kostet Gebühr! Jenseits ein flacher Steinbau, ein Restaurant, angrenzend noch ein etwa 100 Meter langes Plateau; an dessen Ende eine symbolische Erdkugel aus Stahlbändern, und unmittelbar davor der 307 Meter tiefe Steilabbruch ins Eismeer: das Nordkap. Europas nördlichster Punkt? Nicht ganz. Denn westlich vom Nordkap (71° 10′ 8″) ragt das benachbarte Kap Knivskjœrodden bis auf 71° 11′ 8″ vor und liegt damit dem Nordpol noch um 1450 Meter näher, ist aber per Auto nicht erreichbar.

Der Höhepunkt am Nordkap ist natürlich die Beobachtung der Mitternachtssonne. Vom 14. Mai bis zum 30. Juli geht sie hier nicht unter die Horizontlinie. Doch wir haben Pech: In der nächsten Nacht ist der Himmel bedeckt. Die Sonne steht zwar um 12 Uhr genau im Norden über dem Eismeer, bleibt aber verschleiert. (Um der Wahrheit die Ehre zu geben: An zwei von drei Tagen ist das hier so.)

Einen weiteren geographischen Rekord, doch auch eine Enttäuschung bringt der nächste Tag: Hammerfest auf der per Brücke erreichbaren Insel Kvaløy. Diese nördlichste Stadt der Welt ist kaum mehr besuchenswert. Ihren einstigen Charme hat sie verloren. Wir waren 1957 schon einmal dort gewesen. Was ist aus dem damals so reizvollen Ort geworden! Moderne Bauaktivitäten (Wohnblocks, Fabrikhallen, Kaufhäuser, Souvenirshops) und natürlich der Massentourismus per Kreuzfahrtschiff und Reisebus haben sie in eine Allerweltsstadt verwandelt.

Weiterreise Richtung Südwesten: Fahrt über das kahle, mit Tundramoos und Kleinflechten bewachsene Hochplateau Sennalandet nach Alta am Altafjord. 380 Kilometer folgt die Straße der ausgefransten Küstenlinie bis Oteren. Die Armut an Pflanzenwuchs weicht allmählich niedrigen Büschen und Heidekraut, Krüppelbirken und kleinen Nadelbäumen. Die Birken werden höher und geradstämmiger, die Nadelhölzer bilden kleine Haine und schließlich richtige Wälder. Dann die ersten Gersten- und Kartoffelfelder. Hin und wieder eine Lappenkleinstsiedlung. Und wie die Vegetation, so wandelt sich auch das Licht von Stunde zu Stunde.

Der Langenfjord ist wohl der schönste aller nordnorwegischen Fjorde. 100 Kilometer folgen wir seinem Ostufer, mit Blick auf das jenseits hochragende schnee- und gletscherbedeckte Granitgebirge mit dem 1833 m hohen Jiekkevarre als höchstem Gipfel. Jetzt, Mitte Juli, blüht hier der Flieder.

Weiter geht die Reise südwestwärts, immer auf dem »Riksvei 50« (Reichsstraße 50), der sich durch das ganze Norwegen zieht und heute »E 6« heißt. Wir passieren eine Menge kleinerer Seen, kommen durch das Bardu- und das Salangstal bis Bjerkvik. Hier zweigt westwärts die Straße zu den Inselgruppen Vesterålen und Lofoten ab: einer

Fast 175 km weit im Inland und doch Küstenlinie: Blütenpracht am Aurlandsfjord

der reizvollsten Extratrips der ganzen Nordlandreise. Tiefblaue Fjorde, steile, schier alpine Berge mit Schnee- und Firnfeldern – eine unglaubliche Kombination von Meer und Gebirge. Dreimal geht es über mächtige Brücken, mit denen die Inseln verbunden sind, da und dort verkehren noch Autofähren.

Für die Rückkehr aufs Festland nehmen wir die Abendfähre Svolvær – Skutvik. Und so kommen wir auf See nun endlich auch zu »unserer« unverhüllten Mitternachtssonne. Nur wenige Wolken sind am Himmel, der Sonnenball bleibt ständig sichtbar und taucht das Panorama in leuchtendes Rot. Und als wir um 0.40 Uhr in Skutvik einlaufen, schwingt sich die Sonne, ostwärts wandernd, schon wieder aufwärts.

Es war die letzte Chance für uns, sie so zu sehen. Denn nur noch 520 Kilometer sind es von hier, auf der E 6 über Fauske am Skjerstadfjord südwärts, bis zur magischen Linie des Polarkreises, wo die Mitternachtssonne nur noch an einem einzigen Tag im Jahr erscheint. Eine Steinsäule markiert den Punkt, wo der Polarkreis die Straße quert. Wir legen eine Gedenkminute ein. Dann lassen wir den Motor wieder an und rollen die restlichen paar tausend Kilometer heimwärts.

Informationen: rund ums Wohnmobil

Man reist in Skandinavien nicht, um etwas zu »besichtigen«. Es gibt keine römischen Tempel, keine griechischen Säulen, keine Thermen, keine Triumphbögen, kaum wirklich bedeutende Kathedralen, selten auch Gemäldegalerien von Weltrang. Das Erlebnis der Reise liegt in erster Linie im Fahren und im Schauen beim Fahren. Man besichtigt die Landschaft. »Der Weg ist das Ziel« – nirgends gilt diese Sentenz so wie hier.

Die Sprachen: In jedem Land Skandinaviens eine andere. Norwegisch, Schwedisch und Dänisch sind miteinander verwandt und nach einigen Tagen wenigstens wortweise zu begreifen. Finnisch schien mir völlig unerlernbar. (Yksi, kaksi, kolme, neljä, viisi, kuusi, seitsemän, kahdeksan, yhdeksän, kymmenen – das sind die Zahlen von 1 bis 10. Parkplatz heißt pysäköintipaikka. Lernen Sie das mal!) Es empfiehlt sich, Wörterbücher für alle vier Sprachen mitzunehmen. Übrigens, oft kommt man auch mit Englisch durch.

Camping: In allen skandinavischen Ländern sehr gut möglich. Immer wieder finden sich Campingplatz-Hinweisschilder. Außerdem erlaubt das »Jedermannsrecht« überall auf öffentlichem Grund das Übernachten (eine Nacht), auch mit dem Wohnmobil. (Auf Privatgrund muß man natürlich um Erlaubnis bitten.)

Bitte: Die Entsorgung an den vorgegebenen Plätzen vornehmen (Karten mit Hinweisen bei den Touristenbüros).

Quartiere für Pkw-Reisende: Je weiter man gen Norden kommt, desto seltener werden sie. Doch bei entsprechend weitgreifender Planung sind sie immer zu finden (meist allerdings nicht gerade billig). In Norwegen kommt alles in Frage, wo dransteht: Hotel, Pensjonat, Gjestgiveri, Hospits, Overnatting, Bondeheimen, Turisthytta, Turistheim, Losji, Natte losji, Rom, Husrom, Værelser, Ungdoms Herberge. (Das letzte heißt »Jugendherberge«; man nimmt dort, wenn Platz vorhanden ist, auch Nichtjugendliche auf. Es kann die letzte – und durchaus akzeptable – Rettung sein.)

Reisezeit: Abfahrt nicht vor Mitte, besser Ende Juni; Ende der Reise Mitte, besser Anfang September. Für Norwegen ist die schönste Zeit Ende Juni und der ganze Juli. Da klettert die Quecksilbersäule am Nordkap manchmal sogar auf 20 °C! Besonders eindrucksvoll ist die Mitternachtssonne. Hier sind ein paar Daten für ihr Erscheinen:

Bodø	5. 6. – 10. 7.
Hammerfest	17. 5. – 28. 7.
Tromsø	21. 5. – 23. 7.
Nordkap	14. 5. – 30. 7.

Traumreise – ganz ohne Auto...

Dramatische Haufenwolken schweben neben der Maschine. Schon geben sie den Blick frei auf das funkelnde Meer, auf Abschnitte der zerrissenen norwegischen Küste, auf zauberhafte Inseln und Inselchen. Ein Bilderbuchtag. Die kleine Propellermaschine fliegt so niedrig, daß die vielen Details der Landschaft klar und plastisch erkennbar sind. Dies ist ein Höhepunkt unserer Reise – in Bodø hatten wir die kleine Maschine der norwegischen Fluggesellschaft »Widerøe« bestiegen, jetzt brummen wir in Richtung Lofoten.

Eigentlich war die ganze Reise ein Experiment: »Norwegen ohne Auto« hieß es. Drei Wochen Zeit hatten wir dafür.

Es ist verblüffend, wie schnell man Norwegen erreichen kann. Ich meine nicht mit dem Flugzeug, das ist außer Konkurrenz und vermittelt kaum das Gefühl des »Unterwegsseins«. Nein, bereits in vierzehn bis sechzehn Stunden kann man, mit der Eisenbahn von Hamburg kommend, in Oslo sein. Man reist am späten Nachmittag ab und ist bereits am nächsten Morgen, ausgeschlafen, in Norwegens Hauptstadt. Wer will, wählt die Tagesverbindung. Die Bahnstrecke führt über die »Vogelfluglinie«: von der Ostseeküste zur Insel Fehmarn und von dort aus nach Dänemark. Tatsächlich ist dies im Herbst und Frühjahr einer der Hauptwege der Zugvögel. Den Fehmarnbelt – die schmale Wasserstraße zwischen Deutschland und Dänemark – gilt es mit einer Fähre zu überbrükken. Erstaunlich, wie in Puttgarden, am Nordostrand Fehmarns, die Eisenbahnwaggons auf das Schiff verladen werden – auf Schienen wohlgemerkt. Auf der einen Seite führen sie bis an die Kaikante; an Deck, auf der anderen Seite führen sie weiter, so paßgenau und präzise legt das Schiff an. Die Fahrgäste müssen bei den Rangierarbeiten aussteigen. Erst wenn das Fährschiff nach einstündiger Fahrt in Rödby auf dänischer Seite angelegt hat, wird der Sitzplatz im Zug wieder eingenommen.

Die Bahnreise verbindet zwei Hauptstädte und eine wichtige Hafenstadt Skandinaviens – Kopenhagen, Göteborg und Oslo. In Kopenhagen hieß es umsteigen: Per Liegewagen ging es in den späten Abend hinein, vorbei an Helsingborg, entlang der schwedischen Westküste nach Göteborg, bei Kornsjö über die Grenze Norwegens und schließlich nach Oslo.

Nun, man könnte auch in Oslo innerhalb von zehn Minuten weiterfahren – auch hier war die Abfahrtszeit abgestimmt –, doch wer will das

Landschaft als Sehenswürdigkeit: Blick auf den Geirangerfjord

schon! Die ersten zünftigen Eindrücke gab es bereits am Hafen, wo leckere, frische Krabben lockten. Am Nachmittag begann die Fahrt mit der Bergenbahn von Oslo nach Bergen über das Hochland, entlang der Hardangervidda – eine der beeindruckendsten Bahnstrecken der Welt.

Ankunft vier Stunden später. Und plötzlich standen wir mit unseren Rucksäcken mitten im Gebirge an der kleinen Bahnstation Ustaoset, die so gottverlassen wirkte, als sei sie ein Überbleibsel aus alten Pioniertagen. Hier begann eine mehrtägige Wanderung auf den markierten Pfaden des »DNT«, des norwegischen Wandervereins. Die Tagesetappen waren so gelegt, daß sie von einer Gebirgshütte zur nächsten führten – wobei wir

Norwegens Meere – für Freizeitangler versprechen sie reiche Abenteuer. Hier ein Rekordfang – 111 kg schwerer Heilbutt, 1991 bei Langesund an der Südküste gefangen

diese Hütten aber nur für die Verpflegung nutzen wollten, übernachten würden wir in mitgeführten Zelten. Wir hatten eine Strecke gewählt, die uns in vier Tagen nach insgesamt 13 Wanderstunden in einem Bogen zur Straße zurückführen sollte: Ustaoset – Tuvaseter – Heinseter – Rauhellern – Halne. Gewiß, keine sonderlich schwierige Wanderung, doch im Rahmen unserer gesamten Reise hatte sie gerade das richtige Maß. Vor allem ließ sie uns Muße … Das Erlebnis dieser Landschaft bleibt unvergeßlich: eine unendliche Weite mit flechtenbewachsenen Granitbrocken, ohne menschliche Siedlungen. Nur ab und zu begegneten wir einem anderen Wanderer. Erstaunlich war die durchweg ausgezeichnete Verpflegung in den Hütten – vor allem beim »kveldsmat« (wörtlich: Abendessen), der Hauptmahlzeit, die – wie in Norwegen üblich – am Abend serviert wurde. Nach einer Übernachtung in der »Halne Fjellstue« fuhren wir mit dem Linienbus bis Ustaoset zurück, von wo es mit der Bergenbahn zurück nach Oslo ging.

Gegen Mitternacht saßen wir im Zug nach Trondheim und weiter nordwärts nach Bodø. Hier hat das, was man geheimhin »Übernachten« nennt, seine eigene Qualität: Fast die ganze Nacht war es hell, an Schlaf war kaum zu denken. Wir hatten das »Land der Mitternachtssonne« erreicht. Der reizvolle Campingplatz liegt dicht am Meer, wo man bei Niedrigwasser von Felsbuckeln in den Gezeitentümpeln Meerespflanzen und -tiere entdeckt: Tang, Krebse, Seeigel und -sterne und kleine Fische.

Aber die an großartigen Naturbegegnungen reiche Reise hatte noch einen weiteren Höhepunkt in petto, nämlich einen Flug ins Abenteuer:

Zwischenlandung in Stokmarknes auf den Lofoten. Unser Ziel war allerdings Andenes auf den Vesterålen, einer Inselgruppe nördlich der Lofoten. »Walsafaris« bringen einem hier eine der größten Supershows der Natur nahe. Betriebsame Enge herrschte im »Walzentrum«, wo zu fremdartig-stimmungsvoller elektronischer Musik faszinierende Wal- und Meeresbilder auf der Leinwand erschienen, als Einstimmung. Die Realität erlebten wir die nächsten acht Stunden. Bis zu 18

Meter lange Pottwale zerteilten, Fontänen pustend, mit ihren Riesenleibern das Wasser. Faszinierend, wenn einer der riesigen Säuger seine Schwanzflosse, die Fluke, weit aus dem Wasser reckte. Das signalisierte allerdings auch das Ende des Schauspiels, denn der Wal tauchte ab (s. S. 175).

Der Gipfelpunkt der Reise war damit erreicht, das Ende der Erlebnisse aber noch lange nicht. Ein Bus brachte uns anderntags von Andenes nach Sortland. Die Vesterålen-Inseln präsentierten sich während der Fahrt aus einer völlig anderen Perspektive – als rauhe Landschaft mit kahlen, schroffen Felsen, erfüllt vom frischen Geruch des Meeres und vom Geschrei der Meeresvögel.

In Sortland bestiegen wir eines der berühmten Postschiffe der »hurtigrute« zu einer der schönsten Schiffsreisen Europas, einer Kreuzfahrt zum Preis eines Fährschiff-Tickets, vorbei an den Inselgruppen der Vesterålen und Lofoten (s. S. 170, 177), den Häfen Stokmarknes, Svolvær und Stamsund. Als wir gegen ein Uhr nachts Bodø erreichten, zwängte sich das Licht der Mitternachtssonne als rotglühender Ball durch die Wolken. »Götterdämmerung« auf norwegisch.

Zwei Tage später waren wir wieder in Hamburg. Natürlich per Bahn.

Informationen: Norwegenrundreise

[i] »Norway Rutehefte – Timetables – Fahrpläne«, herausgegeben von Norsk Reiseinformasjon (NRI) im Auftrag der Norwegischen Zentrale für Fremdenverkehr (NORTRA) in Oslo, zu beziehen über NORTRA Marketing GmbH, Versandservice, Christophstr. 18 – 20, D-45130 Essen.

Der Mensch mußte sich in Norwegen immer in besonderem Maße mit den Kräften der Natur messen – bis heute (an der Küstenstraße Riksvei 17 aufgenommen)

Stabkirchen – Norwegens einmaliges Kulturerbe

Merkwürdig ist es, eine Stabkirche bei Sturm zu erleben – der Forscher Dietrichson hat darüber bereits um die Jahrhundertwende berichtet. Bei den ersten Windstößen fängt die Kirche an zu schwanken. Es knarrt und kracht in allen Fugen. Dann aber hat sich das Gebäude an die neue Situation angepaßt, alle hölzernen Verbindungen zwischen den Holzteilen haben ihre neue Lage gefunden: Der Lärm hört auf, die Kirche gibt bei jedem Sturmstoß nach und schwingt wieder zurück, sobald der Wind nachläßt – ähnlich wie der Wipfel einer großen Tanne.

Holz ist das Baumaterial der Stabkirchen – sie wurden ohne einen einzigen Nagel aus Metall gebaut. (Nur für die Beschläge, Angeln und Schlösser der Türen wurde Metall verwendet.) Holz war einst auch das Baumaterial der Schiffe – die wir »Wikingerschiffe« nennen und in den wenigen erhaltenen Exemplaren in Museen bewundern (s. S. 72). Ohne Frage war der Bau der Stabkirchen seinerzeit – das war vor allem im 12. Jahrhundert – von der hochentwickelten Bootsbaukunst inspiriert. Vereinfacht kann man sagen, daß die Stabkirchen wie ein umgekehrtes Schiff gebaut sind: Der Dachfirst entspricht dem Kiel, die Dachsparren entsprechen den Spanten.

Man lasse sich nicht von der äußeren Schlichtheit täuschen: Die – nur mit einer Fähre erreichbare – Stabkirche von Urnes ist für ihre besonders schönen Holzschnitzereien berühmt

So, wie sich die Kirche bei einem Sturm »einschwingt«, so mußten sich auch die Schiffe der alten Holzbauweise bei starkem Wellengang auf sturmgepeitschtem Meer »einschwingen« – der Gewalt bis zu gewissem Grade nachgeben und ihr dennoch – oder besser: gerade deswegen – standhalten.

Das prägende Element des eigentlichen Gebäudes einer Stabkirche aber sind die senkrechten Masten oder Säulen – die »Stäbe«, nach denen die »Stab«kirchen wahrscheinlich benannt wurden. Für einen solchen Mast wurde der schlanke, hohe Stamm einer Föhre (Waldkiefer) ausgesucht. Dieser wurde aber nicht gleich gefällt, sondern blieb zunächst stehen. Unten am Stamm wurde die Rinde abgeschabt, und der Baum begann allmählich abzusterben. Beim langsamen Austrocknen entstanden keine Risse, wodurch sich das Holz durch sein eigenes Harz selbst imprägnierte!

Steht man in einiger Entfernung vor einer Stabkirche, fallen vor allem die übereinander gestaffelten Dächer ins Auge, an deren Giebeln sich meist langgestreckte geschnitzte Drachenfiguren befinden. Irgendwie erinnert das Ganze an asiatische Pagoden. Sachgerechter aber dürfte wiederum der Vergleich mit den Wikingerschiffen sein: Auch an ihren Steven fanden sich ähnliche Drachenfiguren.

Natürlich haben Drachen nichts mit dem christlichen Glauben zu tun, sind es doch heidnische Elemente aus der Welt der Sagen und alten Götter. Stabkirchen sind oft mit Darstellungen aus der vorchristlichen Mythologie geschmückt. So lassen sich beispielsweise Bilder der Sigurdsage aus der Edda erkennen (der nordischen Variante der Nibelungensage; Sigurd = Siegfried). Offenbar hielten die Norweger jener Zeit noch so stark am alten Glauben fest, daß die christliche Kirche das zu dulden hatte.

Die »Straße der Stabkirchen«

Im südlichen Norwegen, in einem weiten, von den Städten Oslo, Bergen und Trondheim markierten Rundkurs, lassen sich auf gut ausgebauten und größtenteils ganzjährig auch von Wohnmobilen und Gespannen befahrbaren Straßen die meisten der (fast) nur in Norwegen noch anzutreffenden Stabkirchen besuchen. Diese Holzkirchen aus der frühen Zeit der Christianisierung des Nordens sind Norwegens großer und einmaliger Beitrag zur Architektur unserer Welt. Ja nach der Zahl der Abstecher umfaßt der Rundkurs 1500 bis 2000 Kilometer. Mindestens eine Woche Zeit sollte man einplanen. Diese Reise ist nicht nur ein Ausflug in die Geschichte, sondern auch in eine der schönsten und einsamsten Landschaften Skandinaviens.

Jeder, der zum ersten Mal vor einer Stabkirche steht, wird sich verwundert fragen: Wie konnte ein derartiger Holzbau mindestens 800 Jahre überstehen? Nun, zum einen stehen die Stabkirchen auf soliden steinernen Fundamenten, die die Feuchte des Bodens fernhalten, zum anderen wurde das Holz konserviert und in regelmäßigen Abständen geteert. »Alle vier Jahre braucht unsere Kirche einen neuen Teeranstrich«, hatte mir die Führerin in der Stabkirche von Borgund erklärt.

Nur etwa dreißig der ursprünglich knapp eintausend Stabkirchen existieren noch, und auch davon die meisten nur in durch spätere Umbauten veränderter Form. Religiöse Eiferer rissen noch in jüngerer Vergangenheit viele Kirchen ab, da sie in deren Architektur und Ausschmückung dominante Elemente des Heidnischen erkannten. Einem heidnischen Brauch verdankte ich später in Hopperstad noch einen kleinen Unfall: Beim Betreten der Kirche stolperte ich über die unerwartet hohe Schwelle der schmalen Eingangstür. Diese sogenannte »Geisterschwelle« wie auch die enge Tür sollten das Eindringen böser Dämonen verhindern.

Die Stabkirche von Borgund ist die noch am ursprünglichsten erhaltene – zumindest was ihre äußere Gestalt anbelangt. Es ist dunkel im Inneren der Kirche. Licht fällt nur durch die kleinen runden Öffnungen in Dachhöhe. Für kurze Zeit schaltet meine Begleiterin die Lampen aus, um mir eine Ahnung zu vermitteln, wie man sich früher hier gefühlt haben mag. Stabkirchen haben auch einen charakteristischen Geruch – eine angenehme, beruhigende Duftsymphonie aus Teer, Holz und einem Hauch Weihrauch. Allmählich nehmen meine Augen die Dimensionen des Baus wahr und die ohne Zwischendecken bis ins Dach hinaufreichenden gewaltigen hölzernen Masten, die die Kirche tragen.

Um die Kirche läuft ein überdachter Gang, der sogenannte »Svalgang«. Hier wurden die Waffen vor dem Kirchgang abgelegt, hier traf sich die Gemeinde, um zu plaudern oder Geschäfte abzuschließen: Stabkirchen als Kommunikationszentrum.

»Die dramatischste«, so hatte uns der Pfarrer in Heddal seine Kirche geschildert. Nur etwa 100

Vom klassischen Typ, am Sognefjord bei Vik landschaftlich besonders schön gelegen: Stabkirche von Hopperstad

Kilometer westlich Oslos gelegen, sucht das Äußere dieser ungewöhnlich großen und reich strukturierten Stabkirche wahrlich ihresgleichen. In mehreren Etagen türmen sich die Dächer und Türmchen. Erst nachdem ich beteuert hatte, daß ich Norwegisch verstünde und seiner Predigt folgen könne und wolle, bat uns der Pfarrer zum Ostergottesdienst herein. »Dies ist nicht nur ein Museum, sondern vor allem ein Gotteshaus«, hatte er erklärend hinzugefügt. Die Kirche war bis zum letzten Platz gefüllt, viele der Gläubigen trugen alte Trachten. Zunehmend kleiden sich auch junge Menschen gerne in die mit den typischen Mustern ihres Heimattales gestrickten Pullover und an Feiertagen in prachtvolle, von Generation zu Generation vererbte und komplettierte Trachten.

Von Heddal aus erreicht man durch das spärlich besiedelte Numedal Richtung Norden zwei weitere, kleinere und schlichtere, Stabkirchen, die von Nore und Uvdal. Beide werden nur von einem einzigen Mast getragen. Es ist, als habe die Zeit hier eine Atempause eingelegt. Die einzeln am Hang stehenden Gehöfte der Dörfer haben vielfach noch gut erhaltene »Stabbur«, hölzerne Vorratshäuser. Im Osten, in Hallingdal, steht der Torso der Stabkirche Torpo. Nur das Mittelschiff ist noch erhalten. Anders als das karge Äußere beeindruckt der besonders hoch wirkende Innenraum mit den typischen Masten, zwischen denen sich oben mit geschnitzten Blättern verzierte querliegende Kreuze spannen. Sie dienen der Stabilisierung der Holzkonstruktion. In die Bestuhlung aus dem 13. Jahrhundert waren Szenen aus der Edda geschnitzt. Ihre Reste sind heute in der Universität Oslo aufbewahrt.

Die Stabkirche des benachbarten Ortes Gol wurde gleich ganz nach Oslo umgesetzt. Seit etwa einhundert Jahren steht sie dort auf der Museumsinsel Bygdøy. Es war König Oscar II. von Schweden und Norwegen, der so den vom Abriß bedrohten Bau rettete. Ähnliches tat auch ein Deutscher: Preußenkönig Friedrich Wilhelm IV. war einer der ersten, der durch einen Ankauf eine Stabkirche vor der Vernichtung rettete. Der norwegische Maler Johan Christian Clausen Dahl konnte ihn bewegen, 426 Taler in den Erwerb der verfallenen Kirche von Vang zu investieren. Friedrich Wilhelm ließ den Bau abtragen und restaurieren. Die Kirche stand kurzzeitig in Berlin, bevor sie im schlesischen Brückenberg (heute Bierutowice im polnischen Riesengebirge) aufgebaut wurde. Heute dürfte es keinem ausländischen Potentaten mehr gelingen, auch nur einen alten Schuppen außer Landes zu bringen.

Von Gol gelangt man auf einem der ältesten und geschichtsträchtigsten norwegischen Wege nach Borgund. Der »Kungsleden«, Königsweg, ist als schmaler Pfad in kurzen Abschnitten längs der Schnellstraße noch erahnbar. Stabkirchenfreunde werden den kleinen Umweg nach Osten wählen, um vier eng beieinander stehende Stabkirchen zu besuchen: Ausdrucksstarke Skulpturen menschlicher Köpfe, wie sie in solcher Vollendung anderenorts nicht zu finden sind, sind das Charakteristische der Hegge-Kirche. Nach dem Einbau großer Fenster und einiger anderer Umbauten – die leider auch den Blick auf die Schnitzereien verbergen – ist sie kaum noch als Stabkirche erkennbar. Ähnliches gilt für die benachbarte Hurum-Kirche (= Høre in den üblichen Karten), in der nur Teile eines älteren Baus Verwendung fanden. Heidnische Elemente und christliche Symbolik haben sich auf dem Türbeschlag der Hurum-Kirche zu einem einmaligen Zeitzeugnis verwoben. Drachenköpfe bedrängen christliche Kreuze, während der Türklopfer eine sich in den Schwanz beißende Schlange darstellt. In der nordischen Mythologie spielt diese Midgard-Schlange eine zentrale Rolle. Solange sie ihren Schwanz fest zwischen den Zähnen hält, wird das Erdenreich Midgard weiterbestehen.

Auch die Kirche in Lomen (nicht zu verwechseln mit Lom!) wurde stark verändert, doch in ihrem Inneren sind die Prinzipien des Stabbaus gut erkennbar. Malerisch am langgezogenen See Vangsmjøsa gelegen, erzählt die äußerlich eher schlichte Øye-Stabkirche eine interessante Geschichte. Ich hatte verschiedene Quellen studiert, doch widersprachen sich die Angaben erheblich. Darum frage ich jetzt einen jungen Burschen in der Nähe, ob er Genaueres wüßte. »Das kostet 20

Die prunkvollste Stabkirche: Heddal

Kronen!« grinst er. Überraschend zieht er einen Schlüssel aus der Tasche und öffnet das Kirchlein: Es galt nach seinem Abriß 1747 als unwiederbringlich verloren. Doch unter dem Fußboden der auf den alten Fundamenten errichteten Kirche fand man viele Jahre später so viele Originalteile des alten Baus, daß in den sechziger Jahren dieses Jahrhunderts die Rekonstruktion möglich wurde. Als meine Partnerin einen kurzen Blick in den Raum wirft, wird auch sie noch um 20 Kronen erleichtert, während der Knirps großzügig erklärt: »Kinder kosten nichts.«

Die Kirche von Borgund steht in ihrer Vollkommenheit, und weil sie im ursprünglichen Zustand erhalten ist, für das Bild der Stabkirche schlechthin. Im Gegensatz zu den kleinen Kirchen in Nore und Uvdal mit nur einem zentralen Stützbalken tragen hier 12 gewaltige Masten den asiatisch wirkenden Bau.

Selbst ein Foto gibt den Gesamteindruck des Gebäudes nur unzureichend wieder. Man muß selbst mit den Fingern über das durch ständige Teerkonservierung geschwärzte Holz der Masten, Wände und hölzernen Dachschindeln gestrichen und den unverwechselbaren Geruch aufgenommen haben.

Weiter geht's gen Sognefjord. Bei Erdal zweigt eine kleine Straße nach Süden, über einen bis in den Sommer hinein verschneiten Paß ab. Und immer wieder diese faszinierenden Panoramablicke über das Land. Viele hundert Meter tiefer liegt der Aurlandsfjord. Über spitzwinklige Serpentinen rollt man ins Tal, bis man das Ende des Fjords und die Ortschaft Flåm erreicht. Eine

Fabelwesen und Pflanzenornamente: Beispiel der kunstvollen Schnitzereien an den Stabkirchenportalen (Heddal)

der spektakulärsten Eisenbahnlinien Norwegens beginnt hier. Auf rund 20 Kilometern windet sich die »Flåmbahn« durch 20 Tunnels von Meeresniveau bis auf 867 Meter Höhe, wo sie Anschluß an die »Bergenbahn« erhält. Ein weiterer kleiner Abstecher bietet sich auch nach Undredal an, wo es nicht nur einen der besten, »Geitost« genannten braunen Ziegenkäse aus eigener Produktion gibt, sondern auch die nur etwa 3,50 Meter breite und somit angeblich kleinste Kirche Norwegens. Ursprünglich war auch sie eine Stabkirche. Heute erinnert kaum noch etwas daran. Nach zwei langen Tunnels kriecht das Auto über die mit 20 Prozent Steigung steilste Straße Norwegens nach Stalheim. Ein reizvoller Ort. Das fanden auch andere, Kaiser Wilhelm zum Beispiel, der hier einst seinen Urlaub genoß. Über das Vikafjell erreichen wir wieder den Sognefjord, und in seiner Nähe die Stabkirche von Hopperstad. Wie so oft, umgibt auch sie ein kleiner Friedhof. Die Namen auf den Grabsteinen lauten »Hopperstad« und »Hopperstad« und »Hopperstad«...

Ein optischer Leckerbissen auf dem Stabkirchenrundkurs ist die Überquerung des Sognefjords. Der anschließende Umweg nach Kaupanger zur dortigen Stabkirche ist eher enttäuschend. Das Äußere gleicht einem schmucklosen, übergroßen Holzkasten. Ihre Innenarchitektur allerdings besticht durch Harmonie. Nach einer weiteren kurzen Fährpassage ist Urnes erreicht. Die Stabkirche hier gilt als ein unbedingtes Muß. Dabei wirkt sie, trotz ihrer exponierten Lage auf einer Landzunge, die ihr den Namen gab (Ormnes = Schlangennase), aus der Ferne eher schlicht. Und doch wurde eine eigene Kunstrichtung der auslaufenden Wikingerzeit, bei der ineinander verwobene, stark stilisierte Tierfiguren dominieren, nach ihr benannt.

Nach einer Fahrt durch Jotunheim, das Reich der Riesen mit Norwegens höchstem Berg, dem Galdhøppig, ist die Stabkirche von Lom erreicht. Reiche Ausschmückung hat ihren einstigen Charakter stark verändert. Aber das sich hier einstellende Gefühl der Geborgenheit ist wohltuender als die Finsternis und Kühle der ursprünglichen Stabkirchen. Die Kirche von Lom ist eine der

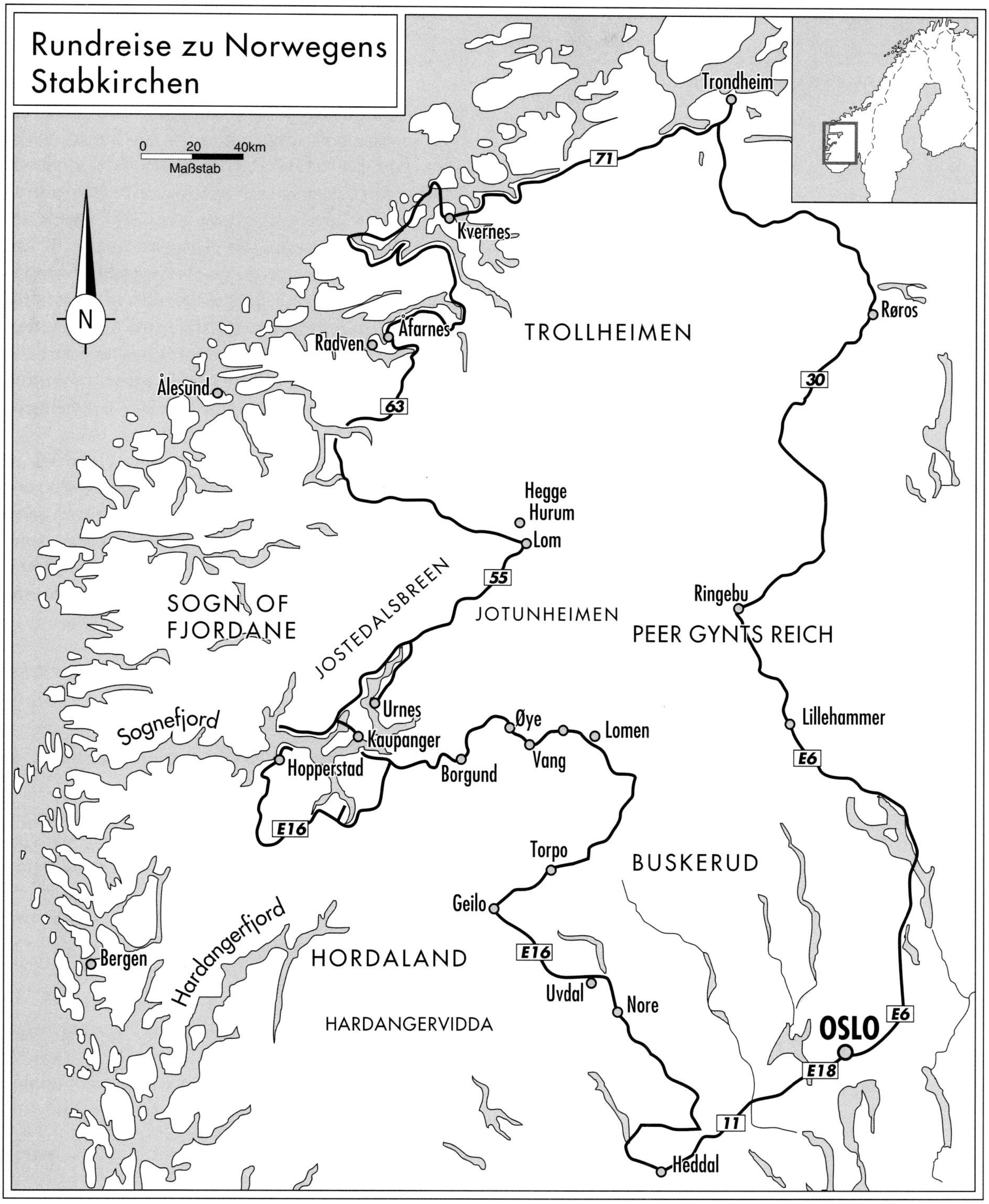
Rundreise zu Norwegens Stabkirchen
0 20 40km
Maßstab
N
Trondheim
71
Kvernes
Røros
Åfarnes
Radven
TROLLHEIMEN
Ålesund
30
63
Hegge
Hurum
Lom
55
Ringebu
SOGN OF FJORDANE
JOSTEDALSBREEN
JOTUNHEIMEN
PEER GYNTS REICH
Urnes
Sognefjord
Kaupanger
Øye
Lomen
Lillehammer
Hopperstad
Vang
Borgund
E6
E16
Torpo
BUSKERUD
Geilo
Hardangerfjord
Bergen
HORDALAND
E16
Uvdal
Nore
HARDANGERVIDDA
OSLO
E6
E18
11
Heddal

Stark verändert und außen eher schlicht: Stabkirche von Ringebu

wenigen, die allgemein nicht mit einem Superlativ versehen wird. Und doch habe ich einen gefunden: Sie war die billigste. Darum habe ich gern im Opferstock ein paar Kronen klingeln lassen.

Die »Straße der Stabkirchen« erreicht in Trondheim ihren Wendepunkt. Im dortigen Freilichtmuseum befindet sich heute die kleine Stabkirche von Holtålen. Bei Røros entscheiden wir uns statt der Reichsstraßen für kleine, teils mautpflichtige und geschotterte Bergstraßen durch urwüchsige Einsamkeit. In Ringebu – ca. 60 km nördlich von Lillehammer – werden die Europastraße 6 wie auch die letzte Stabkirche erreicht.

Mit ihrem hohen, roten Turm und zahlreichen Fenstern zeigt sie dem Betrachter ein unverwechselbares, schönes Gesicht, auch wenn der nach 1600 erfolgte Umbau wenig von der ursprünglichen Architektur konserviert hat.

Gut 1500 Kilometer nach dem Start, zurück in Oslo, schließt sich der Kreis. Die Straße der Stabkirchen öffnet nicht nur einen Blick in eine der reizvollsten Landschaften Norwegens, sondern auch in eine Kultur, die blühte, als die alten Wikinger ihren heidnischen Göttern und Dämonen abzuschwören begannen.

Informationen: Stabkirchenrundreise

Dauer: Die Rundreise zu den Stabkirchen wurde mit Start- und Zielpunkt Oslo beschrieben. Problemlos läßt sich der Kurs aber auch von den Fährhäfen Kristiansand oder Larvik aus beginnen. Die Route ist innerhalb einer Woche zu schaffen. Um aber für die sich anbietenden Wanderungen, Abstecher und Ausflüge sowie für die Besichtigung der Kirchen ausreichend Zeit zu haben, sollte etwas mehr Zeit eingeplant werden. Von Oslo über Røros bis Trondheim sind es nur rund 600 Kilometer. Trotzdem sollten für die gesamte Rundfahrt einschließlich eventueller Abstecher insgesamt 1500 bis 2000 Kilometer einkalkuliert werden.

Beste Reisezeit: Alle beschriebenen Straßen sind spätestens ab Ende Mai problemlos auch mit Gespannen und Wohnmobilen befahrbar. Nur die Paßstraßen über die Hardangervidda und der kleine Paß vom Sognefjord nach Aurland und Flåm sind im Winter gesperrt. Es gibt aber ganzjährig geöffnete Alternativrouten bzw. Fährverbindungen.

Die meisten Stabkirchen sind nur während der Sommersaison geöffnet. Außerhalb dieser Zeiten lohnt es sich, bei Anwohnern in der Nähe nach der Möglichkeit einer außerplanmäßigen Führung zu fragen. Meist findet sich ein »Schlüsselgewaltiger«.

Unterkünfte: Die Unterkunft unterwegs ist ohne Vorbestellung problemlos möglich. Touristenbüros geben Auskunft. Das Netz der generell gut ausgestatteten Zeltplätze, auf denen zumeist auch einfache Hütten gemietet werden können, ist erstaunlich dicht. Norwegische Jugendherbergen (»vandrerhjem« oder »ungdomsherberge«) stehen Besuchern jeden Alters

Zwischen Erde und Himmel (Midgard und Åsgard) spannt sich die Regenbogenbrücke Bifrøst – nach dem alten Glauben der Nordgermanen

offen und sind einfach, aber praktisch eingerichtet. Familienzimmer stehen häufig zur Verfügung, Kochgelegenheiten immer, Waschmaschinen seltener. Bei Vorlage des deutschen Jugendherbergsausweises gibt es Rabatt. Lange Vorbestellungen sind meist nicht erforderlich, die Herbergsväter sind aber für eine telefonische Voranmeldung dankbar.

Literatur: Es gibt eine umfangreiche Stabkirchen-Literatur. Nur weniges ist allerdings derzeit im Buchhandel erhältlich, die Suche nach älteren Veröffentlichungen im Stichwortregister größerer Bibliotheken lohnt sich also. Zur Einstimmung sei empfohlen: Erich Burger, »Norwegische Stabkirchen«, DuMont Buchverlag Köln, 1978. Kurzer informativer Text, viele Fotos. In allen größeren Stabkirchen kann weiterführende Literatur, z. T. auch auf deutsch, erworben werden.

Abstecher: In Lillehammer, sechzig Kilometer weiter südlich, sollte man unter keinen Umständen den Besuch der Sandvigschen Sammlungen in Maihaugen verpassen. Mehr als 120 alte Gebäude verschiedener Regionen sind hier, aufbauend auf der Sammlung des Zahnarztes Anders Sandvig, größtenteils komplett eingerichtet erhalten geblieben.

Götter und Dämonen – die Edda

Ein riesiger leuchtender Regenbogen spannt sich über den dramatisch finsteren Himmel. Die Vögel verstummen. Für einen Moment herrschen Windstille und geisterhafte Ruhe. Skurrile Krüppelkiefern leuchten magisch vor schwarzen Wolken. Dann beginnt es zu knistern, zu knacken, große Tropfen prasseln herab. Gerade war es noch frühlingshaft warm, da fegt jetzt ein eisiger Sturm heran. Der eben noch ruhige See beginnt zu stöhnen und zu ächzen, Eisschollen schieben sich übereinander. Der Himmel öffnet seine Schleusen, ein dichter Regenvorhang verschleiert den Horizont. Die verkrüppelten Äste der Bäume gestikulieren wild im Sturm. Ein Blitz zuckt. Thor, der Gott des Donners, grollt. Der Fenris-Wolf frißt die Sonne. Dunkelheit.

Wer je auf einer Wanderung über die karge Vidda das Nahen eines Unwetters erlebte, wird sich hineinversetzt fühlen in die Bilder der nordischen Mythologie. Ihre Kenntnis verdanken wir vor allem den in der »Edda« gesammelten Versen.

Ursprünglich war dies ein als Lehrbuch altnordischer Dichtkunst verfaßtes Werk des isländischen Geschichtsschreibers Snorri Sturluson (1179 bis 1241), das wir heute als die »Jüngere Edda« bezeichnen. Die Sammlung der Lieder und Mythen hingegen, die uns nicht nur die Götter, sondern auch die heidnischen Vorstellungen von der Entstehung und vom Aufbau der Welt überliefern, wird die ältere oder »Lieder-Edda« genannt.

Es überrascht nicht, daß die rauhen Wikinger keinen sich aufopfernden Christus, sondern eher eine Vielzahl kämpferischer und kampflustiger Götter, Riesen, Zwerge, Walküren, Hexen, Nornen, Elfen und Geister verehrten und fürchteten.

Für die alten Skandinavier war die Welt, wie bei vielen anderen alten Religionen auch, dreigeteilt. Die Menschen lebten in Midgard. Darüber breitete sich der himmlische Göttersitz Åsgard aus. Zwischen Erde und Himmel, Midgard und Åsgard, spannte sich »Bifrøst«, die Regenbogenbrücke. Die dritte Welt war die unter der Erde gelegene sonnenlose, stets neblige Totenwelt. Wer aber im Kampf mutig sein Leben eingesetzt und verloren hatte, besaß Anspruch auf einen Platz in Walhall, der sagenhaften himmlischen Halle, in der sich die heldenhaften Krieger, um Odin geschart und von den Walküren bedient, ständiger Trunk- und Kampffeste erfreuten.

Am Anfang jener mythischen Welt der Wikinger waren da nur Yggdrasil, die Weltenesche, und Ginnungagap, die endlose Leere. Durch die Berührung von Feuer und Eis entstanden der Riese Ymir und die Kuh Audumla. Zu ihren Nachkommen zählten Odin und seine Brüder, die den Riesen Ymir töteten und aus seinen Körperteilen jene mythische dreigeteilte Welt erschufen. Auch das Ende der Welt stand für die Wikinger fest, nur der Zeitpunkt war offen. Die Götterdämmerung »Ragnarøk« würde über Himmel und Erde hereinbrechen, und Bifrøst, die Regenbogenbrücke, zusammenfallen. Nicht nur die Menschen bekämpften sich dann gegenseitig, sondern auch die in ständigen Fehden liegenden Götter würden sich vernichten. Übrig bliebe nur Nebel und nackter Fels. Aus diesem Chaos aber würde eine neue Welt des Friedens und friedlicher Götter entstehen.

Plötzlich, ebenso schnell, wie es gekommen, war das Gewitter über die Vidda hinweggezogen. Die Sonne lachte, eine Drossel sang ihr melodisches Lied. Wären da nicht die knöcheltiefen Pfützen, die völlig durchnäßte Bekleidung und später die Fotos von dem Schauspiel gewesen, ich hätte glauben mögen, einem Trug der Trolle anheimgefallen zu sein.

Nicht der höchste, aber mit seinen Gesteinstreppen der lebendigste Wasserfall: Låtefossen ▷

Natur und Kultur – Südnorwegen und Oslo

TDDH

Perlen des Südens – Bilderbuchbummel entlang der Südküste

Südnorwegen ist einfach anders – hier, zwischen Larvik und Kristiansand, liegen die »weißen Perlen« des Landes wie an einer Schnur aufgereiht: Kragerø mit der vorgelagerten Insel Jomfruland, Risør, die Inselgemeinde Lyngør, das verborgene Tvedestrand, Arendal, Grimstad, Lillesand – lauter Namen, die noch bis vor gut hundert Jahren auf der ganzen Welt bekannt waren, als sich schwer beladene Frachtsegler mit Holz auf den Weg über die See machten und für Wohlstand in den schmucken Orten längs des Skagerraks sorgten.

Das 19. Jahrhundert war für die Sørlandküste weiß Gott eine gute Zeit. Schiffahrt, Bootsbau und Handel lockten das Geld der Kaufleute und Reeder. Wer kein Eigentum hatte, fand reichlich Arbeit und kam so zu Geld. Und manch einer setzte sich ein Denkmal – in Form eines schönen Holzhauses, das meist klein und bescheiden, mitten in der Stadt aber nicht selten stattlich und repräsentativ war.

Wenn Bescheidenheit eine Zier ist, dann wäre die langgestreckte Insel Jomfruland, die sich schützend vor Kragerøs Schären legt, die Zierde des ganzen Sørlandes. Weder Pommesbuden noch Tankstellen oder terminalgroße Fähranleger stören die Ruhe, und die paar Wohnwagen und Zelte auf dem kleinen Campingplatz bleiben ganz für sich. Wer dem Konsum frönen will, der muß schon die drei Stunden ausnutzen, in denen der Kaufmann im Laufe des Tages seinen Laden öffnet. Hier bietet die Natur sozusagen im Sonderangebot Buschwindröschen, deren Weiß weite Flächen völlig bedeckt. Lichte Eichenwälder, einige sorgfältig bewirtschaftete Äcker und Felder, weißer Sandstrand auf der dem Land zugewandten Seite und blankgeschliffenes Gestein an der offenen See sind Naturerscheinungen, die man in Norwegen sonst vergeblich sucht. An der Nordostspitze lassen sich Jahr für Jahr zahlreiche Vögel zum Brüten oder zur Rast auf ihrem Zug

Hardangerfiedel-Spieler im Setesdal

nieder. Wen wundert es da, daß die Insel schon vor Jahren zu einem Naturreservat erklärt wurde, und daß man auch weiterhin nur mit einer kleinen Fähre oder mit dem Boot von Kragerø aus dorthin gelangt?

In dieser kleinen Küstenstadt dagegen, die schon Edvard Munch fasziniert hat, geht es lebendiger zu. In den kleineren Hafenbecken drängen sich die Boote, und die Terrassen der umliegenden Restaurants erfreuen sich – nicht zuletzt dank liberaler Schanklizenzen – zahlreicher Besucher bis spät in die Nacht. In der Ortsmitte liegen dicht an dicht weiße Holzhäuser und klassizistische Bauten aus Stein, die dem Ort das Flair von Wohlstand verleihen. Auffallend geschmackvoll eingerichtete Geschäfte und eine bescheiden-gediegene Kunstszene tragen ihren Teil zur Atmosphäre bei. Die eher konservative Kunstauffassung scheint allerdings der Mentalität der Einwohner zu entsprechen, wie aus kompetentem Munde – wohl mit Blick auf Munch – verlautete: »Ein Künstler muß erst gestorben sein, damit er hier zu Ehren kommt.«

Weiße Holzhäuser, blühende Rosen – typisches Bild aus Risør, einer der »Perlen des Südens«

Stubenhocker und Schreibtischtäter scheinen hier an der Sørlandküste ein noch stilleres Dasein als sonstwo zu führen. In den Häfen und Gassen der Küstenstädte wird gesägt, gehämmert, gemalt und werden Gärten gepflegt. Bootsbauer werkeln liebevoll von morgens bis abends an den schönsten schwimmenden Untersätzen, und Segelmacher, Schiffsausstatter, Kunstateliers und Galerien verdrängen öde Videotheken und Supermärkte an die Peripherie. Die zahlreichen herrschaftlichen Häuser aus der Großzeit der Reeder und Kaufleute sind weit davon entfernt, bloße Architekturmöbel mit musealem Charakter zu sein. Sie sind ein Teil des lebendigen Ganzen und verleihen der freundlichen Atmosphäre etwas durchaus Aristokratisches. Man spürt deutlich, daß das Leben hier seinen eigenen Gang geht, wobei Besucher natürlich gern gesehen sind. Eine touristische Prostitution hat die Sørlandküste allerdings nicht nötig.

Die Gäste wohnen in den typischen weißen Holzhäusern, in farbenfrohen Hütten auf blankgeschliffenen Schären und in ein paar gemütlichen Hotels und Pensionen, die sich unscheinbar in die Silhouette einfügen. Wer hier Bettenburgen mit eingebauter Unterhaltungsmaschinerie sucht, tut dies vergebens. Die guteingerichteten »Gästehäfen« liegen nicht irgendwo vor den Toren, sondern zentral in der Ortsmitte. Eine solch private, fast intime Atmosphäre der Küstenregion trägt ganz sicher ihren Teil dazu bei, daß es Norweger und »Resteuropäer« Jahr für Jahr in die sonnigsten Gefilde des Landes zieht.

Arendal, die einzige »Stadt« zwischen Porsgrunn und Kristiansand – Grimstad ist nur flächenmäßig größer –, ist eine Ausnahme im Konzert der Sørlandorte, denn sie verbindet die gemütliche Atmosphäre der Küste mit der Geschäftigkeit eines regionalen Zentrums. Von der Barock-, Rokoko-, Empire- und Biedermeierarchitektur der Altstadt Tyholmen sind es nur wenige Schritte in urbane Einkaufsstraßen, in denen es das ganze Jahr über recht lebhaft zugeht.

Wasser bis vor die Tür, und hinterm Garten geht's ins Gebirge...

Zahllose Boote, bunte Jollen, alte, stolze Segler und schnittige Kajütkreuzer tummeln sich im riesigen Schärengarten. Zwischen Tausenden von Inseln, die mal voller Grün, mal kahl und blank aus dem Wasser ragen, sonnt man sich genüßlich an Deck, folgt dem Lauf der Angelschnur oder tuckert gemütlich zur »hytta«. Und immer wieder bietet dieses Labyrinth neue Einblicke, zeigt kleine charakteristische Sørlandsiedlungen, trotzige Lotsenhäuser, die Wind und Wetter Paroli bieten, lauschige Badebuchten...

Zählt Kragerø die meisten der manchmal wie verwunschen daliegenden Inseln und Felsen vor seiner Tür, so darf sich Lillesand rühmen, mit der Blindleia-Partie nicht nur das mit Abstand bekannteste Fahrwasser, sondern zugleich auch das wohl exklusivste Feriengebiet des Südens aufzu-

Alte und neue Schönheiten: Holzbootfest in Risør

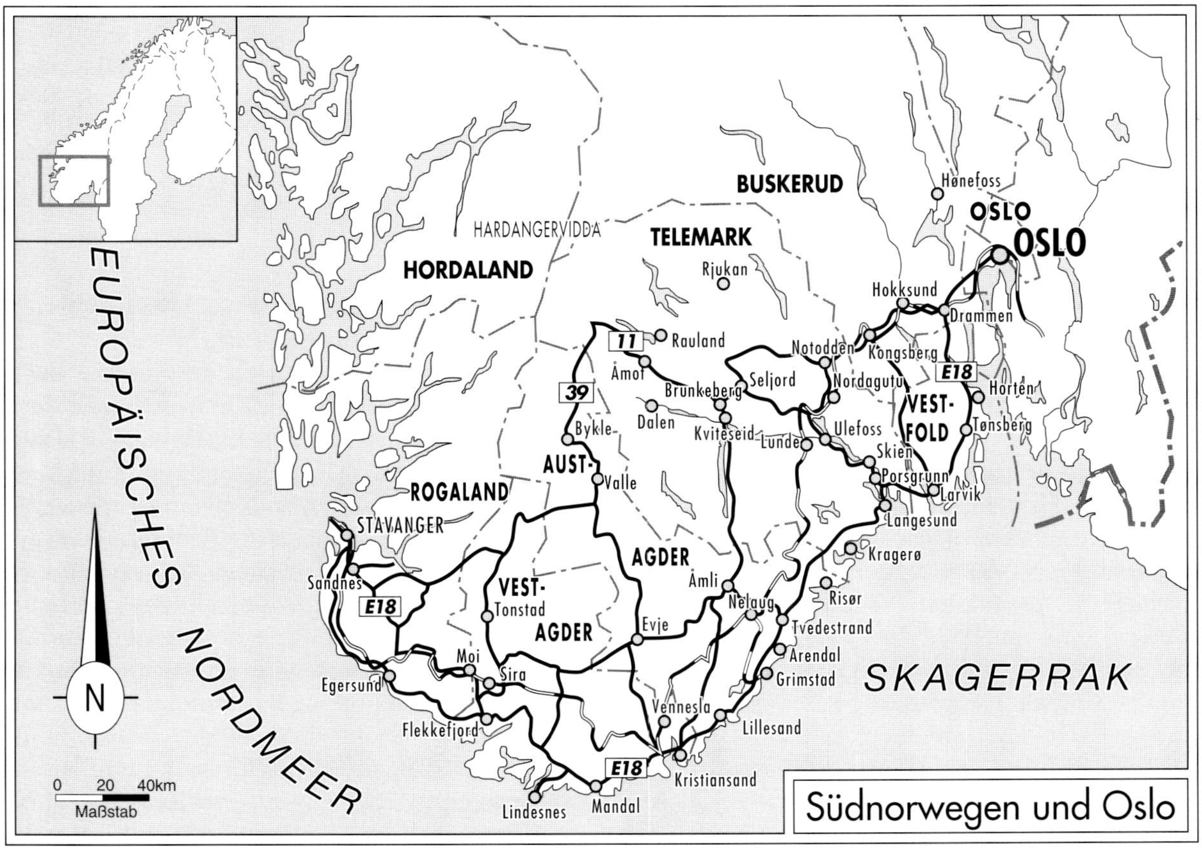

Informationen: die Küste Südnorwegens

Sehenswürdigkeiten: Lillesand: Stadt- und Schifffahrtsmuseum, Tel. 37 27 04 30, 15. 6.–15. 8.: Mo–Sa 11–14 Uhr, Empiregebäude mit Werkstätten für Schiffszimmerer, Seilmacher, herrschaftliche Wohnungen, Souvenirgeschäft.
Torfstreufabrik, Birkenes, Tel. 37 27 61 53, 1. 5.–1. 9.: Sa–So 14–17 Uhr. Eine Museumsfabrik, die von ehemaligen Mitarbeitern wieder in Gang gesetzt wurde. Herstellung von Torfprodukten.
Fuhr-Grimstad Gartneri AS, Grimstad, Tel. 37 04 06 11, 24. 6.–1. 8.: Mi–Sa 17–22 Uhr. Norwegens größter Weinkeller, gegründet 1885. Herstellung eigener Obstweine. Weinstube mit Schankgenehmigung.
Ibsen-Haus und Stadtmuseum Grimstad, Tel. 37 04 46 53, 15. 4.–15. 9.: Mo–Sa 11–17 Uhr, So 13–17 Uhr. Größte Ibsen-Sammlung der Welt, u. a. mit der alten Apotheke, in der Ibsen Lehrling war. Führungen während der Öffnungszeiten.
Rathaus Arendal, Tel. 37 01 30 00. Öffnungszeiten sind bei der Touristeninformation zu erfahren. Empire-Holzhaus – das höchste Norwegens. 1812–15 wurde das Gebäude als Privathaus für die Familie Kallevig errichtet.
Tyholmen, Arendal. Malerische Altstadt mit prächtigen Holzbauten. Sie erhielt 1992 den EUROPA NOSTRA-Preis für Baudenkmalpflege.
Dypvåg-Kirche, Tel. 37 16 11 01. Öffnung nach Absprache. Mittelalterliche Kirche aus dem 13. Jahrhundert, 1759 zur Kreuzkirche umgebaut.
Kulturhistorische Sammlung Lyngør, Tel. 37 16 64 80, 1. 4.–31. 10.: täglich 11–18 Uhr. Fünf Ausstellungen auf zwei Etagen des alten Gasthauses »Blå Lanterne«.
Næs-Eisenhüttenmuseum, Tvedestrand, Telefon 37 16 02 37. Öffnungszeiten erfragen Sie bitte bei der Touristeninformation Tvedestrand. Denkmalgeschützte Eisenhütte. Stahlhammer und Hochofen aus dem 17. Jahrhundert, die noch intakt sind. Ausstellungen, Filme. Schönes Wandergebiet.
Nisseloft und Silberschmiede, Søftestad. Täglich geöffnet. Der an der Straße 41 gelegene Bauernhof aus dem 18. Jahrhundert ist der »Speicher des Weihnachtsmannes«. Im Weihnachtsladen gibt's das ganze Jahr über Weihnachtsschmuck etc.
Galerie Buene, Risør, Tel. 37 15 30 77. Ab 23. 6. täglich von 11–16 Uhr geöffnet. Galerie in den alten Speichern auf der Sonnenseite des Hafens.
Kunstpark, Risør, Te. 37 15 20 96. Täglich geöffnet. Eine der größten Galerien Südnorwegens mit 15 Werkstätten, Café und Kinderecke.
»Det gamle fyrtårn« – Der alte Leuchtturm, Jomfruland, 20. 6.–20. 8.: Mo–Sa 12–16 Uhr, So 12–18 Uhr. Alter Leuchtturm von 1836, in dem u. a. alte Arbeitsgeräte gezeigt werden.
Compagniet, Kragerø, Tel. 35 98 10 20. Künstlerwerkstatt mit Glasbläserei, Textilien, Keramik. Demonstration und Verkauf.
Berg-Kragerø-Museum, Tel. 35 98 14 53. 20. 6. bis 15. 8.: Di–Fr 12–15 Uhr, So 12–17 Uhr.

weisen. Doch selbst hier bleibt man skandinavisch »folkelig«, wenn auch gehoben – es ist sicher kein Zufall, daß sich gerade in Skottevig Norwegens einziger Fünf-Sterne-Campingplatz eingerichtet hat.

Das Verblüffendste an Sørlandet ist vielleicht, daß die Landschaft schon gleich hinter der Küste jeden Bezug zum Meer vermissen läßt. Rauschende Wasserfälle, ungezählte kleinere und größere Seen, steile Felspartien und weite Ausblicke in das von Wald überzogene Land, durch das sich nach Norden fünf große Täler ziehen, »beamen« den Eindringling sozusagen in eine andere Welt. Hier ist das Reich der Biber, die deutlich sichtbar ihr Hausrecht beanspruchen. Die rund 15 000 Exemplare der bis zu 20 Kilo schwer werdenden Nager halten es nämlich wie die Menschen in Norwegen – auch sie bauen sich gerne eine solide Hütte.

Einen besonderen Aktivitätsdrang weist auch eine Spezies Mensch auf, die man zwischen dem Setesdal im Westen und dem Drangedal im Osten antrifft – es sind die Gesteinssammler und Mineraliensucher, die in den südlichen Gebirgsregionen phantastische geologische Bedingungen vorfinden. Lange Mineraliengänge ziehen sich über Hunderte von Kilometern quer durchs Land und treten dabei an manchen Stellen an die Oberfläche. Vor allem die Region um Evje ist für Mineralienreichtum bekannt, während andere Plätze wie die Høydalen-Grube nordöstlich von Gautefall, dem im Gebirge zwischen Drangedal und Nissedal gelegenen Ferienzentrum, bei Gesteinssammlern noch als Geheimtip gelten. Hier stößt

Südlicher geht es nicht in Norwegen: Kap Lindesnes

man auf Beryll, Topas. Amazonit, auf Lepidolit und Tveitit – und wer hier klopft, ist bestimmt kein Specht...

Künstler, Denker und manch andere Freigeistige haben sich schon seit Mitte des vergangenen Jahrhunderts von der Sonne und Natur Sørlandets und Telemarks inspirieren lassen. Während die Maler Edvard Munch, Theodor Kittelsen oder Frits Thaulow »nur« Ferienaufenthalte in Kragerø zu Schaffensphasen nutzten, ließ sich Norwegens großer Erzähler, Knut Hamsun, im Süden gleich ganz nieder. An der E 6, zwischen Tvedestrand und Arendal, steht das heute noch von der Familie Hamsun bewirtschaftete Gut Nørrholm. Übrigens: Es existiert noch das Lieblingszimmer Knut Hamsuns im Hotel Norge in Lillesand; man hat es nicht renoviert, sondern im ursprünglichen Zustand belassen.

Henrik Ibsen verschlug die Ausbildung nach Grimstad. Hier lernte er über mehrere Jahre in der Apotheke, bevor er sich ganz der Schriftstellerei und dem Theater widmete. Das Ibsen-Museum in Grimstad darf sich gücklich schätzen, heute den weltweit bestsortierten Fundus an Exemplaren des streitbaren Kopfes zu beherbergen.

Doch Kultur besteht nicht nur aus dem, im hiesigen Fall äußerst interessanten, Erbe großer Persönlichkeiten, sie ist vor allem auch Alltagsgeschichte, »Kultur von unten«. Als in diesem Sinne kulturgeschichtliches Denkmal ersten Ranges präsentiert sich seit Sommer 1993 das Næs Jernverk. Die über 400 Jahre alte Eisenhütte, deren Öfen noch bis 1959 befeuert wurden, ist Museum, technisches Demonstrationsobjekt und Kulturstätte in einem. Die zahlreichen Gebäude auf dem weitläufigen Waldgelände sind ein deutliches Beispiel dafür, inwieweit der Wohlstand an der Küste auch vom Reichtum des Hinterlandes abhängig war – und heute in natürlich veränderter Form noch ist. Genau umgekehrt verhält es sich auf dem direkt benachbarten Golfplatz von Næs, der mit einer landschaftlich wunderschön gelegenen 18-Loch- sowie einer 9-Loch-Bahn die größte Golfanlage Norwegens ist. Die hier eingeschriebenen Mitglieder oder Gastspieler rekrutieren sich nämlich zum großen Teil aus Einwohnern und Feriengästen der Küstengemeinden. Doch sie sind nicht unter sich – manchmal trabt auch ein Elch übers satte Grün zum nächsten Loch... ohne einzuputten.

Einsamkeit ganz in der Nähe – Hüttenferien

Am frühen Nachmittag war die Fähre aus Dänemark in Kristiansand angekommen. Weiter ging die Fahrt mit dem Auto zunächst an der Küste entlang Richtung Arendal, dann in nordwestlicher Richtung bis zu dem kleinen Ort Mjåvatn. Von hier an mußten wir uns durchfragen – kein Problem: Jeder kannte offensichtlich Familie Snøgrend. Wir bogen in einen Waldweg ein und kamen nach etwa 10 Kilometern schließlich zu einem See, an dessen Ufer ein weißes Bauernhaus aus Holz stand. Kein Straßenname, keine Hausnummer – nur ein Briefkasten auf einem Holzpfahl vor der langen Zufahrt – und erst recht keine Nachbarn. Nach einer kurzen, herzlichen Begrüßung führten uns die Gastgeber – ein älteres norwegisches Ehepaar – zu »unserer« Hütte. Sie lag am anderen Ufer des Sees ganz für sich, nur das Bauernhaus konnte man gegenüber zwischen Bäumen hervorschimmern sehen. Zweieinhalb Stunden nach der Ankunft in Norwegen befanden wir uns mitten in der Einsamkeit.

»Ferien vom Ich«: Urlaub in der Hütte ist eine norwegische Leidenschaft

»Holzhaus, allein gelegen, auf ca. 5000 qm Waldgrundstück, für 3 Personen«, hatte es in dem Katalog geheißen. Das hatte vielversprechend geklungen. Das einfache, kleine, rotbemalte Holzhäuschen hatte als besondere Annehmlichkeit eine überdachte Terrasse zum See hin, wo man selbst bei Regenwetter noch zum Kaffeetrinken sitzen konnte. Am Ufer, vertäut an einem Birkenstamm, lag das Ruderboot, das allein den Hüttenbewohnern zur Verfügung stand. Unweit vom Häuschen mündete ein kleiner Fluß in den See, in dem es vor allem für die Kinder viel zu entdekken gab, und auch ein verfallenes kleines Sägewerk, einst von einem Wasserrad angetrieben, lud zum Erkunden ein.

Ab und zu zeigte sich in dem Wald in Ufernähe ein Baumstumpf, der in einem spitzen Kegel endete und Bißspuren aufwies. Die erste Vermutung erwies sich als richtig: Als in der Nacht um drei Uhr einer der Hüttenbewohner zufällig vor die Tür trat, war ein lautes Klatschen zu hören – ein Biber hatte sich »verabschiedet«. Er war ins Wasser abgetaucht und hatte vorher mit einem lauten Klatschen des flachen Schwanzes auf die Wasseroberfläche andere Tiere gewarnt. Der Ton klang laut hallend über den ganzen See. »Bibersafari« vor der Haustür. An einem anderen Abend spät beobachtete ich sogar zwei junge Biber dabei, wie sie spielerisch miteinander kämpften.

Hüttenferien in Norwegen: für viele Skandinavienreisende der Inbegriff von Urlaub. Fast immer liegen die Hütten in landschaftlich reizvoller Gegend: einsam an einem stillen Waldsee, an einem rauschenden Fluß, in dem man vielleicht noch Lachse fangen kann, in grandioser Gebirgs-

Informationen: Hütten

Hüttenferien werden von den verschiedensten Reisebüros angeboten. Zum Beispiel:
[i] Nord-Reisen, Bahnhofstr. 8, D-24768 Rendsburg; Tel. (0 43 31) 51 31, Fax (0 43 31) 2 10 20. Zuverlässige Katalogbeschreibungen.
Man kann sich aber auch an Vermittler wenden, die ihren Sitz in Norwegen haben, z. B.:
[i] Norsk Ferie Formidling ANS, Postboks 1063, N-3704 Skien; Tel. 35 53 01 26, Fax 35 53 15 53.
[i] De Norske Hyttespesialistene A/S, Kongsgård Allé 59, N-4632 Kristiansand S; Tel. 38 09 25 50, Fax 38 09 05 26.
[i] Norsk Hytteferie, Boks 3404 Bjølsen, N-0406 Oslo; Tel. 22 35 67 10, Fax 22 71 94 13.

Wichtig zu wissen: In der Regel wird ein Preis für die Hütte insgesamt bezahlt, ohne Steigerung je nach Personenzahl – eine familienfreundliche Form, die norwegischen Bräuchen entspricht. Man muß sich allerdings an die angegebene Personenhöchstzahl halten.

»Hütten«, ein Stück Lebensqualität: Unter dem Begriff »Hütte« (norwegisch hytta) werden – auch in diesem Buch – unterschiedliche Unterkünfte verstanden, z. B. Ferienhütte, Campinghütte oder Wandererhütte.
Grundsätzlich handelt es sich dabei um ein Holzhäuschen, das nur vorübergehend – normalerweise im Urlaub – benutzt wird. Wenn der Norweger sagt, er sei »på hytta« (auf der Hütte) gewesen, meint er im allgemeinen ein solches Ferienhäuschen, wie sie auch an Touristen vermietet werden. Dieses »på hytta« ist für den Norweger ohne Frage ein elementarer Bestandteil der Lebensqualität.

landschaft, auf einer Felseninsel im Meer (nur mit dem Boot erreichbar) oder in einem Fischerdorf auf den Lofoten.

Ein Auto sollte man beim Hüttenurlaub schon zur Verfügung haben, um zumindest die Anfahrt zu bewältigen, wenngleich den Transport von einer nahegelegenen Bahn- oder Fährstation auch zumeist die Gastgeber übernehmen.

Gewöhnlich gibt es in der Umgebung solcher Hütten genug zu entdecken, ganz besonders für Kinder. Man kann Beeren sammeln (Blaubeeren, Preiselbeeren, in feuchten Gebieten auch seltener Multebeeren), oder man angelt sich eine Fischmahlzeit – am häufigsten fängt man wohl Lachsforellen (norw. ørret). Den Abend oder das Regenwetter verbringt man vielleicht gemütlich am prasselnden Ofen- oder Kaminfeuer mit Lesen und Vorlesen. Man kann eine Wandertour einschalten oder eine Bootsfahrt unternehmen. Oft gibt es in der Nähe auch Gelegenheit zum Reiten – kurzum: Die Möglichkeiten für Aktivurlaub sind groß. »Hütten« sind eine der Besonderheiten Skandinaviens. Viele Norweger besitzen selber eine – auch wenn sie sonst in einem Mietshaus wohnen. Oft haben sie sie in mühsamer Eigenarbeit errichtet. Dem Urlauber aus dem Ausland sei geraten, möglichst eine private Hütte von einem Norweger zu mieten. Sie werden auch von Reiseveranstaltern angeboten. Nur so wird man sich das »typisch Norwegische« erschließen. Denn inzwischen gibt es auch von Investoren aus dem Boden gestampfte Hüttensiedlungen mit ganz anderem Charakter – der Komfort ist zwar in der Regel größer, aber als typische Norweger-»Hütte« kann man diese Unterkünfte nicht mehr bezeichnen. Ferienbungalow wäre ein angemessenerer Ausdruck.

Der bissige Gruß des Bibers

Per Schiff vom Meer ins Gebirge: Telemarkkanal

Eine Reise auf einem von Menschen gemachten Kanal – und das in Norwegen, wo das Reiseziel doch fast immer »Natur pur« heißt? Zugegeben, gewöhnlich sind Kanäle eintönig: schnurgerader Verlauf, »saubere« Ufer, Frachtschiffverkehr. Aber hier gilt das nicht – auf dem alten Telemarkkanal ist vieles anders. »Skien-Norsjøkanal« heißt sein erstes Stück. Zwischen 1854 und 1861 wurde es fertiggestellt. »Bandakkanal« nennt man das 1892 fertiggestellte Ende zwischen Norsjø und Dalen.

Ein Kanal zum Träumen, zum Sich-Hängen-Lassen, zum Ruhe-Genießen, so präsentiert er sich – mit gewundenen Ufern und Buchten, üppig grünem Uferbewuchs. Und immer wieder die Verengung an den Schleusen. Ohne Frage diente er ursprünglich industriellen Zwecken. Holz wurde zu Sägewerken geflößt, Waren und Fabrikprodukte wurden auf dem Wasserweg transportiert. Doch spielte von Anfang an auch der Personenverkehr eine wichtige Rolle. Ende des 19. Jahrhunderts bot der Kanal den kürzesten Reiseweg von Ost- nach Westnorwegen, von Oslo nach Bergen. Das prachtvolle Hotel in Dalen wurde zur wichtigsten Übernachtungsstätte auf dieser Reise. Es existiert noch immer. 1992 wurde es restauriert und avancierte zur beliebten Herberge für nostalgisch gestimmte Reisende.

Es waren Dampfboote, die damals den Telemarkkanal befuhren. Ihre gierigen Maschinen verschlangen das Holz klafterweise. So wurde das »Dampferholz« in jener Zeit eine der wichtigsten

Jung und Alt verfolgen gespannt das »Klettern« des Schiffes in den Schleusen

Einnahmequellen hier. Gab es einen Landesteg, brachte man es dorthin; wenn nicht, wurden die Scheite mit Ruderbooten an Bord geliefert. Heute verkaufen clevere Jungs an den Schleusenanlagen T-Shirts mit dem Aufdruck »Telemarkkanal«. Die Zeiten ändern sich eben.

Morgens um acht in der »Ibsenstadt« Skien: Die Reise mit dem Motorschiff »Henrik Ibsen« beginnt. »Sie können ausnahmsweise auf der Brücke mitfahren«, erlaubt mir Kapitän Tore Rønningen, ein gelassener junger Mann mit sicherem Blick.

In den letzten Jahrhunderten herrschte auf den Gewässern hier reger Bootsverkehr. Um von Skien ans Meer zu kommen, mietete man sich ein Ruderboot mit zwei, drei Ruderknechten. Die lange Strecke über die Seen hatte man in Etappen mit Rast- und Übernachtungsplätzen eingeteilt. Zwischen den Gewässern wurde der Transport per pedes oder mit Saumtieren fortgesetzt. Den entscheidenden Fortschritt brachten im 19. Jahrhundert die Schaufelraddampfer. Nach Fertigstellung des Skien-Norsjø-Kanals zeigte sich allerdings, daß die Schleusenkammern für ihre Schaufelräder zu eng waren. Neue Schiffe mußten her. Eines von ihnen ist die seit 1882 bis heute eingesetzte »Victoria«.

Abschied von Skien. Ein paar Kinder winken. Die Schiffsschraube dröhnt. Noch im Stadtgebiet geht es rein in die erste Schleusenanlage. Ein kräftiger Hub, schon ist der erste Höhenunterschied von fünf Metern überwunden. Bei den Skotfoss-Stromschnellen, wo einst eine Holzschleiferei und später eine Papierfabrik für Arbeit sorgten, beginnt der Løveid-Kanal mit drei Schleusenkammern. Parkanlagen und Spazierwege am Kanalufer, kleine Häuschen aus alter Zeit, doch frisch renoviert: anmutige Eindrücke an diesem sonnigen Tag. Drei Mädchen, die auf dem Seitenweg ihre Fahrräder schieben, werden an der oberen Schleusenkammer mit aufs Schiff genommen – auch das eine freundlich gewährte Ausnahme. Denn selbstverständlich ist das nicht der normale Weg, um aufs Schiff zu gelangen. Dann öffnet sich der Wasserlauf zum langgestreckten Norsjø. Erst zwei Stunden später wird dieser See verlassen. Hoch oben in einer Felswand – 30 Meter über dem Wasserspiegel – erkennt man eine große Höhle mit einem Kreuz. Schon vor der Reformation diente die Mikaelshule (St.-Michaels-Höhle) als Felsenkirche.

Über die Jahrhunderte sahen die Telemarkgewässer Menschen kommen und gehen. Funde beweisen, daß seit fast zwei Jahrtausenden Wetzsteine aus einem Steinbruch in der Nähe von Lårdal ihren Weg über die Telemarksgewässer zum Meer und von dort in alle Welt fanden. Auch das 1970 in Kjølling ausgegrabene »Klåstadschiff« war mit ihnen beladen. Bei Ausgrabungen unter der alten Burg von Krakau in Polen fanden sich Wetzsteine vom selben Herkunftsort.

Mit fünf Kammern die größte Schleusenanlage des Telemarkkanals: Vrangfoss

Am östlichen Ufer des Norsjø-Sees dehnen sich noch heute große Wälder. Seit dem 16. Jahrhundert waren sie die Lieferanten für Holzkohle für das Eisenwerk von Gjerpen. Søve am Ostufer hingegen genießt besonderen Ruf unter Geologen: Hier fand man das nach diesem Ort benannte Søvitt, das für Legierungen verwendet wird.

An der Schleuse von Ulefoss beginnt der letzte Abschnitt, der Bandak-Kanal. Vrangfoss heißt die größte Schleuse auf der gesamten Strecke des Telemarkkanals. 23 Meter beträgt der Höhenunterschied, der in fünf Kammern überwunden wird. Das dauert seine Zeit, doch die Fahrgäste folgen gebannt dem Schauspiel. Immer wieder dasselbe: Das Schiff läuft bei niedrigem Wasser in eine der Kammern ein. Hinter ihm wird das Tor mit einer Handkurbel geschlossen, Wasser strömt vorn ein, der Wasserspiegel samt Schiff steigt, am höchsten Punkt wird das vordere Tor (wiederum mit einer Handkurbel) geöffnet – und das Ganze fünfmal.

Draußen, am Ufer, stehen Zuschauer und folgen dem Schiff zu Fuß. Ein kleines Mädchen lacht, als ein Fahrgast ihm von unten zuruft: »Warte, gleich kommen wir nach oben!« und reicht ihm mutig die Hand, als das Schiff schließlich in seiner Augenhöhe ankommt.

Wer will, kann in Lunde das Schiff verlassen und per Linienbus nach Skien zurückfahren. Nur noch drei weitere Schleusen sind jetzt zu passieren: Die von Lunde, Kjeldal und Hogga. Bei insgesamt vier Kammern wird hier ein Höhenunterschied von 13 Metern überwunden. Der letzte... denn abends gegen acht erreicht die »Henrik Ibsen« Dalen am Fuße der Hardangervidda. 105 Kilometer hat sie in einer Fahrzeit von gut elf Stunden hinter sich gebracht. Weder eine Rekordstrecke noch eine Rekordzeit, in der Tat. Aber Reisen in die Vergangenheit erfordern nun mal Zeit und Muße, vor allem wenn eine reizvolle Gegenwart den Rahmen steckt.

Eine Schiffahrt wie im Bilderbuch: am Bandakkanal, dem letzten Teil des Telemarkkanals

Wanderung am Bandakkanal

Entlang dem Bandakkanal führt ein informativer und lohnender »Kulturpfad« (kultursti). Eine gute Ausschilderung (Tafeln A–F) vermittelt Einblick sowohl in die Geschichte wie auch Sehenswertes der Region. Der Pfad beginnt in Ulefoss. Nachfolgend einige der reizvollsten Punkte:

Tafel B informiert über Ulefoss Hovedgaard – Norwegens bedeutendstes Bauwerk im Empirestil. Staatsrat Niels Aall ließ es 1807 als Sommersitz erbauen. Heute beherbergt es ein Museum. Tafel C: reizvolle Aussicht über den Kanal und Lanna mit einer Reihe schöner alter Häuser, zumeist im »Schweizer Stil«. Tafel D: Blick auf die Schleusenanlage von Eidsfoss und Teile der sanft hügeligen Telemarklandschaft. Tafel F steht an den fünf Schleusenkammern von Vrangfoss – der Hauptattraktion des Bandakkanals.

Geschäftsmann und Weltbürger – Kjell Strand aus Skien

Die erste Begegnung fand auf einem Rastplatz statt – in Deutschland. Wir waren auf der Rückreise von Norwegen, er kehrte gerade in seine Heimat zurück, unsere Wege kreuzten sich. Kjell Strand, wie er leibte und lebte, freundlich lachend am Tisch, mit einigen Geschäftspartnern zusammen. Kurze Unterhaltung, auf norwegisch, über Norwegen natürlich. Eine Einladung mit Visitenkarte, ihn zu besuchen.

Jahre später wurde der Besuch verwirklicht. Ziemlich weit oben liegt sein Traumhaus, in dem am Hang gestaffelten Stadtteil. Als wolle er den Überblick behalten über seine Heimatstadt Skien – denn das war ihm immer wichtig, so viel er auch in der Welt unterwegs war: ein Bürger Skiens zu sein, oder: ein »gutt«, ein Junge dieser Stadt, wie die Norweger das so liebevoll ausdrücken.

Einer der prominentesten Bürger dieser Gegend ist Kjell Strand, so stellt es sich heraus (das zeigt sich auch, wenn man mit ihm durch den Ort kommt, jeder scheint ihn zu kennen) – und ein knallharter Geschäftsmann dazu. Man glaubt es kaum, wenn man diesen Mann mit seiner heiteren, weltbejahenden Ausstrahlung zum ersten Mal trifft. Sein Geschäft war bis zur Pensionierung der Glas- und Porzellanhandel, mit weltweiten Verbindungen. Er engagierte sich bei den Pfadfindern, später beim Roten Kreuz, für geistig Behinderte, für den Tourismus dieser Stadt... Und nicht zu vergessen: den Lions Club, den er hier aufbaute und dessen norwegischer Vorsitzender er lange Zeit war.

»Ich habe immer Freunde gehabt – und gute Mitarbeiter«, erklärt er mir. »Nur so war das alles zu schaffen.« Und er vergißt nicht seine Frau Solveig hervorzuheben, die mit warmer Herzlichkeit den Kaffeetisch gedeckt hat und nun das Gespräch begleitet. »Was meinst du, wie alt ich jetzt bin?« fragt er schmunzelnd und gibt rasch selbst die Antwort: »Mitte Siebzig.«

»Dem anderen zuhören, vorausdenken, gemeinsam handeln – das war mir immer wichtig«, erklärt er. Und wie wichtig es sei, daß junge Menschen mit anderen Menschen in Kontakt kommen, möglichst im Ausland. »Man lernt, seine Heimat mit anderen Augen zu sehen und entsprechend zu handeln« – nur so könne Frieden entstehen...

Zu Stein gewordene Willenskraft: Standbild des weltberühmten norwegischen Dramatikers Henrik Ibsen in Skien, seiner Geburtsstadt

Informationen: Telemarkkanal

[i] **Telemark** Reiser, Postboks 743 Hjellen, N-3703 Skien; Tel. (00 47) 35 53 03 00; Fax (00 47) 35 52 70 07.

Tip: Gegen geringe Schutzgebühr gibt es hier ein Faltblatt mit Karte sowie ein informatives Begleitheft (auch in Deutsch).

Anreise: Von Oslo auf der E 18 Richtung Kristiansand. 19 km hinter Larvik bei Eidanger auf den Rv. 32 Richtung Porsgrunn abbiegen. Die Stadt Skien (heute ca. 56 000 Einwohner) geht auf einen alten Handelsplatz zurück, der wegen seiner günstigen Lage zwischen Meer und Gebirge bereits in der Wikingerzeit Bedeutung hatte und in der Sagaliteratur mehrfach erwähnt wird. Ab dem 16. Jahrhundert wurde es Zentrum des Holzhandels wie auch der Holzverarbeitung. Das ist noch immer so. Heute ist die Papierfabrik die wichtigste Industrieanlage. In der »Ibsenstadt« Skien wurde 1828 der Dramatiker Henrik Ibsen geboren. Der Hof Venstøp, etwa 5 km nördlich

vom Zentrum in Gjerpen, ist zu besichtigen. Sehenswert ist auch das Heimatmuseum für die Provinz Telemark, »Fylkesmuseet for Telemark og Grenland«, im schönen Brekkepark. U. a. gibt es hier ein Ibsenzimmer. Nicht erschrecken, wenn Sie Ibsen hier plötzlich »live« zu sehen bekommen – als original bekleidete Plastik in Lebensgröße.

Sehenswürdigkeiten am Rande des Telemarkkanals: Zum alten Industrieort Ulefoss (heute ca. 2500 Einwohner) gehören zwei Herrenhäuser: südlich vom Holden-Fluß der Sitz der Familie Cappelen und am nördlichen Ufer der Ulefoss Hovedgaard der Familie Aall (Amtmann Hans J. C. Aall hatte seinerzeit den Bau des Kanals im Parlament durchgesetzt). Sehenswert ist hier das Wagenmuseum und eine Sammlung alter Fahrzeuge. Nach Absprache mit der Touristeninformation sind Haupthaus und Museum zu besichtigen.

[i] Touristeninformation an der Ulefoss-Schleuse, N-3745 Ulefoss, Tel. 35 94 54 60.

Lumevatn, das langgestreckte Gewässer hinter Vrangfoss, steht wegen der sumpfigen Abschnitte mit zahlreichen Brut- und Zugvögeln unter Naturschutz. Von Lunde aus erreicht man über die Reichsstraße 359 den Ort Bø (4600 Einwohner). Besuchenswert: die Steinkirche aus dem 12. Jahrhundert und das Heimatmuseum mit alten Gebäuden. Der Bøfluß lädt zum Baden, Angeln und Kanufahren ein. Von hier aus lohnt sich der Abstecher zum Lifjell (höchste Erhebung 1288 m), einem reizvollen Wandergebiet und Wintersportzentrum.

[i] Bø Turistkontor, Bø Sentrum, N-3800 Bø, Tel. 35 95 18 80.

Zur heutigen Gemeinde Kviteseid – zwischen Kviteseidvatn und Bandaksee – zählen die Orte Vrådal, Brunkeberg und Morgedal. Morgedal gilt als »Wiege des Skisports«. Besuchenswert ist das Skimuseum. Hier wurde vor der Winterolympiade 1994 die olympische Flamme entzündet, die eine Fackelstafette durch das ganze Land bis Lillehammer führte.

[i] Kviteseid Turistinformasjon, Tel. 35 05 41 73 Morgedal, Tel. 35 05 63 02 Vrådal.

Von Dalen aus lohnt ein **Abstecher** zur Stabkirche von Eidsborg (5 km). Interessant auch das Heimatmuseum »Lårdal Bygdemuseum« mit alten Gebäuden in der Freilichtabteilung und einer ungewöhnlich reichen Volkskunst-Sammlung.

[i] Dalen Turistinformasjon, N-3880 Dalen, Tel. 35 07 70 65.

Übernachtung: in Skien preisgünstig mit Frühstück (kaum teurer als eine Campinghütte mit Selbstversorgung) im Hotel Dag Bondeheim (wo vielfach Seeleute unterkommen): Prinsessegt. 7, N-3724 Skien, Tel. 03 52 00 30.

Der Campingplatz liegt etwas außerhalb, etwa 5 km westlich vom Zentrum am Norsjø (Rv. 36): Gåsodden Camping, N-3700 Skien, Tel. 35 59 95 51.

In Ulefoss empfiehlt sich das »Wandererheim« (entspricht den Jugendherbergen bei uns): Ulefoss Vandrerhjem, N-3745 Ulefoss, Tel. 35 94 57 70.

Holzflößer

Die Flößerei war jahrhundertelang die billigste Transportart für den Schatz der nordischen Wälder – das Holz. Noch im 16. Jahrhundert gab es in der Telemark große und fast unberührte, urwaldhafte Waldregionen. Holz war schon damals der Exportschlager. Vor allem nach Europa, wo die Wälder bereits weitgehend ausgebeutet waren. So kam dem Transport Richtung Küste per Wasserweg größte Bedeutung zu. Die Stämme wurden an bestimmte Plätze angeliefert: Landzungen oder kahle Felsflächen beispielsweise, wo man sie gut ins Wasser gleiten lassen konnte. Man baute Dämme, um den Wasserfluß zu verbessern, an Stromschnellen oder Wasserfällen wurden Umgehungen angelegt. Vrangfoss war der größte Engpaß. Regelmäßig verkeilten sich in der Felsschlucht die Stämme. Oft gerieten sie durch Reibung in Brand, so daß schließlich Brandwachen aufgestellt wurden. 14 Männer waren in Vrangfoss jeweils damit beschäftigt, das Chaos verkeilter Stämme zu entwirren. Eine gefährliche Arbeit. Viele verunglückten dabei. Die Kanäle erst brachten die entscheidende Verbesserung. 1000 Kubikmeter Holz wurden täglich durch den Bandakkanal geflößt. Die Zeiten haben sich geändert seitdem. Heute hat sich der Holztransport auf die Straße verlagert.

Umweltschonend, preiswert, aber heute zumeist nicht mehr schnell genug: die Flößerei

Per Eisenbahn durch Südnorwegen: die »Sørlands-Bahn«

Der Zug steht abfahrbereit im Hauptbahnhof von Stavanger. Die Tür der Lokomotive ist bereits geöffnet – man erwartet mich. Jon G. Larsen, der Lokführer, empfängt mich mit einem breiten, freundlichen Lächeln. Sogar einen Sitzplatz hat er für mich. Ich darf mich in seiner Lok als Ehrengast fühlen. Noch fünf Minuten bis zur Abfahrt – das Kribbeln setzt ein.

Pünktlich um sieben Uhr setzt sich der Zug in Bewegung. Die technischen Geräte wirken simpel, der elektronische Aufwand ist minimal, und Jon bedient die Apparatur mit schlafwandlerischer Sicherheit. Seit 23 Jahren pendelt er als Lokführer zwischen Stavanger und Oslo. Die knapp 600 Kilometer lange Strecke ist in Norwegen unter dem Namen »Sørlands-Banen« bekannt, eigentlich ein irreführender Name. Das Sørland beschränkt sich, strenggenommen, auf den Küstenabschnitt zwischen Kragerø und Lillesand, den diese Eisenbahnstrecke überhaupt nicht berührt. Aber ein plakativer Name mußte halt her. Während die meisten anderen Eisenbahnlinien schon vielfach beschrieben worden sind, genießt die »Sørlands-Bahn« den Ruf, ein heißer »Geheimtip« zu sein. Entsprechend groß war der Zuspruch bei NSB, den Norwegischen Staatsbahnen, als ich mich um die »Mitfahrgelegenheit« auf der Lokomotive bemühte.

Meine Aufmerksamkeit verlagert sich bald von den nüchternen Meßgeräten auf das wirbelnde Wolkenband im Osten. Vorsichtig schiebt sich der Zug durch die Vororte der Ölmetropole. Hinter der Stadt Sandnes durchquert die »Sørlands-Bahn« Norwegens wohl eigentümlichste Landschaft: Jæren. Eigentümlich, weil dieser 75 Kilometer breite Küstenstreifen zwischen Stavanger und Egersund so gar nicht den üblichen Erwartungen an wilde, ursprüngliche Natur entspricht. Jæren schaut aus, als habe der Schöpfer ein Stück aus Dänemark herausgetrennt und auf die andere

Für Postkutschen gebaut, für Busse einst eine knifflige Stelle: die Straße von Tronåsen

Seite des Skagerraks verpflanzt: Platt ist es wie ein Pfannkuchen. Die höchste Erhebung liegt nicht einmal 50 Meter über dem Meeresspiegel. Begünstigt durch den fruchtbaren Boden und die milden Temperaturen, ist Jæren die führende Agrarregion. Doch kilometerlange Steinwälle erinnern daran, daß der natürliche Reichtum den Menschen hier keineswegs in den Schoß fiel. Während man in früheren Jahrhunderten vor allem Getreide erntete, konzentrieren sich die Landwirte heutzutage auf die Milchwirtschaft. Saftig grüne Futterwiesen haben zunehmend die Ackerflächen abgelöst. Häufig sind auch Gewächshäuser zu sehen, in denen vor allem Tomaten und Gurken für den Binnenmarkt heranreifen.

Dem mobilen Urlauber sei Jærens weite Strand- und Dünenlandschaft empfohlen. Obschon die Badesaison kurz ist, sind die Strände selten menschenleer. Da sind Spaziergänger, Reiter, Sulkyfahrer und Surfer. Jærens Strände strahlen eine fast südländische Lässigkeit aus.

Das Schönste für den Bahnreisenden ist aber hier der Blick auf das Meer, denn später wendet sich die »Sørlands-Bahn« Richtung Inland. Zur Zeit der Streckenplanung hatte es ein zähes Ringen darum gegeben, ob die Trasse über eine schnellere Route durchs Inland verlaufen oder die Küstenstädte verbinden sollte. Später bereute man die Entscheidung gegen die Küstenstrecke . . .

Der Zug scheucht einen Vogelschwarm auf, der sich auf den Schienen niedergelassen hatte. Für einen Vogel kommt die kollektive Warnung zu spät; er knallt gegen die Frontscheibe. Jon zuckt bedauernd die Achseln: »Einmal standen fünf Kühe auf dem Gleis. Bei 130 Stundenkilometern ist da nichts mehr zu machen . . .«

In Egersund ist der nächste Halt. Ein Stationsbeamter eilt mit lautem Hallo zur Lok und reicht Jon zwei Becher mit heißer Schokolade durchs Fenster. Die Kunde vom Fahrgast auf der Lokomotive hat die Runde gemacht, sogar daß er keinen Kaffee mag. Die »Norwegischen Staatsbahnen« präsentieren sich als aufmerksamer Gastgeber. Weniger gastfreundlich zeigt sich das

Lokführer Jon G. Larsen an seinem Arbeitsplatz

Wetter. Nur für Momente schlüpft die Sonne durch die dunkle Wolkenwand. Das paßt zur Landschaft, die sich hinter Egersund merklich verändert. Das vegetationsarme Dalane ist eine unwirtliche Hügellandschaft, in der sich allenfalls anspruchslose Nadelbäume an das rötliche Gestein krallen.

Jon weist auf einen unscheinbaren, schmalen Pfad, der sich parallel zur Bahnlinie entlangschlängelt. »Die Trasse der Schmalspurbahn, die hier früher verlief«, erläutert er, »und da«, er weist auf einen Haufen Steine, »siehst du die Fundamente eines alten Stationsgebäudes. Das sind Reste der »Flekkefjordbahn«, die von 1904 bis 1944 von Egersund nach Flekkefjord führte. Wir fahren jetzt hauptsächlich über diese alte Trasse.«

In den Pioniertagen der Eisenbahn dachte niemand ernsthaft an eine Verbindung zwischen Oslo und Stavanger. Die zwischen beiden Städten vorwiegend in Nord-Süd-Richtung verlaufenden Täler sind durch breite Höhenzüge voneinander getrennt, so daß die Eisenbahn in Südnorwegen nur lokale Bedeutung besaß. Die Strecken, die vor und um die Jahrhundertwende entstanden, führten entweder von großen Küstenstädten ins Inland, wie die »Setesdalsbahn« von Kristiansand aus nach Norden (1896), oder verbanden nahegelegene Zentren, wie die Strecken Stavanger–

Egersund (1878), die »Flekkefjordbahn« oder die Linie Hokksund–Kongsberg im Osten (1871). Für diese Verbindungen wählte man die billigeren Schmalspurbahnen, die zudem eine kürzere Bauzeit ermöglichten. Erst 1908 stieg man auf Normalspurbreite um. Bei Kongsberg, das ab 1909 mit Oslo verbunden war, hieß es 1912 für die Arbeiter »Go west«. Da man der Inlandroute den Vorzug gab, mußten Nebenstrecken zu den wichtigen Küstenstädten gebaut werden: 1927 war die von Neslandsvatn nach Kragerø fertig, 1935 die von Nelaug nach Arendal. Am 21. Juni 1938 war Kristiansand, die größte südnorwegische Stadt, auf direktem Weg erreicht. Der westliche Abschnitt, von Kristiansand nach Stavanger, wurde zum Härtetest für Mensch und Material: 68 Tunnel trieb man allein auf der Strecke nach Sira durch das Gestein.

Die Fahrt mit der »Sørlands-Bahn« ist für mich nicht nur eine spannende Reise durch die unterschiedlichsten Landschaften, sondern ein ebenso kurzweiliger Ausflug in die Vergangenheit. Mein unermüdlicher »Reiseleiter« Jon hat schon das nächste Highlight parat.

»Hinter dem nächsten Tunnel fällt der Hang gefährlich ab. Früher war das eine kitzlige Stelle, weil das Gestein gelegentlich wegbrach ...«

Die Wälder sind dichter geworden. Dalane liegt hinter uns; soeben haben wir den Bahnhof von Moi verlassen. Die Täler werden schmal, und die Europastraße 18, die den Schienenstrang zeitweise begleitet, verläuft direkt am Ufer des Lundevatn. Jon weist auf eine steile Serpentinenstraße. »Die alte Straße von Tronåsen. Um 1840 wurde sie als Postkutschenweg gebaut. Später war sie für Autos ein wahres Abenteuer. Die Kurven sind dermaßen eng, daß ein Bus bei Gegenverkehr nicht um die Kehre kam. Nach dem Krieg wurde die Straße stillgelegt.«

Wir nähern uns Sira. Hier endet der Zuständigkeitsbereich der Bahndirektion von Stavanger und damit auch mein Gastspiel auf der Lokomotive. Fast bereue ich es, das nette Angebot in Stavanger zur Verlängerung meines »Bahn-Visums« nicht angenommen zu haben. Ich wollte aber gern eine Teilstrecke als normaler Fahrgast

Wie ein Stück von Dänemark: liebliche Kulturlandschaft Jaeren

mitfahren. Für einen angemessenen Abschied läßt der gestrenge Fahrplan keine Zeit. Jon steckt schon vollauf in den nächsten Routinehandgriffen.

Das Abteil ist nur schwach besetzt. Ich teile den Großraumwagen mit zwei Damen, die mich nach der Musterung meiner Garderobe keines weiteren Blickes würdigen – nicht unbedingt typisch für Norweger, die traditionell auf Standesunter-

schiede keinen Wert legen, wenn man von einer winzigen erzkonservativen High Society absieht. Die Kameras und ein englischsprachiger Reiseführer weisen die beiden Damen denn auch als ausländische Touristinnen aus.

Draußen prasselt Regen nieder. Der dichte, allgegenwärtige Urwald glänzt vor Nässe. Hier und da schlängelt sich eine Straße durch Täler, bilden Gehöfte Farbtupfer in einem Meer aus Grün. Auf dem Weg nach Kristiansand durchquert unser Zug rund ein Dutzend Täler, mal breit, mal schmal. Fast alle sind sie durch stattliche Bergrücken getrennt: Der Abschnitt der langen Tunnel beginnt. Der Kvinesheitunnel zwischen Kvinesdal und Lyngdal mißt 9065 Meter, der anschließende Høgebostadtunnel 8474 Meter. Rund 85 der 598,7 Kilometer Gleise durchziehen mehr als 200 Tunnel.

Die »Sørlands-Bahn« transportiert nicht nur Ausrüstung für die Ölindustrie nach Stavanger, sondern auch Fracht aus beiden Richtungen nach Kristiansand. Die Großstadt an der Südküste ist Sprungbrett für Fährfahrten zum dänischen Hirtshals, die schnellste Fährverbindung mit dem Kontinent. Früher wurden hier sogar Züge über den Skagerrak befördert. Für die Besichtigung des mächtigen Bahnhofsgebäudes bleibt allerdings nur wenig Zeit. Bereits nach zehn Minuten setzt sich der Zug wieder in Bewegung.

Hinter Vennesla werden die Täler breiter. Die Landschaft wird runder, lieblicher, bietet mehr Platz für Landwirtschaft. Auch die Wälder stehen hier im Dienst der Menschen. Nur das Wetter ist nicht kooperativ: Nebelwolken hängen bis auf die Seen. Nach einer Stunde melancholischer Bilder läuft der Zug in Nelaug ein. Von hier aus verkehrt eine Lokalbahn zur Küste nach Arendal, die letzte noch betriebene Nebenstrecke der »Sørlands-Bahn«.

Zu ihrer Eröffnung 1935 waren eigens König Håkon VII., und sein Sohn, Kronprinz Olav, angereist. Für Nostalgie hat der geschundene Geldbeutel der »Norwegischen Staatsbahnen« heute allerdings keine müde Krone mehr übrig. Die anderen Nebenstrecken sind inzwischen eingestellt. Busse erledigen den Zubringerdienst zu den größeren Orten der Umgebung. Auch die Mehrzahl der kleinen Bahnhöfe entlang der »Sørlands-Bahn« wurde geschlossen. Überlebenschancen haben nur die Verkehrsknotenpunkte, der hübsche, holzverkleidete Bahnhof von Nordagutu zum Beispiel, wo sich die Bahnlinien nach Notodden und Skien mit der »Sørlands-Bahn« kreuzen.

Inzwischen habe ich den Zug gewechselt, bin in Bø ausgestiegen und habe auf die Lokalbahn nach Kongsberg gewartet. Der Triebwagen zukkelt gemütlich über die Trasse der »Sørlands-Bahn«, braucht aber ein wenig mehr Zeit als die neuen Expreßzüge, da er am späten Nachmittag die Berufstätigen einsammelt.

Nach den sanften Seenplatten der Telemark, in denen sich zahllose Wochenendhäuschen auf kleinen Inseln verteilen, wird es hinter Nordagutu noch einmal rauher. Einsame, schroffe Schluchten bestimmen das Bild. Hinter Øysteinstul erreicht der Zug mit 414 Metern über dem Meeresspiegel den höchsten Punkt der »Sørlands-Bahn«.

Dann geht es hinab nach Kongsberg, dem Endpunkt meiner Reise. Bei der Ankunft hat sich der prognostizierte Regen durchgesetzt. Jetzt darf er ruhig prasseln – ich habe genug gesehen. Vollgepackt mit tausend spannenden Einzelheiten aus der Geschichte der Bahnfahrt verlasse ich den Zug. Es war durchaus eine Bahnfahrt durch die Einsamkeit, mit reizvollen Einblicken, Gesichtern und wechselnden Landschaften – eben typisch Norwegen.

Informationen: »Sørlands-Bahn«

[i] Informationen erhält man vor Ort direkt an den **Bahnhöfen** entlang der Strecke: Von West nach Ost sind das unter anderen Stavanger (Tel. 51 56 96 00), Sandnes (Tel. 51 66 21 63), Bryne (Tel. 51 48 15 03), Egersund (Tel. 51 49 07 42), Moi (Tel. 51 40 12 91), Sira (Tel. 38 37 52 10), Snartemo (Tel. 38 34 87 06), Kristiansand (Tel. 38 07 75 30), Nelaug (Tel. 37 08 28 23) bzw. Arendal (Tel. 37 02 20 03), Neslandsvatn (Tel. 35 99 41 25), Bø (Tel. 35 95 00 06), Nordagutu (Tel. 35 95 97 10), Kongsberg (Tel. 32 73 31 40), Drammen (Tel. 32 80 95 00), Oslo (Tel. 22 17 14 00).

Reisetips: Den **Fahrplan** gibt es auch in den lokalen Touristenbüros. Zwischen Ende Mai und Ende September gilt der Sommerfahrplan. Es kann vorkommen, daß nicht ausgelastete Züge eingestellt werden.
Für alle Fahrten auf der Strecke Stavanger-Oslo ist eine **Platzreservierung** obligatorisch.
In beiden Richtungen ist jeweils ein **Nachtzug** unterwegs, mit Ausnahme der Nacht von Samstag auf Sonntag.

Schätze im Numedal – die »Silberstraße« zwischen Kongsberg und Geilo

Der Motor der Lok lief bereits. Die Mitreisenden saßen eng gedrängt, halb geduckt in den kleinen, grell gelb bemalten Metallwagen mit den offenen Einstiegsluken an den Seiten. Schwatzen und Lachen waren verstummt und einer gespannten Stille gewichen. Die freundliche junge Frau in Bergmannskleidung mit Grubenlampe auf der Stirn gab das Signal zur Abfahrt. Quietschend setzte sich der Zug in Bewegung und fuhr in die dunkle Höhle des Berges ein. Rauhe Felswände zogen, trübe beleuchtet, zum Greifen nahe vorüber, ab und zu der Blick in einen Seitenstollen. Immer weiter ratterte der Zug über die Schienen, legte sich knarrend und quietschend in die Kurven – ganz sicher fühlte man sich nicht dabei –, und ein kühler Luftzug zeigte an, daß es immer tiefer hineinging in den Berg. Die Gedanken gingen dabei zurück: Was mögen die Bergleute damals wohl gefühlt haben ... Dann kam der Zug zum Stillstand. Leicht fröstelnd und noch etwas unsicher auf den Beinen stiegen die Reisenden aus. 340 Meter unter der Erde begannen die »Bergleute« ihre Exkursion in die alte Silbergrube von Saggrenda.

Eine folkloristische Veranstaltung mit Nostalgie-Touch? Nein, eine der besten Museumspräsentationen, die mehr als nur einen Hauch von vergangenen Zeiten vermittelt.

Tür im wahrscheinlich ältesten erhaltenen Holzbau Norwegens – einem »stabbu« (Blockspeicher) bei Rollag im Numedal, ca. 1180 gebaut

Um 1770, zum Höhepunkt des Bergbaus, gehörten zum Kongsberg-Silberbergwerk 25 Silbergruben. Dieser Betrieb war Norwegens größtes Unternehmen in vorindustrieller Zeit. Das Wohl und Wehe von 4000 Arbeitern hing von ihm ab. Dazu kamen noch zahllose Zulieferer, Bauern beispielsweise, die das Grubenholz herantransportierten. Deutsche Besucher horchen auf, wenn sie hören, daß ab 1623 Bergleute aus dem Harz ihr Knowhow hier einbrachten. Besonders beeindruckend ist heute wie damals die auch in Norwegen so bezeichnete »Fahrkunst«: zwei nebeneinander gesetzte Gestänge mit Trittbrettern und Handgriffen, die gegenläufig auf und ab pendeln. Will man nach unten, muß man geschickt die Bewegung nutzen, sich ein Stück hinabtragen lassen, rasch auf das passende Trittbrett des zweiten Gestänges springen (das sich dann gerade am Umkehrpunkt befindet und seine Wanderung nach unten beginnt), sich weitertragen lassen, wieder auf das erste zurückspringen und so weiter ... Beängstigend, wenn die Führerin tatsächlich in der Tiefe verschwindet, erfreulich, wenn

Für die Ewigkeit gebaut: »stabbur«

Man sieht sie überall in Norwegen – uralte, weniger alte, gelegentlich auch ganz neue: die »stabbur«. Wörtlich übersetzt heißt das »Stabbauten«. Doch könnte man sie auch als »Blockspeicher« bezeichnen, denn tatsächlich sind sie in Blockbauweise angefertigt, mit waagerechten halb- oder vollrunden Balken. Vereinzelt dienen sie noch heute der Vorratshaltung. Sie stehen auf Pfählen und sind unten schlank, oben breiter gebaut, damit Schädlinge, vor allem Mäuse und Ratten, nicht so leicht die Vorräte erreichen können.

Mit Wünschelrute auf Silbersuche

Die Silbergewinnung in den Gruben von Kongsberg war mühsam. Aufsehenerregende Funde waren selten, und fast alle Schätze mußten dem Gestein durch zähe Kleinarbeit abgerungen werden.

Über den Erfolg ist nichts überliefert: Silbersuche mit der Wünschelrute

Das in den Gruben gebrochene Erz wurde zunächst von Hand sortiert und nach Qualität geordnet. Das am wenigsten ergiebige wurde im Pochwerk zertrümmert. Das geschah mit Eisengewichten, die durch ein Wasserrad angehoben wurden. Die dabei entstehende Masse wurde in Rinnen und auf Waschtischen mit Wasser ausgewaschen, bis man den silberhaltigen »Schlick« (Erzkonzentrat) vom sandigen »After« trennen konnte.

Im Schmelzwerk wurde schließlich mit Holzkohle, Blei oder Schwefelkies aus dem ergiebigeren Erz sowie dem Schlick das reine Silber gewonnen. Ob die Suche nach dem Silbererz von Kongsberg durch Wünschelrutengänger erfolgreich war (übrigens durch deutsche Bergleute eingeführt), ist nicht eindeutig überliefert. Zweifelsfrei aber ist, daß es sie tatsächlich gegeben hat.

Die größte Maschine im Bergwerk war die »Wasserkunst«, eine Pumpe, die der Entwässerung diente. Sie arbeitete nach dem Prinzip »Wasser hebt Wasser«, denn der Antrieb erfolgte durch große Wasserräder von 10 bis 16 Metern Durchmesser. Durch ein ausgeklügeltes und aufwendiges System von Leitrinnen und -röhren wurde das Antriebswasser herangebracht.

Der Abtransport des Gesteins erfolgte durch »Kehrräder«, Wasserräder, die sich in beiden Richtungen drehen konnten und dadurch volle Förderkörbe mit Gestein heraufholten bzw. die leeren Gefäße hinabbrachten.

Auch Pferdegöpel setzte man zum Transport ein. Das waren kegelförmig überbaute Drehvorrichtungen mit einer senkrechten Achse, die von zwei bis drei im Kreis gehenden Pferden angetrieben wurden.

Literatur: Bjørn Ivar Berg: Gruveteknikk ved Kongsberg Sølvverk, 1623 – 1958. Norsk Bergverksmuseum: Kongsberg 1991. Erhältlich im Bergwerksmuseum.

Winterpause – Kanutouren gehören zu den beliebtesten Freizeitaktivitäten im Numedal

sie lachend wieder auftaucht. 300 Meter konnten die Bergarbeiter damals auf diese Art in die Grube hinab»steigen«, ohne sich anstrengen zu müssen – eine geniale Erfindung.

Kongsberg ist der zünftige Auftakt für die »Silberstraße«, die bis Geilo am Rand der Hardangervidda führt. Der Weg durch das Numedal in die Hardangervidda war nicht nur die kürzeste Ost-West-Verbindung, er war auch die dominierende kulturelle Schlagader jener Zeit. Diesen gar nicht allzu verwehten Kulturspuren zu folgen, macht den Reiz der »Silberstraße« (»sølvvei«) aus.

Schon von Larvik aus deckt sich ihr Verlauf mit dem der heutigen Reichsstraße 40. Rund 15 Kilometer hinter Kongsberg, kurz vor Svene, stößt man auf ein nach links zeigendes Hinweisschild zu den Vinoren-Silbergruben (Sølvgruver). Die Zufahrt ist nicht geteert und deshalb oft waschbrettartig ausgefahren. Doch dann läßt man den Wagen zurück und beginnt auf einem markierten Lehrpfad einen großen Schritt zurück in die Geschichte:

Da wird man zu alten Grubeneingängen und Stollenanfängen geführt, zu Abraumhalden, Resten von Pochwerken und Mauern, mit denen Teiche angestaut wurden. Man stößt auf Überbleibsel von Pferdegöpeln, kegelförmig überwölbten Drehvorrichtungen, die von zwei, drei Pferden angetrieben wurden und dem Transport von Malm oder der Entwässerung dienten.

Flesberg selbst lohnt auch einen Stopp, der Stabkirche aus dem 12. Jahrhundert und des Freilichtmuseums mit alten Bauernhäusern wegen. Naturfreunde lockt der Ort mit einem der größten Elchbestände Norwegens. Die Chance, den »König des Waldes« hier anzutreffen, ist außerordentlich groß. Es lohnt sich, an der »Neset Skyssstasjon«, einer alten Poststation, zu übernachten, wo neben dem Restaurant auch Zeltplätze und Campinghütten für den nötigen Komfort sorgen. Ein Highlight sind die allabendlichen »Elchsafaris«. »Gestern sahen wir sechs Elche«, schwärmt der Campingplatzbetreiber, »und als besonderes Bonbon beobachteten wir sogar einen Luchs ...«

Weiterfahrt nach Rollag, mit seiner alten Stabkirche und dem Freilichtmuseum (»bygdetun«). Wie Silber schimmert das Holz der vielen alten

Symphonie der Natur: Wildbach im Setesdal (Aust-Agder) ▷

Informationen: »Silberstraße«

[i] **Buskerud Reiselivsråd,** Storgt. 4, N-3500 Hønefoss; Tel. 32 12 36 55; Fax 32 12 68 40. Die Broschüre »Sølvveien« sowie ein Faltblatt über das Numedal sind hier erhältlich.

Anreise: Die Ausgangspunkte Drammen und Larvik erreicht man von Oslo aus über die E 18 Richtung Kristiansand (40 bzw. 117 km). Hat man von Dänemark kommend die Fährstrecke Fredrikshavn – Larvik benutzt, beginnt man die Reise auf der »Silberstraße« am besten gleich hier. Bei einer Fährfahrt von Hirtshals nach Kristiansand muß man die E 18 in der Gegenrichtung benutzen, um Larvik zu erreichen (213 km). Nach Kongsberg kommt man von Larvik aus über den Riksvei 40 (100 km), von Drammen aus über den Riksvei 11 (40 km).

Larvik (ca. 9000 Einwohner) war jahrhundertelang aufgrund günstiger Lage am Skagerrak und der Mündung des Lågen (auch Numedalslågen) Hafenstadt und Zentrum des Holzhandels. Heute wird das Wirtschaftsleben von der Fährverbindung nach Dänemark bestimmt. Einige interessante Gebäude (besonders Herregård, Prachtbau aus dem Barock, 17. Jahrhundert, das heutige Stadtmuseum) stammen aus der Zeit, als Larvik Hauptstadt einer Grafschaft war. Lohnend ist eine Wanderung auf dem markierten Küstenpfad (kyststien), der über 35 km zwischen Stavern und Ødegård an der Küste entlangführt (Broschüre mit Karte). Larvik ist auch guter Ausgangspunkt zum Lachsangeln im unteren Bereich des Lågen.

[i] **Larvik** Turistkontor, Storgt. 48, N-3256 Larvik, Tel. 33 13 01 00, Fax 33 18 71 55.
In Drammen (51 000 Einwohner), Provinzhauptstadt von Buskerud, sind sehenswert: das Stadtmuseum, eine Galerie des Kunstvereins (»Drammen Kunstforening«), verschiedene Patrizierhäuser und ein Freilichtmuseum. In den Außenbezirken gibt es an zwei Stellen 5000 bis 6000 Jahre alte Felsritzungen (Kopien an einer Rathauswand, Karte im Touristenbüro erhältlich) – was den Ort als alte Siedlungsstätte ausweist.

[i] **Drammen** Turistkontor, Rådhuset, N-3008 Drammen; Tel. 32 80 62 10, Fax 32 80 66 31.

Die Bergwerksstadt Kongsberg (20 000 Einwohner) wurde nach Silberfunden 1642 unter König Christian IV. gegründet. In der zweiten Hälfte des 18. Jahrhunderts war die Stadt mit 8000 Einwohnern nach Bergen die zweitgrößte Norwegens. Sehenswert: die Kirche von 1761, die größte und schönste Barockkirche des Landes; das Bergwerksmuseum (mit Skimuseum und Münzsammlung) und die Silbergruben von Saggrenda (hier findet die Grubenfahrt statt, nicht im Bergwerksmuseum – ein häufiger Irrtum unter Touristen); außerdem das Lågedalsmuseum (Bezirksmuseum; zugleich Volkskunde-, Kunsthandwerks-, teils Freiluftmuseum; integriert Norwegens einziges Optikmuseum). Bekannt ist Kongsberg auch für sein Jazzfestival Ende Juni/Anfang Juli.

[i] **Turistkontoret for Kongsberg og Numedal,** Storgt. 35, N-3600 Kongsberg; Tel. 32 73 50 00, Fax 32 73 50 01.
Bergwerksmuseum: Tel. 32 73 32 60. Silbergruben **Saggrenda:** 32 76 53 39.

[i] Gemeindeamt Flesberg Kommune Tel. 32 76 22 30. Wegen der Outdoor-Aktivitäten wie Bergwandern, Kanufahren, Reiten, Elchsafaris auch Tel. 32 76 02 45 (Fagerfjell Hotell) oder Neset Skyssstasjon (s. unten).

[i] Gemeindeamt Rollag Kommune Tel. 32 74 67 00 (bei besonderem Interesse nach Even Tråen fragen).

[i] **Nore og Uvdal** Turistinformasjon Tel. und Fax 32 74 13 90 – speziell wegen Floßfahrten (Rafting): Dagali Rafting, Tel. 32 09 38 20.

[i] Geilo Turistinformasjon, N-3580 Geilo; Tel. 32 09 13 00, Fax 32 09 18 50.

Einfache Unterkünfte: Kongsberg Vandrerhjem (90 Betten), N-3600 Kongsberg, Tel. 32 73 20 24, Fax: 32 72 05 34.
Neset Skyssstasjon, N-3620 Flesberg, Tel. 32 76 01 41 (hier auch Elchsafaris und Kanutrips!).
Uvdal Camping, N-3632 Uvdal, Tel. u. Fax 32 74 31 08.
Geilo Camping, N-3580 Geilo, Tel. 32 09 07 33, Fax 32 09 11 56.

Holzbauten ... doch mit den Bodenschätzen hier hat das nichts zu tun. Dieses »Silber« geht auf Pilze zurück, die sich von dem Holz ernähren, gleichzeitig aber zu seiner Konservierung beitragen. Hier lerne ich Even Tråen kennen. Der engagierte Lehrer führt mich zu dem ältesten Holzgebäude des Tales und wahrscheinlich ganz Norwegens: einem jener Blockspeicher – »stabbur« genannt –, die im Taschenformat heute als Symbol norwegischer Kultur an Touristen verkauft werden. Dieser hier aber ist echt, erstaunlich groß, und vor allem uralt – um 1150 muß er entstanden sein.

Am Ende des eigentlichen Numedals – »wo sich Tal und Hochebene die Hand reichen«, wie Prospekte es blumig formulieren – trifft man auch auf die Stabkirchen von Nore und Uvdal. Immer weiter zieht sich die »Silberstraße« nun in die Höhe. Vorbei an Dagali, wo Floßfahrten locken, bis hin nach Geilo. Der Hochgebirgsort am Rand des Nationalparks Hardangervidda ist sommers wie winters ein beliebter Touristenort. Hier endet die Reise auf der Silberstraße. Doch nur, um für neue Aktivitäten Zeit und Raum zu lassen. Letzteres gibt es reichlich hier ... Ganz oben auf der Beliebtheitsskala stehen daher Gebirgswanderungen.

Bergwerksmuseum Kongsberg

In der »Silberkammer« werden Silberfunde aus Kongsberg und Umgebung gezeigt – rund 1500 Stufen gediegenes Silber aus der Grube selbst bilden den Grundstock. Ca. 350 sind davon ausgestellt. Berühmt ist der 3,5 cm große, 11,5 kg schwere »Zwillingskristall«, den viele für den schönsten der Welt halten. Die größte Silberstufe hier wiegt 48 kg. Es sind weitere reichhaltige Sammlungen norwegischer Erze und Mineralien zu sehen, z. B. Anataskristalle und Rutilnadeln aus der Hardangervidda, gediegenes Gold von der Insel Bømlo, Smaragde vom Minnesund.

Lebendiges, »erfahrbares« Museum: Saggrenda – Silbergrube bei Kongsberg

City-Porträt: Oslo – Hauptstadt mit Verspätung

Oslo, Anfang der 80er Jahre: kaum preiswerte Restaurants, um Mitternacht Totenstille, keine sprudelnde Kulturszene, die Bebauung aus der Zeit vor dem 19. Jahrhundert entschlossen eliminiert. »Das soll die Hauptstadt sein?« lautete die Standardfrage ausländischer Besucher. Einzig die Prachtstraße Karl Johans gate, vom Hauptbahnhof hinauf zum Schloß, gesäumt von Parlament, Theater, Basarhallen, Dom und Grand Café, wo Ibsen einst seinen Kaffee geschlürft hatte, vermittelte etwas großstädtische Atmosphäre. Blieb noch der Spaziergang durchs Villenviertel zum Vigelandspark, wo sich 200 ausdrucksstarke, wenn auch gewöhnungsbedürftige Skulpturen verteilen.

Oslos Attraktion: Zwei von 200 Skulpturen im Vigelandspark

Um den Erwartungen an eine Landeshauptstadt zu entsprechen, hat sich Oslo seitdem beeilt. Die Sammlung an einzigartigen Museen wird nun angemessen präsentiert. Das beste Beispiel für den Wandel stellt jedoch Aker Brygge dar, ein altes Fabrikgelände zwischen den Anlegern der großen Fähren, umgebaut zu einem modernen Zentrum aus Geschäften, Kneipen und unbezahlbaren Wohnungen. Aker Brygge pulsiert. Denn das Interesse gilt hier nicht nur den Kleiderbügeln, sondern auch der Kultur: So haben Kleinkunst und Musikkneipen den Sprung auf Aker Brygge geschafft. Außerdem zieht es die Norweger immer in den Hafen, zu den eintreffenden Fähren, Ausflugsbooten und den Garnelen-Ver-

Informationen: Oslo

[i] Norway Information Centre, Vestbaneplassen 1, N-0250 Oslo, Tel. 22 83 00 50, Fax 22 83 81 50. Die zentrale Anlaufstelle nahe Rathaus: Karten, Broschüren, Geldwechsel, Verkauf der Oslo-Karte, Buchung von Stadtrundfahrten und Hotelzimmern u. a.

[i] Oslo Sentralstasjon, Jernbanetorget 1, N-0154 Oslo, Tel. 22 17 11 24, Fax 22 17 66 13. Im Hauptbahnhof. Koordiniert die Anfragen nach Unterkünften, Hotelzimmer wie Privatquartiere. Verkauf der Oslo-Karte sowie Buchung von Stadtrundfahrten.

Sehenswert: die Museen auf der Villeninsel Bygdøy (siehe Kasten). Das **Hjemmefrontmuseum** in der Festung Akershus beschäftigt sich mit der Zeit der deutschen Besatzung 1940–45 (Tel. 22 40 32 80). **Holmenkollen-Schanze** mit **Skimuseum**, das die Ausrüstung der Polarexpeditionen von Amundsen und Nansen ebenso umfaßt wie eine alte Skimacherwerkstatt (Tel. 22 92 32 00). Die meisten Oslo-Touristen besuchen den **Vigelandspark**; Haupteingang ab Kirkeveien. **Munch-Museum**: der künstlerische Nachlaß des Malers Edvard Munch; Tøyensgata 53 (Tel. 22 67 37 74). Die **Basarhallen** in der Karl Johans gate, ein Juwel der Architektur, beherbergen kleine Läden aller Art. Wer sich für **Stadtrundfahrten** interessiert, läßt sich am besten im »Norway Information Centre« beraten.

Tip: Die **Oslo-Karte** umfaßt freien Eintritt in die Museen und Sehenswürdigkeiten der Stadt, freie Fahrt mit den kommunalen Verkehrsmitteln sowie Rabatte für Rundfahrten, Theater- und Kinobesuche u. a.

käufern. Die Lage am Ende des Oslofjords hat ihren Reiz.

Die City ist insgesamt aus ihrem Dornröschenschlaf erwacht, allerdings ist sie auch jetzt noch keine Schönheit. Immerhin haben die Norweger jetzt eine »richtige« Hauptstadt. Das Verkehrschaos, das wohl dazugehört, haben auch die neuen Tunnels für die Ost-West-Achse E 18 nicht gebannt. Im Rest des Landes hält sich die Liebe zur Kapitale in Grenzen: Zu Zeiten der dänischen Bevormundung war eben sie Sitz von Kopenhagens Statthalter. Auch daß das konservative, einflußreiche Bürgertum die Norwegisierung der Landessprache als Kniefall vor der »ausdrucksarmen Bauernsprache« verwarf und bis heute hintertreibt, kommt andernorts nicht gut an.

Mit 465 000 Einwohnern ist Oslo die größte Stadt Norwegens. Im Einzugsgebiet leben mit 850 000 Menschen gut 20 % der Gesamtbevölkerung. Mehr als die Hälfte der Stadtfläche bedekken Wälder, im Winter ein unerschöpfliches Dorado für Skilangläufer.

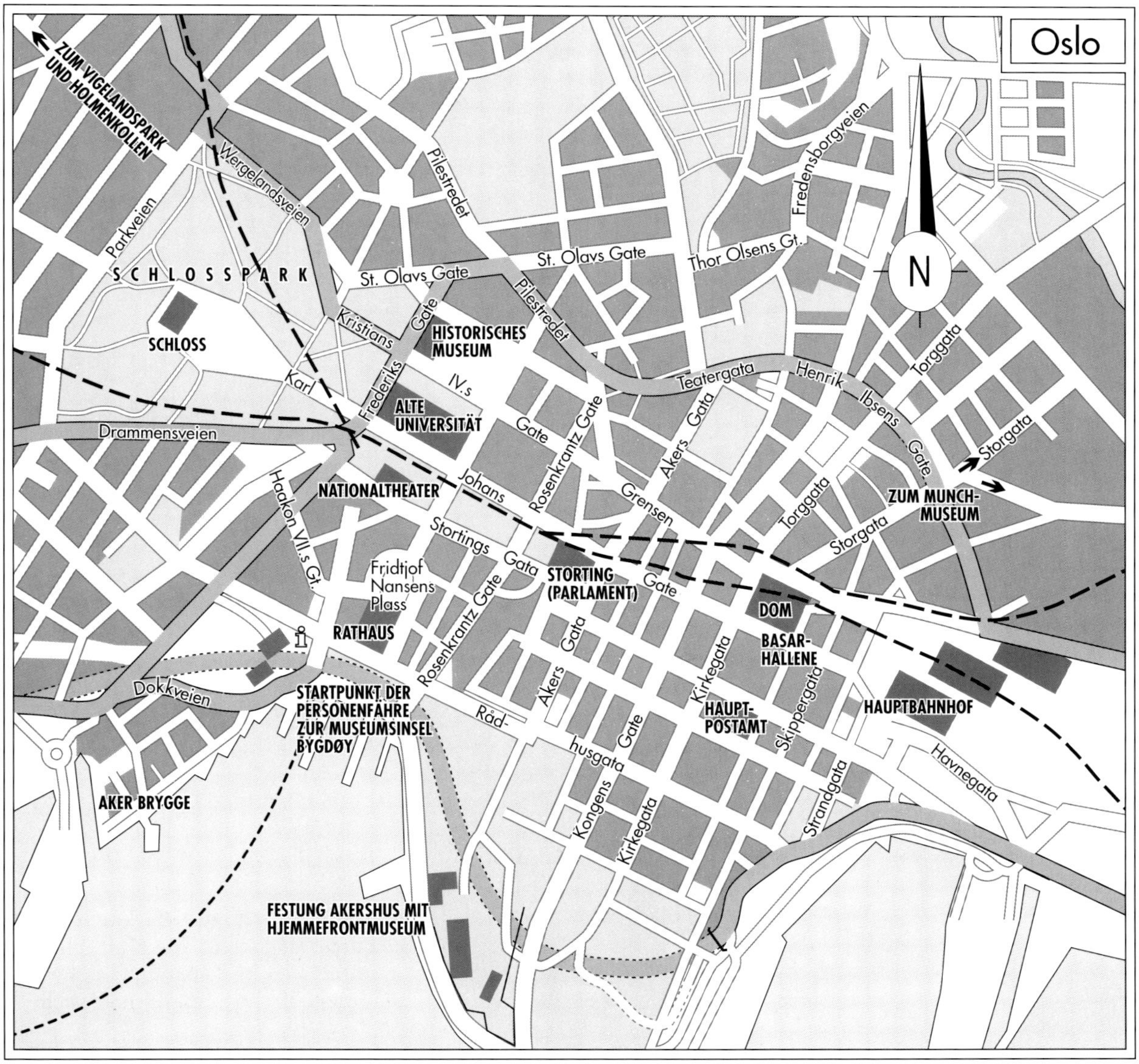

Das Erbe der Wikinger: Bygdøy

Berlins Museumsinsel hat in Oslo ein ebenbürtiges Pendant, die Insel Bygdøy. Vom Anleger vor dem Osloer Rathaus blickt man über die Frognerkilen-Bucht hinweg auf eine dreieckige, spitzwinklige Halle, zu der in kurzen Abständen die kleinen Motorfähren tuckern. Das zeltähnliche Gebäude beherbergt eins der legendärsten Schiffe der Welt, die »Fram«, ein Werk des genialen Schiffkonstrukteurs Colin Archer. Fridtjof Nansen stieß zwischen 1893 und 1896 mit der »Fram« ins Polarmeer vor. Otto Sverdrup erforschte mit ihr Grönlands Westküste, und es war Roald Amundsen, der sie 1910–12 erfolgreich in die Antarktis steuerte. Amundsen hatte bereits 1903–06 erstmals erfolgreich die »Nordwestpassage« an Bord des kleinen Seglers »Gjøa« bewältigt. Dieses Stück Geschichte ist vor dem Fram-Museum zu besichtigen.

Nur wenige Schritte sind es zum »Kon-Tiki-Museum«. Nachdem der junge Norweger Thor Heyerdahl dem Einsiedlerdasein auf der Insel Fatu Hiva entsagt hatte, drängte es ihn in der Tradition norwegischer Seefahrer zu neuen Abenteuern. 1947 überquerte er an Bord des Balsaholz-Floßes »Kon-Tiki« den Pazifik von Peru zu den Tuamotu-Inseln. Weitere spektakuläre Fahrten auf den Papyrusbooten »Ra I«, »Ra II« und »Tigris« folgten. Während neben vielen völkerkundlichen Exponaten die originalen »Kon-Tiki« und »Ra II« im Museum zu bestaunen sind, blieben von der »Tigris« neben Fotos nur verkohlte Reste. Heyerdahl ließ sie als Protest gegen die ständigen Spannungen und Kriege in Nahost in Flammen aufgehen.

»Manche Menschen glauben an das Schicksal, andere nicht. Ich glaube daran und auch wieder nicht. Manchmal hat man das Gefühl, wie Marionetten, von Fäden an unsichtbaren Händen, bewegt zu werden. Dazu sind wir aber sicherlich nicht geboren. Wir können die Fäden selbst in die Hand nehmen und die Richtung unseres Weges an jedem Scheideweg selbst bestimmen oder wenigstens jede Spur, einem unbekannten Ziel entgegen, verfolgen.«
Thor Heyerdahl im Vorwort zur Ausgabe 1985 seines Weltbestsellers »Kon-Tiki«.

»Was der Louvre für Paris, das ist ›Vikingskipshuset‹ für Oslo.« Dieser Vergleich mag stimmen. Das Museum mit drei hervorragend erhaltenen und rekonstruierten mehr als tausend Jahre alten Schiffen ist mit Sicherheit das bedeutendste Norwegens. Es begann 1904, als ein Bauer im südnorwegischen Oseberg beim Ackern zufällig Holzreste fand. Ein Wikingerschiff. An Bord fanden sich zahlreiche Gegenstände, die zur Grundlage unseres heutigen umfassenden Bildes vom Leben der Wikinger wurden. Man nimmt an, daß in dem kunstvoll verzierten »Oseberg-Schiff« um 850 die sagenhafte Königin Asa bestattet wurde. Wie auch immer, es beweist, daß die Wikingerzeit nicht nur eine Epoche polternder, brandschatzender Krieger, sondern auch bedeutender Künstler war.

Für ein Verschnauf- und Schmökerpäuschen bieten sich jetzt die Badestrände von Bygdøy oder ein schattiges Plätzchen zwischen gackernden Hühnern, meckernden Ziegen oder blökenden Schafen inmitten alter Holzhäuser an. Aus allen Landesteilen wurden (und werden) Gebäude und Gehöfte im »Norwegischen Volksmuseum« zusammengetragen: mehr als 170 Gebäude! Doch nicht nur das ländliche Leben erwacht in den alten Gehöften. Im städtischen Viertel poltert eine Droschke durch die Gassen, quacksalbert der Apotheker und preist man im Kolonialwarenladen Großmutters Karamellen an. Bereits vor mehr als hundert Jahren ließ König Oscar II. die Stabkirche von Gol im Hallingdal nach Bygdøy, seiner damaligen Sommerresidenz, bringen und rekonstruieren. Wie gesagt, Oslo ohne Bygdøy wäre wie Paris ohne Louvre.

Schillernder Bewohner an Norwegens Küste: der Papageientaucher ▷

Fjorde und Vogelfelsen – der »wilde« Westen

Abenteuer Natur: 21 000 Kilometer Küste

Das Ohr hatte sich an das ruhige Tuckern des Schiffsmotors während der langen Nacht gewöhnt. Langsam nur hob und senkte sich der große Schiffskörper, auf und ab, in einem Rhythmus, der dem Zeitmaß der Ewigkeit anzugehören schien. Ab und zu klirrte irgendwo eine Tasse oder ein Glas auf einem der Tische. Plötzlich veränderte sich der Ton des Motors, ein wenig nur, aber so abweichend von dem Gewohnten, daß es übermäßig auffiel. Vom Deck aus war ganz schwach in der schimmernden Dunkelheit ein schwarzer Streifen zu erkennen: die norwegische Küstenlinie.

Bald schon waren wir näher herangekommen. Das Meer begann vom frühen Morgenlicht immer mehr aufzuschimmern, und dunkel traten neben dem Schiff die ersten runden Felsenbuckel hervor – wir fuhren inzwischen an der norwegischen Schärenküste entlang, und auf der rechten Seite neben uns war das Meer von einer Unzahl kleiner und großer, rundgeformter Felseninseln übersät, die vor Feuchtigkeit glänzten. Als wir früh am Morgen schließlich in den Hafen von Bergen einliefen, schien bereits die Sonne, warf ein schräges, mildes Goldlicht auf die hochragenden Felswände.

Eine Schiffstour entlang der Küste gehört zu den großen Erlebnissen auf unserem Globus.

Kaum vorstellbar: 21 347 Kilometer beträgt die Küstenlinie des norwegischen Festlands, weitere 35 650 Kilometer die der vielen Inseln und Inselchen. Die Entstehung der zahllosen Einschnitte und abgerundeten Schären hängt mit den Eiszeiten zusammen. Die Fjorde waren ursprünglich U-förmige Trogtäler. Durch die Bewegung der Gletscher wurden sie vertieft (oft mehr als 1000 Meter wie z. B. beim Sognefjord). Als nach der Eiszeit der Meeresspiegel anstieg, »ertranken« jene Täler, und die Felsenklippen der Schäreninseln

Mit dem zimtgelb überhauchten Kopf einer der schönsten Vogelfelsenbewohner: Baßtölpel brüten zu Tausenden in großen Kolonien, meist getrennt von den anderen Arten

wurden einst vom Gletschereis abgeschliffen und rundgeformt. So entstand die unverkennbare skandinavische Küstenform, die auf der Erde einmalig ist.

Naturinteressierte Reisende, die Tiere und Pflanzen am und im Meer erkunden möchten, haben es in Norwegen allerdings nicht einfach. Es gibt wenige Strandflächen, auf denen man entlangwandern und den Spülsaum untersuchen kann. Die vielen Felsen – oft gar nicht oder nur schwer zugänglich – sind ein Hindernis, im Meer zu tauchen oder beispielsweise den Algenbewuchs zu untersuchen. Bootsfahrten auf eigene Faust durchzuführen ist in der Regel zu gefährlich. Ein Wattenmeer, wie an der deutschen Nordseeküste, gibt es nicht.

Am besten vertraut man sich einem der Einheimischen an. Vielleicht fährt einer der Norweger, in dessen Hütte man wohnt, mit seinem Boot aufs Meer hinaus, oder man bittet einen der Fischer, zu einer Fangfahrt an Bord kommen zu dürfen. An vielen Orten werden in der Hauptsaison Angeltouren und Sightseeing-Fahrten angeboten, die man für seine Erkundungsinteressen nutzen kann, beispielsweise Fahrten zu einem der Vogelberge oder Fjordrundfahrten.

Wer von einem Boot aus tauchen will, darf das nur in Begleitung eines Norwegers. An der gesamten Küste, besonders im Schärenbereich im Süden und Südwesten gibt es zahlreiche Taucherzentren (»Dykkersenter« oder »-klubb«), die auch Kurse anbieten und Ausrüstungen verleihen. Sie sind zwar für Sporttaucher gedacht, doch auch für Naturfreunde lohnt sich der Einstieg in die Geheimnisse der skandinavischen Unterwasserfauna.

Blick auf Ålesund – ein Städtchen wie aus dem Märchenbuch

»Hast ist kein guter Ratgeber hier...«
Küstenstraße 1 – das Band durch die Fjordwelt

Kyststamveien, die rund 575 Kilometer lange Küstenroute, durchzieht das gesamte westnorwegische Fjordland. Sie wird zur Verbindungslinie der beiden traditionsreichen Städte Stavanger und Kristiansand. Nur selten tangiert sie dabei die zerrissene Küste, wurde sie doch vor allem auf ein rasches Weiterkommen hin konzipiert. Deshalb ist leider auch damit zu rechnen, daß weitere der acht bisher noch verbliebenen gemütlichen Fährrouten durch Brücken und Tunnels ersetzt werden. Trotzdem lohnt die Küstenstraße 1 die Reise. Sie ist gleichermaßen das Sprungbrett zur Küste wie ins innere Fjordland.

Anfangs bleibt die Route flach und unauffällig. Die landschaftlichen Paukenschläge warten nördlich des Sognefjords. Die Küstenstraße passiert Karstø, wo sich ein Terminal für die Erdgasleitungen aus dem Statfjord-Feld befindet. Hier beginnt die Gaspipeline nach Emden in Norddeutschland. Als erster Abstecher empfiehlt sich das lebhafte Haugesund. In der zweiten Hälfte des letzten Jahrhunderts war es wie Stavanger ein Zentrum der Heringsfischerei. Doch die Zeiten ändern sich: Heute entstehen hier Teile für die Ölbohrinseln in der Nordsee. In dem Grabhügel Haraldshaugen wurde Harald Schönhaar bestattet, der erste Wikinger, der die vielen kleinen Fürstentümer zu einem norwegischen Reich vereinte. Zum 1000. Jahrestag jener Schlacht am Hafrsfjord wurde 1872 ein 17 Meter hoher Obelisk auf Haraldshaugen errichtet, um den sich 29 Steine gruppieren – sie symbolisieren die zwangsvereinten Provinzen.

Die Küstenstraße hält sich strikt nordwärts. Zwei weitere Fährfahrten stehen bevor: zunächst Valevåg – Skjærsholmane und darauf Sandvikvåg–Halhjem, mit 50 Minuten Dauer die längste und auch die schönste Überfahrt im Rahmen dieser Reise. Bei klarer Sicht zeichnet sich landeinwärts die erhabene Eiskappe des Folgefonn-Gletschers ab.

Hinter Osøyro lohnt sich der kurze Abstecher zu Ole Bulls Villa und zum Lysekloster. Der virtuose Violinist Ole Bull (1810–1880) war eine schillernde Persönlichkeit. Nach seinem musikalischen Durchbruch führten ihn Engagements in alle Welt. Das inspirierte auch seine Bauleidenschaft. Sein eigenwilliges Sommerhaus auf der Insel Lysøen ist ein Sammelsurium aus Stilelementen fast aller Kontinente, trägt arabische, ostindische wie europäische Züge. Das Musikzimmer zieren kunstvoll geschnitzte Säulen, die maurischen Einfluß verraten. Bull musizierte allerdings nicht nur in den eigenen vier Wänden. In manch heller Sommernacht bestieg er das nahe Lysehorn und spielte für die Bewohner der umliegenden Dörfer. Am Fuße des Hügels finden sich die Ruinen des Lyseklosters, das 1146 als erstes Zisterzienser-Kloster auf norwegischem Boden errichtet wurde. Hier beginnt auch der Pfad auf den 404 Meter hohen Gipfel, der eine großartige Sicht auf die zerklüftete Küste und das Binnenland freigibt. Man ist eingeladen, auf des Maestros Spuren zu wandeln – doch vergessen Sie dabei Ihre Geige nicht.

Der Verkehr auf der Küstenstraße wird dichter: Bergen, die alte Hansestadt, wird erreicht (s. S. 90).

Danach überquert die Küstenstraße eine

Kreuzfahrtschiff »Odessa« im Geirangerfjord

brandneue Brücke, die 1993 Norwegens meistfrequentierte Fährlinie überflüssig machte. Mehr als 1,5 Millionen Fahrzeuge und 3,1 Millionen Passagiere pendelten zuvor jährlich zwischen Steinestø und Knarvik.

Die nächste Fähre wartet in Ytre Oppedal. Wegen seiner günstigen Lage am Sognefjord sind in Oppedal wunderschöne Sonnenuntergänge zu betrachten. Die Fährfahrt nach Lavik hingegen ist weniger spektakulär. Die Straße führt jetzt am Nordufer des Fjords entlang, bevor sie nach Norden abknickt. Bei Breivik wird die mit 1308 Meter tiefste Stelle des Sognefjords passiert. Die abschüssigen Gebirgszüge entlang der Wasserstraße sind streckenweise höher als 1200 Meter. Dieser Höhenunterschied verdeutlicht die Gewalt der Gletscher, die diese Trogtäler während der letzten Eiszeit aushobelten. Der Sognefjord ist der tiefste, aber auch der längste Fjord Norwegens: Rund 200 Kilometer reicht er ins Landesinnere, wo er sich in vier Arme gabelt, die direkt an das zentrale Hochland grenzen. Eine Fährfahrt durch den engen Nærøyfjord gehört zu den Highlights jeder Nordlandreise.

Die Küstenstraße beschreibt nun einen langen Bogen in das Binnenland hinein. Hinter Førde, einem eher langweiligen Dienstleistungszentrum, begleitet sie den 30 Kilometer langen See Jølstravatnet. Wer sich alternativ für die Nebenstraße am südlichen Seeufer entscheidet, sollte Astruptunet besuchen, den Wohnsitz des Malers Nikolai Astrup (1880–1928), dessen Landschaftsmotive in Norwegen sehr bekannt sind.

Lang, lang ist's her: Sie bauten 1909 an der ersten Fahrbahn der Küstenstraße 1

Astrup stellte auf seinem Grundstück mehrere Häuser auf. Damit hinterließ er der Nachwelt ein hübsches Freilichtmuseum.

Die folgende Route durch das Våtedal verläuft parallel zum Jostedalsbre. Hat man Glück, kann man in Klakegg bei guter Sicht den größten Festlandgletscher Europas aus der Ferne betrachten. In Sandane kehrt die Küstenstraße in die Fjordwelt zurück. Zwei weitere Fähren überbrükken zunächst den Utfjord und dann den Voldafjord, bevor man in Volda eintrifft. Die Kleinstadt rühmt sich einer langen kulturellen Tradition, die mit dazu beitrug, daß sich hier eine geachtete Universität ansiedelte. Hervorzuheben ist die Medien-Fakultät. NRK, der Norwegische Rundfunk, sucht sich seine künftigen Mitarbeiter für Rundfunk und Fernsehen bevorzugt in Volda aus. Friedlich die Stimmung an einem warmen Sommerabend, wenn man durch die Lichter der Stadt zum Fjord hinunter spaziert. Der anschließende Besuch der Studentenkneipe, bei Jazz und dem unvermeidlichen halben Liter Bier, drängt sich geradezu auf. In Volda steht übrigens eine der schönsten neuzeitlichen Kirchen des Landes. Zum Inventar des 1932 errichteten Steingebäudes gehört eine Furtwänglerorgel mit 31 Registern.

Volda und sein Nachbarstädtchen Ørsta stehen aber vor allem für einen Namen: Ivar Aasen, den Hobby-Forscher, der Norwegen das Phänomen zweier gleichberechtigter Sprachen bescherte (s. S. 89). Ein Geheimtip für Wanderfreunde ist das gebirgige Hinterland beider Städte, in das sich ausländische Besucher nur selten verirren.

Die Küstenstraße schmiegt sich während der nächsten 35 Kilometer an das Fjordufer, bevor eine Fähre den Storfjord überbrückt. Ålesund ist nun nicht mehr weit, die neben Bergen attraktivste Stadt an der Westküste. Die Aussicht vom Hausberg Aksla mag in noch so vielen Bildbänden abgedruckt sein – der persönliche Blick auf die Stadt, die sich über mehrere Inseln verteilt, bleibt immer ein Erlebnis. Ålesunds Geschichte ist eng mit dem letzten deutschen Kaiser Wilhelm II. verknüpft. Regelrecht vernarrt war er in die Stadt. Nachdem 1904 ein Großfeuer 850 Gebäude vernichtet und rund 10 000 Menschen obdachlos

Tosend bricht sich die Brandung an rauhen Felsen: am Leuchtturm Hendanes fyr, westlich der Straße 1

gemacht hatte, schickte er sogar Versorgungsgüter und half mit barer Münze beim Wiederaufbau. Jugendstilfassaden schmücken zahlreiche der damals errichteten Gebäude. Ålesund hat einiges investiert, um diesen architektonischen Schatz zu konservieren. Die alten Speicher am Brosund, im letzten Jahrhundert dem wichtigsten Umschlagplatz für den Dorschfang an der Westküste, wurden ebenfalls aufwendig restauriert. Sie beherbergen heute vorwiegend Wohnungen, Hotels und Kneipen. Der Stadtkern ist ein Juwel, zumal sich die Industrie an die Peripherie verzogen hat.

Was aber wäre die Küstenstraße ohne ihre Gebirgsabschnitte? Der wohl schönste steht uns nun bevor, das Skorgedal – eine breite Ebene, auf beiden Seiten von sanften Höhenzügen eingerahmt, einige wenige Spitzen eigenwillig gezackt, ein Gruß der Eiszeit. Der Herbst verwandelt die stille Landschaft in eine Sinfonie aus Rot und Gelb. Und kaum hat man sich an die Höhenluft gewöhnt, geht es schon wieder hinab ins Reich der Fjorde. Die Fähre in Vestnes wartet bereits, um den Moldefjord zu überqueren – die letzte Schiffsreise im Zuge der Straße 1. Unterwegs erblickt der Passagier für Minuten das offene Meer.

Die Stadt Molde kann nicht mit Ålesund konkurrieren. Das ist das traurige Ergebnis des deutschen Bombardements von 1940, das die Okkupanten als Racheakt durchführten, als sie erfuhren, daß sich der flüchtende König Håkon VII. in dieser Region aufhielt. Nach dem Krieg wurde die Stadt in der zeitgenössischen Hauruck-Beton-Methode wiederaufgebaut. Dem Besucher bietet sie nicht allzuviel, sieht man einmal von den zahlreichen Rosengärten ab, die das milde, küstennahe Klima begünstigt. Mehr Flair entfaltet

Schmuck und originell: Alte Fassaden mit modernem Anstrich in Ålesund

Informationen: Küstenstraße 1

[i] **Haugesund Turistinformasjon,** Smedasundet 90, 5500 Haugesund, Tel. 52 72 52 55.
Hordaland og Bergen Reiselivsråd, Slottsgate 1, 5003 Bergen, Tel. 55 31 66 00, Fax 55 31 52 08.
Volda Reiselivslag, Volda Turisthotell, 6100 Volda, Tel. 70 07 70 50, Fax 70 07 89 95.
Turistinformasjon Ørsta, Kyrkjegata 25, 6150 Ørsta, Tel. 70 06 85 18.
Turistkontor Ålesund, Rådhuset (Rathaus), 6025 Ålesund, Tel. 70 12 12 02, Fax 70 12 66 06.
Molde Turistinformasjon, Rådhuset (Rathaus), 6400 Molde, Tel. 71 21 92 00, Fax 71 25 49 18.
Kristiansund Turistinformasjon, Kong Olav V gate 1, 6500 Kristiansund, Tel. 71 67 72 11, Fax 71 67 66 57.

Beste Reisezeit: im Prinzip ganzjährig, doch von Dezember bis Mai muß man im Hochland und im Binnenland mit Schnee rechnen.

Weitere Sehenswürdigkeiten: Karmsund Folkemuseum, Haugesund, Skåregata 142, Tel. 52 72 54 64. Kulturhistorisches Museum zu Fischerei, Seefahrt, Landwirtschaft und Kunsthandwerk.
Dokken Museum, Haugesund, Insel Hasseløy, Tel. 52 72 54 64. Vier Häuser mit orginaler Einrichtung: Wohnungen, Werkstätten und Salzerei.
Ålesund Akvarium, Ålesund, Nedre Strandgate 4, Tel. 70 12 41 23. Meeresgetier aus der Nordsee ebenso wie exotische Korallenfische.
Sunnmøre Museum, Ålesund, Borgundgavlen, Tel. 70 15 40 24, Fax 70 15 45 80. Freilichtmuseum mit 50 Gebäuden, drei Bootshallen, in denen u. a. das »Fjørtoft-Schiff« (7. Jahrhundert) zu bestaunen ist, auch wenn es sich um einen Nachbau handelt. Am Kai ankert der Nachbau des Handelsschiffes »Borgundknarren« (um 1000). Während der Sommermonate liegt die 18 Meter lange Kopie des »Kvalsund-Schiffes« im Nørvasund, eins jener wendigen Wikingerboote, die den Normannen ihre Seehoheit bescherten.

Campingplätze mit Hütten: Haraldshaugen Camping, Haugesund, Tel. 52 72 80 77. Weite Wiese an der Felsküste.
Prinsen Strandcamping, Ålesund, Tel. 70 15 52 04. Schöner Platz am Fjord.
Kviltorp Camping, Molde, Tel. 71 21 17 42. Am Moldefjord.
Atlanten Camping, Kristiansund, Tel. 71 67 11 04. Auf der Insel Gomalandet.

Fähr-/Busverbindungen: Schnellboot Stavanger – Haugesund – Bergen (Snøggbåt). **Expreßbusse** fahren auf den Routen Bergen – Skei – Nordfjordeid – Volda – Stryn – Hellesylt (dort Fähre nach Geiranger) – Ålesund (Vestlandsbussen) sowie Ålesund – Molde – Kristiansund (Vestlandsexpressen). Beide Linien halten sich größtenteils an die Küstenstraße 1.

Karten: Cappelen Kart, Kümmerly und Frey, Blätter 1 bis 3.

Literatur: Der Reiseführer **»Westnorwegen selbst entdecken«,** im Regenbogen-Verlag, behandelt ausschließlich Norwegens Fjordland. Er führt von Stavanger bis Kristiansand, bis in die innere Fjordregion und häufig hinaus an die Küste.

sich nur Mitte Juli, wenn das international beachtete Jazzfestival Molde von seinem Provinzdasein befreit. Doch selbst wer es eilig hat, sollte sich zumindest den Abstecher zum Aussichtspunkt Varden gönnen. 87 Berggipfel grüßen von der anderen Seite des breiten Moldefjords.

Hast ist kein guter Ratgeber auf nordischen Wegen. Wer sich Zeit für Abstecher nimmt, wird mit neuen, unvermuteten Höhepunkten belohnt. Am Ende von Molde zweigt links die Straße 64 gen Eide ab. Sie passiert eines der spektakulärsten Wanderziele im Fjordland: Die Trollkyrkja ist ein weit verzweigtes Grottensystem, das sich in einer Bergwand verbirgt. Der größte Höhlengang mündet in einen runden Kessel, in den ein Wasserfall stürzt, durch einen Spalt von Tageslicht erhellt. Nur etwas weiter oben befindet sich eine zweite Grotte mit Wasserfall, die über eine steile Leiter erreicht werden kann. Die anderen Höhlen sind aus gutem Grund nicht markiert. Ohne entsprechende Ausrüstung und Erfahrung könnte man sich hier schnell verirren. Doch den Genuß der Trollkyrkja gilt es sich zu erarbeiten: Ein 2,5 Kilometer langer Pfad steigt schweißtreibende 415 Höhenmeter empor, über steiniges wie schlammiges Terrain. Feste, möglichst wasserdichte Schuhe sind nötig, zumal ein Bächlein den Gang zur ersten Grotte durchfließt. Außerdem benötigt man eine Fackel, Öllampe oder starke Taschenlampe, soll die Expedition in der stockdunklen Höhle nicht an der ersten Kurve beendet sein.

In Eide führt die Straße am Kvernesfjord zurück zur Nr. 1. Wer auf der 64 bleibt, kann über den Atlanterhavsveien nach Bremsnes weiterfahren, um dort die Fähre direkt ins Zentrum von Kristiansund zu nehmen. Der in den Tourismusbroschüren vielfach gepriesene Altlanterhavsveien führt über Brücken und Dämme durch die Schären vor der Küste. Doch solche Straßen gibt es vielerorts in Norwegen. Die hohe Maut ist das angebliche Wunderwerk kaum wert. Bei Sturm bleibt die Schranke unten, sinnvollerweise, und man muß unverrichteter Dinge umkehren.

Die Küstenstraße 1 nähert sich ihrem Ziel. Sie endet, wie sie begonnen hat, mit »Höchstleistungen des westnorwegischen Straßenbauwesens«: Die Brücke über den Gjemnessund und der anschließende Tunnel unter dem Freifjord haben die Fahrzeit noch einmal erheblich verkürzt. Ihre Anerkennung dürfen die Autofahrer in Form einer happigen Gebühr ausdrücken, doch an einem schönen Tag lohnt es sich allemal, die Küstenstraße bis auf ihren letzten Meter auszukosten – nicht zuletzt, weil man sich nun wirklich einmal an der Küste befindet: Kristiansund verteilt sich auf drei Inseln im Meer.

Der Spaziergang rund um das Hafenbecken führt mitten durch die Museumswerft Mellemværftet. Aus nächster Nähe kann man zuschauen, wie alte Kähne wieder flott gemacht werden. Auf der gegenüberliegenden Seite stehen noch alte Speicher, die einst bessere Zeiten gesehen haben, als der angelandete Dorsch auf den kahlen Felsen getrocknet und als *klippfisk* verschifft wurde. Zwischen 1850 und 1880 war Kristiansund Norwegens Klippfischexporteur Nummer Eins. Einen Blick in jene Tage eröffnet das Nordmøre Museum. Als Abschluß unserer Reise bietet sich der Wachtturm Vardetårnet an, der einen herrlich weiten Blick bis zur Insel Grip im offenen Meer ermöglicht. Wer nun seine Weiterreise planen möchte, nehme sich die Landkarte und dieses Buch und schlendere hinunter an die Küste, wo man, unweit des hektischen Zentrums, plötzlich ganz für sich allein ist.

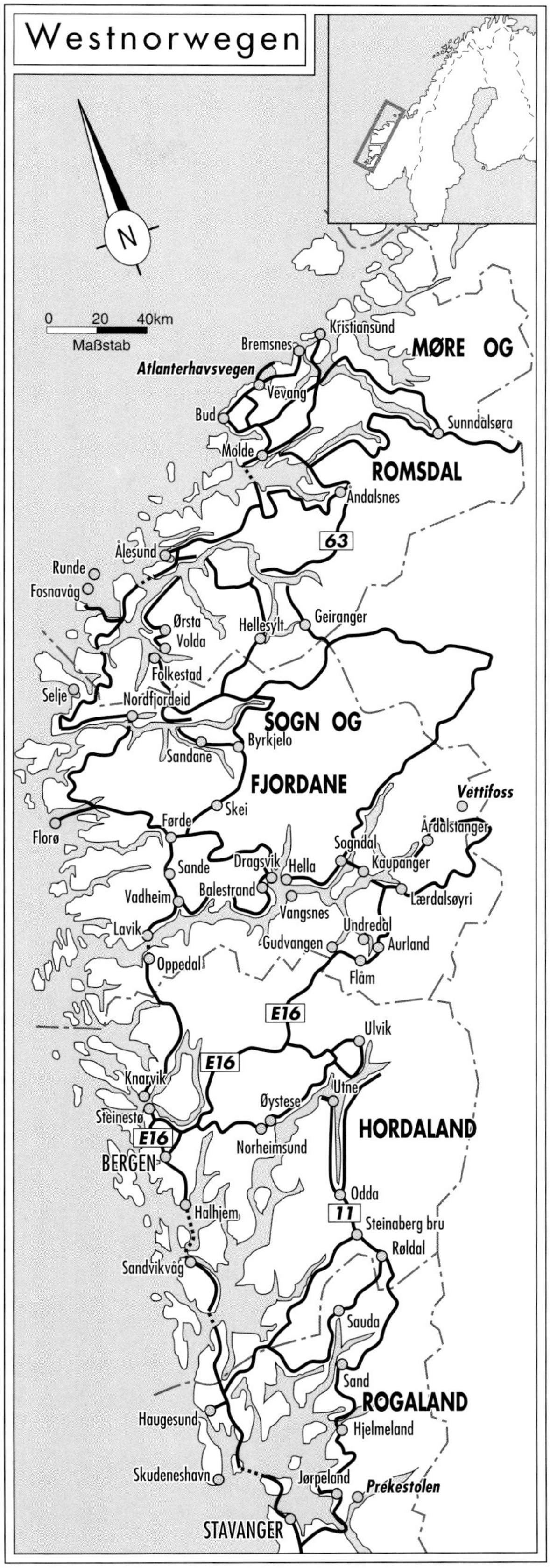

City-Porträt: Stavanger – unter dem Banner des schwarzen Goldes

Keine Stadt dokumentiert den Aufbruch Norwegens als einfaches Land der Bauern und Fischer in das Zeitalter von Öl, Hightech und Wohlfahrtsstaat so anschaulich wie Stavanger.

Im letzten Jahrhundert war Stavanger eines der Zentren der Heringsfischerei. Der Großteil des Fanges ging als Exportware an die Ostseeanrainer. Fischfabriken, Werkstätten für den Bau von Schiffen, Fässern und Fischereizubehör ließen die Stadt expandieren. Handelsschiffahrt und Großwerften bildeten dann bis in die 1960er Jahre hinein die wirtschaftlichen Pfeiler.

1969 kam die Meldung, daß rentable Erdölvorkommen vor der südwestnorwegischen Küste, im »Ekofiskfeld«, entdeckt worden seien. Das nahegelegene Stavanger avancierte zum Zentrum des Milliardengeschäfts – gerade rechtzeitig für die kränkelnde Werftenbranche, sich auf den Bau von Ölbohrinseln umzustellen.

Seitdem hat sich Stavanger rapide verändert. Die Stadt hat sich vergrößert, ist im Süden mit Sandnes zusammengewachsen. Sofern die Fabriken und Speicher aus der Fischfangära nicht abgerissen wurden, hat man sie zu Wohngebäuden, Restaurants, Kneipen oder Büros umgebaut. Symbolisch dafür steht ein altes Lagerhaus am Hafenbecken Vågen, in dem ein internationaler Ölkonzern residiert.

Der Ölboom veränderte Stavanger. Nicht nur dieses Lagerhaus hat eine neue Funktion erhalten

Inzwischen ist der Glanz des schwarzen Goldes jedoch etwas verblaßt. Norwegen hat registriert, daß der beachtliche Lebensstandard der frühen 80er Jahre zu sehr vom Ölboom abhing. Das Land blieb nicht von Marktkrisen verschont, und in Stavanger ist so manche Existenz an allzu hochgeschraubten Ansprüchen gescheitert: Stattliche Villen wechselten heimlich den Besitzer. Panikmache ist allerdings nicht notwendig. Die großen Erdöl- und vor allem Erdgasquellen entlang der gesamten Küste werden frühestens in 60–70 Jahren versiegen.

Wer Abwechslung von den neuzeitlichen Glas- und Betonbauten der City sucht, findet sie in Gamle Stavanger, Alt-Stavanger, westlich von Vågen. Die schmucken weißen Holzhäuser dieses zusammenhängenden Viertels sind bis zu 250 Jahre alt.

Informationen: Stavanger

[i] Stavanger Information Centre, Kulturhus, Sølvberget, N-4001 Stavanger, Tel. 51 89 66 00, Fax 51 89 66 02. Broschüren, Verkauf der Stavanger Card, Geldwechsel, Buchung von Ausflügen sowie Vermittlung von Unterkünften.

[i] Info-Kiosk am Hafenbecken Vågen, nur Juni bis August.

Sehenswert: Das **Seefahrtsmuseum,** Nedre Strandgate 17–19, weiß eine Menge von Stavangers Wandel seit der Hoch-Zeit der Heringsfischerei zu erzählen. Es verteilt sich auf zwei alte Kaufmannshäuser am Hafenbecken Vågen (Tel. 51 52 60 35). Das **Hermetikkmuséet** in Gamle Stavanger, Øvre Strandgate 88a, ist eine museale Fabrik, in der früher Sardinen für den Transport in alle Welt eingedost wurden (Tel. 51 52 60 35). Der mächtige **Dom** ist eines der wenigen mittelalterlichen Bauwerke Norwegens, die unverändert blieben (seit 1300). Das interessant gestaltete **Rogaland Kunstmuseum,** im Mosvannspark, konzentriert sich auf die norwegische Malerei seit 1800 (Tel. 51 53 09 00).

Abstecher: »Prekestolen« – Felskanzel am Himmel

Nur der Mond und das fahle Licht eines einsamen Telefonhäuschens beleuchten den Fjord. Nach einiger Zeit lösen sich ein paar kleine flackernde Lämpchen vom jenseitigen Ufer. Die Nachtfähre sammelt außer uns nur noch einen jungen Mann im Arbeitsoverall auf, der in dem kleinen Wartehäuschen seinem späten Feierabend entgegenschlummerte. Nach einer knappen halben Stunde rollen wir in dem Örtchen Oanes von Bord. Die brandneue breite Schnellstraße ignorierend, fahren wir über die alte schmale, kurvenreiche Piste bergan. In einem völlig unbewegten Bergsee spiegelt sich die volle Scheibe des Mondes. Auf einem schmalen Flekken direkt am See finden wir ein Plätzchen für die Nacht.

Der »Prekestol« ist eines der meistfotografierten Motive des Landes. Dieser Felsen, dessen Name »Predigtkanzel« bedeutet, trägt seine Bezeichnung zurecht. Wie eine Kanzel ragt er aus dem Massiv der mehr als tausend Meter hohen Felswände des Lysefjords heraus. Noch vor weni-

Gemeinsamkeit macht stark: Atemberaubender Blick von der Felskante des Prekestol

gen Jahren hüpfte man da, wo heute ein breiter Weg mit Natursteinen gepflastert ist, über tiefe Pfützen oder balancierte über wacklige Holzbohlen. Lange Strecken des Weges sind allerdings noch heute im ursprünglichen Zustand. Nach einem ersten Aufstieg über mächtige Geröllsteine, bei dem sich herrliche Aussichten auf den tief unten liegenden Bergsee an der Prekestolhytta, die Felsmassive in der Ferne bis hin zum offenen Atlantik bieten, umrunden wir ein Moor. Myriaden winzig kleiner schwarzer Fliegen gönnen uns keinen Augenblick der Muße. Dicht an dicht kriechen sie in jede Körperöffnung.

Schließlich sind wir am Hochplateau angelangt. Halbzeit auf dem Weg zur Predigtkanzel. Wir passieren kleine Bergseen zwischen nacktem Fels, an einem glucksenden Flüßchen stillen wir den Durst. Dunkle Wolken schieben sich vor die Sonne, und wenig später öffnet der Himmel seine Schleusen.

Endlich ist der »Prekestol« erreicht. Senkrecht fallen die Felswände an drei Seiten des quadratischen Plateaus zum Fjord hin ab. Ungeachtet des Regens werden von den Wanderern Thermoskannen ausgepackt, Kuchen auf den Felsen angeschnitten. Auf dem »Prekestol« ist man nur selten – zeitig morgens oder zur Nacht – allein.

Nur die wenigsten wagen es, den Blick über die Kante zu werfen. Vorsichtig auf dem Bauch robbend, schiebt sich ein Pärchen an den Abgrund! Genau 597 Meter tiefer trifft der Blick das regenbleigraue Wasser des Fjordes. Das Fährschiff dort unten wirkt, als sei es mit Matchbox-Autos beladen. Um zu fotografieren, klettere ich an der Wand über dem Plateau des »Prekestol« weiter nach oben. Der regennasse Fels erfordert besondere Umsicht, doch der Aufstieg wird mit einem unglaublichen Panoramablick über die Kanzel und den Lysefjord belohnt.

Informationen: »Prekestolen«

[i] Rogaland Reiselivsråd, Øvre Holmegate 24, N-4006 Stavanger, Tel. 51 89 50 02, Fax: 51 89 50 01.

Beste Reisezeit: Ab Mitte Mai ist der Pfad schneefrei. Die ersten Wanderer wagen den Aufstieg zu Ostern, dann allerdings sollte man ortskundig (denn die Markierungen des Weges verbergen sich unter dem Schnee) und für die Überquerung von Schneefeldern ausgerüstet sein.

Camping: Direkt an der Prekestol-Hytta besteht eine Park-/Übernachtungsmöglichkeit für Wohnmobilisten, allerdings ohne Stromanschluß und sonstigen Service.

Anfahrt: Von Sandnes aus auf dem RV 13 bis Lauvvik am Ufer des Høgsfjord. Fähre nach Oanes (verkehrt ununterbrochen, für die nächsten Jahre ist allerdings ein kühnes Tunnelprojekt geplant). Weiter auf dem seit 1994 neueröffneten RV 13 (oder landschaftlich weitaus schöner: gleich an der Fähre in Oanes links auf der Strecke der alten Straße 13 über schmale Paßstraßen) bis Jøssang. Von hier gut ausgeschildert 6 km bis zum Parkplatz an der Prekestol-Hytta.

Tips: In der Hauptsaison (etwa Mitte Juni bis Ende August) werden geführte Reittouren zum »Prekestol« angeboten.
Der »Prekestol« ist trotz des anstrengenden Aufstiegs ein vielbesuchter Fels. Einsamkeit und ein großartiges Fotolicht bieten sich nur am ganz zeitigen Morgen oder auch spät abends.
Ab Stavanger werden in der Hochsaison Bootstouren in den beeindruckenden, etwa 40 km langen Lysefjord am »Prekestol« vorüber veranstaltet.

Reise nach Runde – Norwegens südlichstes Vogelparadies

Gerade kommt mir die Merkwürdigkeit der Situation ins Bewußtsein, ich muß mir das Lachen verbeißen: Da liege ich nun auf dem Bauch in dem dürftigen Gras und halte mühsam den Kopf aufrecht, um durch ein Fernglas zu schauen. Über mir wölbt sich ein weiter, blaugrauer, wolkenloser Himmel. Von weitem dringt ein Lärm an mein Ohr, der fast den Pegel einer mittleren Stadt erreicht – aber es sind Naturlaute, Zehntausende von Vogelstimmen. Und um mich herum, mal hier, mal dort, fliegen purrend in gerader Linie mit hastigen Flügelschlägen diese merkwürdig plumpen Vögel vorbei, »begrüßen« mich jedesmal mit einem unfreundlichen tiefen »knörz«, beschreiben nervös flatternd einen kleinen Aufwärtsbogen und landen im Gras, verharren einen Moment und sind dann verschwunden, wirklich wie vom Erdboden verschluckt. Manchmal bekomme ich einen dieser Vögel im Gras für kurze Zeit »ins Fernglas«: die unbeholfen-aufrechte Haltung und den merkwürdigen bunten (rot-blau-gelben) Dreiecksschnabel. Er steckt jetzt voller dünner Sandaale, die an der Seite herausbaumeln. Ich befinde mich in der Kolonie der Papageientaucher auf der Insel Runde bei Ålesund.

Die Papageientaucher brüten da, wo sich Graswuchs, eine dünne Bodendecke, bewachsenes Geröll oder auch Felsspalten befinden. Sie legen ihr einzelnes, fast kugelförmiges, weißes Ei in eine Höhle, die sie teilweise mit Schnabel und Krallen selber graben. Stehen sie an Land auf ihren weit hinten ansetzenden Füßen, sehen sie ähnlich unbeholfen aus wie Pinguine – auch können sie, wie diese, hervorragend tauchen und schwimmen. Mit ihren kurzen Flügeln »fliegen« sie gewissermaßen durchs Wasser.

Runde gilt als der »südlichste Vogelfelsen Skandinaviens«. Eine Reihe von Meeresvögeln hat sich darauf spezialisiert, kolonieweise auf steilen Felsen im Meer zu brüten – hier sind sie vor Feinden weitgehend sicher. Ursprünglich gab es auf solchen Vogelfelsen nicht einmal Ratten. Aber heute bilden diese Nager die größte Gefahr für Eier und Jungvögel, seit sie durch Schiffe überallhin verbreitet wurden.

Nähert man sich mit dem Boot einem solchen Vogelfelsen, ist man überwältigt: laute Rufe von allen Seiten und ständiges Gewimmel von an- und abfliegenden Vögeln, die den Felsen wie ein lebendiger Glorienschein umgeben. Es müssen Tausende sein, Zehntausende vielleicht. Kommt man näher, erkennt man auch die brütenden Vögel, die wie Girlanden den dunklen Fels zieren.

Aber in dem Gewimmel herrscht eine bestimmte Ordnung: eine Höhengliederung – »Brut am geordneten Hochhaus«, könnte man sagen. Am weitesten unten brüten die Dreizehenmöwen, manchmal schon wenige Meter über der Flutlinie. Sie bauen (im Gegensatz zu den meisten anderen Möwen) feste Nester aus Gras, Tang und Erde, gut gestampft und mit Speichel und Kot verklebt, die gewöhnlich jahrelang an derselben Stelle liegen und manchen Sturm überdauern. Dazu brauchen sie nur erstaunlich schmale Felsabsätze. Selbst der kleinste Vorsprung genügt ihnen. Im allgemeinen legen sie zwei Eier, manchmal drei oder nur eines.

Der mittlere Abschnitt des Felsens wird von den

Man sieht sie häufig bei einer Bootsfahrt zu mehreren auf irgendeiner Felskuppe stehen: Krähenscharben, die nicht auf »Vogelfelsen« wie Rundebranden angewiesen sind

Alken und Lummen besetzt, die sich aber innerhalb dieser Zone mit dem jeweiligen Nistort »aus dem Wege gehen«: Die Trottellummen stehen deutlich sichtbar auf den Felssimsen. Ihr einziges Ei liegt ohne Unterlage auf dem nackten Fels. Das Ei ist birnenförmig, weshalb es nicht so leicht herunterfällt, wenn es einmal in Bewegung gerät. Die Tordalken hingegen legen ihr Ei lieber in Spalten, unter Überhänge und in kleine Höhlungen. Sie stehen daher auch weniger dicht beieinander.

Im oberen Bereich der Vogelfelsen brüten die schon erwähnten Papageientaucher. Die großen Baßtölpel suchen die »bequemsten« Plätze an der Grenze zwischen Dreizehen- und Lummenzone auf, besetzen jedoch gewöhnlich einen besonderen Bereich oder einen ganzen Felsen für sich – so auch auf Runde, wo sie zunächst gar nicht vorkamen und am jetzigen Brutplatz auf dem Rundebrand erst andere Vögel vertreiben mußten. Für ihr einziges Ei bauen sie große Nester aus Tang, Gras, Federn und Strandgut, oft mit auffälligen Plastikresten.

Die Eissturmvögel brüten abseits von den lärmenden, dichtgedrängten Hauptkolonien der anderen. Sie bevorzugen schroffe Felsen, überhängende Steilflächen, wo sich wenige Absätze bilden und die anderen Arten nicht mehr genügend Platz finden. Das einzelne Ei wird auf den nackten Fels gelegt.

Einer der auffälligsten Seevögel an den Felsküsten (der aber nicht unbedingt auf den typischen »Vogelfelsen« angewiesen ist) ist die Krähenscharbe. Man sieht sie bei einer Bootsfahrt häufig zu mehreren auf irgendeiner Felskuppe stehen: aufrecht, schlank, den vorne gekrümmten Schnabel schräg nach oben gerichtet. Auf Geröllhalden, zwischen Grashängen brüten die Weibchen in einem etwas unordentlich wirkenden größeren Halmnest gewöhnlich drei Eier aus, wobei sie die Eier zusätzlich mit ihren stark durchbluteten Schwimmhäuten wärmen.

»Reise nach Runde« hieß einmal ein klassisches Buch Ende der sechziger Jahre, mit dem viele Ornithologen und Vogelfreunde gewissermaßen aufgewachsen sind. Der Hannoveraner Professor Fritz Steiniger war der Verfasser. Noch heute erinnert man sich auf Runde an Steiniger – damals arbeitete er bereits mit Ola Goksøyr zusammen, der noch immer die Bootstouren anbietet, bei denen man die Brutkolonien vom Boot aus beobachten kann.

Interessant wäre ein genauer Vergleich der damaligen und der heutigen Situation. Steiniger hatte damals u. a. über das Verhältnis von Tourismus und Naturschutz am Beispiel Rundes nachgedacht und konkrete Vorschläge gemacht, von denen jedoch nur ein Teil verwirklicht wurde. Seine Gedanken waren sehr modern – er trat nicht für eine radikale Abriegelung des Naturschutzgebietes ein, sondern für das, was man heute »Besucherlenkung« nennt: Öffnung, aber bewußte Einrichtung von Beobachtungspunkten, so daß der Besucherstrom in bestimmten Bahnen bleibt. Zum Nationalpark, wie Steiniger vorschlug, wurde Runde nie erklärt – die Brücke zum Festland aber, von der er auch schon sprach, gibt es längst.

Einen Bericht aus neuerer Zeit über die Vogelwelt auf Runde im Vergleich zu damals verfaßte der hannoversche Vogelschützer Dieter Wendt. Danach sind alle rund 20 Jahre zuvor festgestellten Brutvogel-Arten nach wie vor vertreten. Ja, es sind sogar zwei interessante Arten hinzugekommen: die Skua – eine Raubmöwe – ist heute ständiger Brutvogel, wenn auch mit nur wenigen

Informationen: Vogelinsel Runde

[i] Runde Reiselivslag, Postboks 154, N-6060 Hareid; Tel. 70 09 37 90, Fax 70 09 36 07.

Beste Reisezeit: Juni und Juli, während der Brutzeit der Vogelfelsenbewohner (variabel, am besten erkundigt man sich vorher über die Entwicklung im jeweiligen Jahr).

Camping: In dem Ort Goksøyr gibt es einen Campingplatz.

Schwindelerregend: Felswand mit einer Brutkolonie der Dreizehenmöwen

Paaren, und auch der Wanderfalke hat sich wieder im Rundebrandfelsen angesiedelt, vorläufig als unregelmäßiger Brutvogel. Ein paar nüchterne Zahlen verdeutlichen, in welcher Menge die typischen Vogelfelsenbrüter auftreten: 50 000 bis 100 000 Brutpaare sollen es bei den Papageientauchern sein; 10 000 bei den Trottellummen, über 3000 bei den Tordalken, bis 100 000 bei den Dreizehenmöwen, rund 700 bei den Baßtölpeln und ca. 2000 bei den Krähenscharben.

Offenbar hat die Insel den Touristenstrom bisher weitgehend verkraftet. Ganze 34 625 Übernachtungen wurden 1993 registriert. Heute ist Runde aber nicht nur bei den Vogelfreunden beliebt, sondern auch ein »Geheimtip« für Taucher. In den kristallklaren Gewässern um die Felsen macht das Tauchen große Freude. In der Umgebung gibt es mehrere versunkene Schiffe, die teilweise noch unentdeckt sind. 1972 hatten zwei junge Schweden und ein Norweger das

Glück, einen Gold- und Silberschatz zu finden. Sie entdeckten das Wrack des holländischen Ostindienfahrers »Ackermann«, der hier im Winter 1725 mit Mann und Maus gesunken war.

Ungefährdet ist Runde allerdings nicht. Ein Tankerunglück in der Nähe sorgte vor einigen Jahren für große Aufregung. Und die Fischbestände sind auch längst nicht mehr so groß, wie sie bis in die 60er Jahre noch waren, wenn auch eine allmähliche Erholung eingetreten ist. Die Bruterfolge der Vogelfelsenbrüter sind stark abhängig von den Schwankungen der Fischbestände. In einzelnen Jahren waren so starke Abnahmen zu verzeichnen, daß viele Jungvögel sterben mußten und die Presse sich dem Thema mit entsprechenden Schlagzeilen widmete.

An der Straße auf der Ostseite Rundes zum Meer hin gibt es kurz vor dem Ort Goksøyr einen Parkplatz. An dieser Stelle beginnt ein Pfad, der auf die Hochebene der Insel führt. Der Varden ist mit 333 Metern der höchste Punkt. Oben gibt es mehrere markierte Pfade, die zu guten Beobachtungspunkten führen, wo man brütende Vögel im Felsen überblicken kann. Zwischen dem 15. März und dem 31. August ist es verboten, direkt zum Vogelfelsen hinabzusteigen.

Rundebranden, der größte Brutfelsen, befindet sich an der Nordwestseite der Insel. Die große Krähenscharben-Kolonie besiedelt Skarveura im Norden. Die Papageientaucher brüten an der Westseite, wo mit Geröll übersäte Grasflächen sich bis zum Meer hinunterziehen. Auch an den Stränden im Süden und Osten kann man – vor allem im Herbst und Winter – viele Vögel beobachten, hauptsächlich Watvögel.

Vier Vogelschutzgebiete wurden insgesamt hier eingerichtet: die Westseite und die Nordseite von Runde, Kløfjellet-Hellestein sowie die kleine Nebeninsel Grasøy östlich von Runde.

Was heißt hier Vogelschutzgebiet? Seehund am Ufer von Runde

Dem »Volk aufs Maul geschaut«

Skandinaviens Sprachen, die, wie das Deutsche auch, zur indogermanischen Sprachfamilie gehören, sind eng miteinander verwandt.

Am ehesten verständlich erscheint uns Dänisch. Sind doch dänische Texte nach etwas Eingewöhnung schon recht bald lesbar. Mehr Lernaufwand erfordert die schwedische Lexik, dafür ist die Aussprache relativ unkompliziert. Wenn man nun die einfachen dänischen Vokabeln auf schwedisch ausspricht, ergibt das, sehr vereinfacht, schon fast Norwegisch. Um aber die Verwirrung komplett zu machen: Das Norwegische an sich gibt es nicht! Die jahrhundertelange dänische Fremdherrschaft hat die norwegische Sprache soweit beeinflußt, daß zur letzten Jahrhundertwende ein deutsch-dänisches zugleich auch ein deutsch-norwegisches Wörterbuch hätte sein können.

Im Zuge der norwegischen Nationalromantik schuf Mitte des vergangenen Jahrhunderts der Sprachforscher Ivar Åsen aus alten ländlichen Dialekten eine Sprache, die ein Ur-Norwegisch repräsentieren sollte. Man nannte diese Kunstsprache »Landsmål«. Die Weiterentwicklung dieser Sprache wird heute als »Nynorsk«, Neunorwegisch, bezeichnet. Knapp 20 Prozent der Schüler des Landes erlernen sie. Die usprünglich in Vokabular und Grammatik nahezu mit dem Dänischen identische Reichssprache, »Riksmål«, wandelte sich nach Wegfall der Fremdherrschaft zum heutigen »Bokmål«, der Buchsprache. Die Bezeichnung allerdings ist irreführend. Erstens ist Bokmål keine nur geschriebene, sondern eine von der Mehrheit der Norweger gesprochene Sprache, und zweitens erscheinen auch zahlreiche Bücher in Nynorsk. Nach dem gescheiterten Versuch, die beiden Sprachen zu verschmelzen, wird ihnen bereits seit 1885 ein gesetzlich garantiertes Nebeneinander garantiert. So muß im Rundfunk mindestens ein Viertel der Beiträge in Nynorsk gesendet werden. Daneben gibt es noch eine Vielzahl von Dialekten. Manche weichen sogar von Tal zu Tal aufgrund jahrhundertelanger Isolation stark voneinander ab.

Ausländer können das am besten mit Hilfe der Hinweisschilder auf Kirchen nachvollziehen. Nicht nur die Versionen »kirke« (Bokmål) und »kyrkja« (Nynorsk) sind da zu lesen, sondern auch »kyrkje« oder »kirkje« oder ... – je nachdem, wie entscheidungsfreudig und selbstbewußt das jeweilige kommunale Parlament eben ist. Touristen werden aber nur mit zwei Versionen für ein und diesselbe Sache konfrontiert: Während im Westen »mjølk« (Nynorsk) auf den Milchtüten steht, heißt es in anderen Landesteilen »melk« (Bokmål). Vor westnorwegischen Tunneln wird man »ved raud blink« (Nynorsk) aufgefordert, bei rotem Blinklicht nicht hineinzufahren, während der Hinweis andernorts »ved rød blink« (Bokmål) geschrieben wird. Selbst der Landesname blieb nicht von der Gleichberechtigung zweier Sprachen verschont: Auf Briefmarken und Geldscheinen prangen – das Verhältnis wird ausgehandelt – sowohl »Norge« (Bokmål) als auch »Noreg« (Nynorsk). Das wurde einem deutschen Urlauber zum Verhängnis, als er, wieder zu Hause, einen norwegischen 50-Kronen-Schein zurücktauschen wollte. Der Bankangestellte hielt den Schein mit dem Aufdruck »Noreg« für eine Fälschung und verständigte die Polizei.

City-Porträt: Bergen – Westküsten-Metropole mit Flair

Eigentlich kommen Touristen der Natur wegen nach Norwegen. Doch dem Reiz der Stadt Bergen sind sie bis jetzt noch alle erlegen – vorausgesetzt, es hat während des Besuchs nicht ununterbrochen geregnet. Ja, das Wetter: Daß mehr als 2000 mm Niederschlag jährlich auf Bergen prasseln, ist eine Tatsache. Daß aber die Bergenser mit Regenschirm oder Schwimmhäuten auf die Welt kommen, konnte noch nicht nachgewiesen werden. Immerhin verteilen sich die feuchten Tage vorzugsweise auf die Monate von Oktober bis April, so daß schöne Sommertage bei weitem selbstverständlicher sind als nette Worte der Bergenser über das ungeliebte Oslo, das Bergen den Rang der Landeshauptstadt abgelaufen hat.

Zugegeben, die Museen der Westküsten-Metropole bieten weder Wikingerschiffe noch die Abenteuer eines Amundsen, Heyerdahl oder Nansen. Trotzdem sind sie nicht weniger interessant. Vor allem aber strahlt Bergen Flair aus, besonders um das Hafenbecken Vågen. Das emsige Treiben des Fischmarktes lockt die Menschen in Scharen an. Das historische Viertel Bryggen mit seiner verwinkelten Holzhauszeile, wo früher die Handelsgeschäfte abgewickelt wurden, bleibt dank seiner Mischung aus Kneipen, Restaurants, Kunsthandwerk, Büros und Werkstätten lebendig. Dahinter verteilen sich die einfachen Häuser der Altstadt in schrägen Gassen: kein künstlich beatmeter Touristentreff. Und dahinter erhebt sich das Fløifjell, wo sich die Bergenser zu Ausflügen, Wanderungen und Joggerrunden einfinden, sobald der Wetterbericht ihnen

Hat ihren Ursprung in der Hansezeit: die Frontzeile von »Bryggen«, dem historischen Viertel Bergens

Labsal verspricht. Den 320 m steilen Anstieg überbrückt die Standseilbahn »Fløibanen«. Nordwärts ziehen sich kilometerweit herrlich gelegene Wohnungen die Hänge entlang, beinahe jedes Haus mit großem Panoramafenster – stets auf die Schären gerichtet, die die Stadt vor der Gewalt des offenen Meeres schützen. Wer dort oben in einer warmen Sommernacht spazierengeht und unter sich die vielen Lichter der Stadt blinken sieht, eingerahmt von Hügeln und Meer, wird diese Stunden nicht vergessen.

219 000 Einwohner zählt Bergen. Abgesehen von der reizvollen Lage sind die Bewohner von Norwegens zweitgrößter Stadt besonders auf ihre kulturelle Tradition stolz. Bereits 1765 wurde das Philharmonische Orchester gegründet, 1850 das erste Theater des Landes, »Den Nationale Scene«. Ende Mai starten alljährlich die »Internationalen Bergenser Festspiele«. Musikszene und Jugendkultur stehen in gutem Ruf.

Der Fischmarkt von Bergen

Zu den großen Touristenattraktionen gehört Bergens Fischmarkt. Im Sommer sind ausländische Reisende hier in der Überzahl, mancher Händler hat sich deutlich auf das Geschäft mit ihnen eingerichtet. Doch sind auch Begegnungen mit dem Bergenser möglich, der selbst unter Norwegern als eigener Menschenschlag gilt. Für den Naturfreund bietet Bergens Fischmarkt die einzigartige Gelegenheit, einen Überblick über die Meeresfischarten zu bekommen, die üblicherweise entlang der Küsten gefangen werden: Dorsch, Makrele, Lodde (Kapelan), Hering, auch Lengfisch, Köhler (Seelachs), Schellfisch sind wohl die wichtigsten. Auch Lachs, Meerforelle, Wandersaibling, die ja zeitweise im Meer leben, werden auf See gefangen, genießen dort aber zeitweise Schonzeit.

Informationen: Bergen

[i] Bergen Tourist Information, Bryggen 7, N-5003 Bergen, Tel. 55 32 14 80, Fax 55 32 14 64. Karten und Broschüren, Geldwechsel, Verkauf der Bergen-Karte, Buchung von Rundfahrten, Gepäckaufbewahrung und Vermittlung von Unterkünften.

Sehenswert: Hanseatisk Museum auf Bryggen, ein Kaufmannshof, in dem die Kaufleute und ihre Angestellten lebten und arbeiteten (Tel. 55 31 41 89). **Bergen Aquarium,** Nordnesparken, das interessanteste seiner Art in Norwegen (Tel. 55 23 85 53). Das **Naturhistorisk Museum,** Sydneshaugen, zeigt die Flora und Fauna der Erde in unvorstellbarer Vielfalt. Die **Kunstmuseen** Bergens Billedgalleri, Rasmus Meyers Samlinger und Stenersens Samling, nebeneinander am Lille Lungegårdsvann aufgereiht, bieten einen Querschnitt europäischer Kunst der letzten zwei Jahrhunderte. **Troldhaugen,** im Vorort Hop, war von 1895 bis 1907 die Heimat von Edvard Grieg und seiner Frau Nina (Tel. 55 91 17 91). Die **Stabkirche Fantoft** in dem gleichnamigen Vorort wird, 1992 abgebrannt, wiederaufgebaut. **Det Norske Arboret,** im Vorort Milde, umfaßt neben dem Arboretum einen Botanischen Garten.

Tip: Die **Bergen-Karte** umfaßt freien Eintritt zu den meisten Museen und Sehenswürdigkeiten, auch in der Umgebung, ferner freie Fahrt mit den kommunalen Verkehrsmitteln, inklusive »Fløibanen«, sowie Rabatte für Rundfahrten und kulturelle Veranstaltungen. Preise Erwachsene/Kinder: 1 Tag 100/50 nkr, 2 Tage 150/75 nkr.

Ausstieg nach Norwegen – Schreibtisch und Schafzucht

Wenn ein Deutscher die Heimat gegen das bis dahin langjährige Urlaubsziel Norwegen eintauscht, zählt er möglicherweise zu den Fachleuten eines deutschen Unternehmens oder zur Bonner Auslandsbürokratie. Meistens aber steckt eine Frau dahinter – was sonst? Wie häufig den Bekanntschaften der Umzug folgt, läßt sich zwar nicht zweifelsfrei klären, aber ein Blick in die hiesige Statistik zeigt, daß weit über 4000 Bundesbürger die Chance genutzt haben, der Trübsal deutscher Großstadt-Tristesse in Richtung Norden (und dann immer geradeaus) zu entkommen. Nicht alle landen in Oslo, Bergen oder Trondheim. Manche erwachen inmitten des landestypischen Alltags, also irgendwo in der Provinz, denn Norwegen besteht zu 99 Prozent aus Landschaft. Und zu ihnen zählt auch der Autor dieser Zeilen, der die Gelegenheit nutzt, hiermit ein wenig über das Leben der Nachfahren der Wikinger an den rauhen Küsten des Nordmeers zu berichten.

Unsere Wanderung endete auf einem landwirtschaftlichen Anwesen an der Küste des Hemnefjords, etwa 120 Kilometer südwestlich von Trondheim. Ganz so einfach war der Weg dorthin freilich nicht. Ein äußerst restriktives Einwanderungsgesetz sorgt nämlich dafür, daß der bürokratische Hürdenlauf auch in Norwegen groteske bis häßliche Züge annehmen kann. Man stellt sehr bald fest, daß auch für norwegische Behörden gesunder Menschenverstand oder allgemeines Gerechtigkeitsempfinden nicht unbedingt Leitfaden allen Handelns sind... Aber lassen wir das, Ämter sind auf diesem Ohr ohnehin taub. Entsteigen wir also der trüben Behördenwelt und wenden uns den erfreulichen Dingen des Lebens zu. Und davon gibt es hierzulande nun wirklich reichlich.

Von wegen »blöde Schafe«: Die Suche nach einem Regenschutz macht erfinderisch

Da ist zuallererst natürlich das Zuhause, ein kleiner Hof mit Land und Wald. Weißes Wohnhaus, roter Stall, rote Nebengebäude, ganz wie es sich gehört. Malerisch am Hang des Fjords gelegen, rund ums Haus Wiese, dahinter die ewig singenden Wälder. In den Genuß solcher Kleinodien kommt allerdings nur, wer willens und in der Lage ist, den Betrieb auch zu bewirtschaften. Erst dann erteilen die Landwirtschafts-Behörden ihren Segen zur Übernahme. Was durchaus Sinn macht: Die Infrastruktur der ländlichen Gegenden bleibt erhalten, die kleinen Höfe können nicht als Spekulationsobjekte mißbraucht und zu Feriendomizilen für die Reichen dieses Landes verwandelt werden.

So kam es, daß der Autor dieses Berichtes sich die Zeit nun auch mit der Schafzucht vertreibt. Den Winter über stehen etwa 30 Tiere im Stall, nach der Lammzeit im Frühjahr ziehen, je nach Lust und Stehvermögen des Bocks, 70 bis 80 Schafe in die sommerliche Freiheit Richtung Berge. Neben der Tierhaltung werden Kartoffeln, Obst (selbst Erdbeeren gedeihen hier oben noch, wer hätte es gedacht?) und Gemüse angebaut, freilich mehr für den Eigenbedarf als zum Verkauf. Das gilt auch für den Fischfang auf dem Fjord, weswegen jeder Hof sein Boot mit Außenborder am Ufer liegen hat. Und im Winter kommen ein paar zusätzliche Kronen aus der eigenen Forstwirtschaft hinzu.

Höfe dieser Größenordnung und mit ähnlichem Bewirtschaftungsmuster sind für die gesamte Küstenregion Mittelnorwegens typisch. Genauso typisch ist aber auch, daß es sich davon allein nicht leben läßt. Mehr als bloßes Hobby, weniger als eine Vollzeitstelle, trägt sich die Idylle nicht alleine – Arbeit nebenher ist angesagt. Ich persönlich habe es da einfach, schreiben kann man schließlich überall. Noch besser: Der Arbeitsplatz am Schreibtisch ist vor Ort. Falls nötig, kann der Herr Journalist grade eben mal das Hemd wechseln, um als Bauer draußen nach dem rechten zu sehen. Oder anders: Wenn's regnet, ist es im Büro angenehm trokken, bei Sonnenschein gibt's draußen genug zu tun. Zugegeben, immer klappt die Verständigung mit dem Wettergott nicht.

Ich beginne mit der Schilderung des Lebens auf einem typischen norwegischen Kleinhof (småbruk) im Frühling, denn ab da rechnet auch der Bauer nebenan das Jahr. Das Frühjahr ist die Zeit der Schneeschmelze, wo im April das Eis der Bäche krachend bricht, bräunlich-graue Wiesen nach dem Verschwinden der letzten Reste der winterlichen Decke eilig zu grünen beginnen, die eben noch kahlen Laubbäume, Sträucher und Büsche zu blühendem Leben erwachen. Aber auch im Stall wird es auf einmal hektisch, denn Frühjahrszeit ist auch Lammzeit. Da schlurft der Bauer auch nächtens regelmäßig rüber zum »fjøset«, meistens freilich nur, um wieder mal zu spät zu kommen und die auch ohne menschliches Zutun problemlos geborenen Zöglinge bei den ersten tolpatschigen Gehversuchen zu begutachten. Noch während im Stall alles drüber und drunter geht – Lämmer haben im Prinzip nur Unsinn oder Respektlosigkeiten den Erwachsenen gegenüber im Kopf –, läuft draußen schon die Frühjahrsbestellung der Äcker an. Mitte Mai verschwindet die blökende Rasselbande im Wald. Sie teilt sich in drei, vier Gruppen auf, die mit dem Fortschreiten der Vegetation langsam auf die endlosen Hochebenen des Hinterlands wandern. Dort werden sie die nächsten Monate umherstreifen, in einsamen Tälern grasen, wilde Schluchten durchklettern, sich auf grasigen Höhenzügen sonnen.

Unten am Hof herrscht wieder Ruhe. Erst Ende Juni, Anfang Juli wird sie vom Traktorenlärm gestört. Dann ist das Gras soweit. Grassilage geht schnell, weil sie maschinell erledigt

Idyllisch, aber oft mühsam: Einsiedlerdasein in Norwegen

werden kann. Anders dagegen das Heu. Hier an Bodentrocknung auch nur zu denken, ist pure Zeitverschwendung. Die in schöner Regelmäßigkeit von Island herüberwehenden Regenfronten erhalten die Tradition: Man pflegt das Brauchtum des Heureiters. »Hesje« heißt das hier, die Tätigkeit an sich »å hesje«. Am ehesten könnte man das wohl mit »Heu schütteln« übersetzen. Lange Reihen von Holzpfählen werden in die Wiese gerammt, alle zwei, drei Meter einer. Ungefähr in Kniehöhe wird der erste Draht gespannt. Bündelweise muß das gemähte Gras aufgeschüttelt und über den Draht gehängt werden, Bündel an Bündel, die ganze lange Reihe bis zum Ende. Darüber wird der nächste Draht gespannt, wieder Gras aufgeschüttelt, Bündel für Bündel aufgehängt. Und der nächste Draht. Die Reihe wird mit den Stunden immer länger, irgendwann scheint sie überhaupt kein Ende mehr zu nehmen. Und wenn die erste »hesje« steht, eine lange Wand aus Gras, dann wartet schon die nächste! So entsteht eine Grasmauer nach der anderen. Die Sonne brennt erbarmungslos herab, oder es regnet Bindfäden, oder die kleinen Beißmücken, ähnlich den kanadischen »blackflies«, vergnügen sich zu Schweiß und Blut des Fronarbeiters. Nein, mitteleuropäische Arbeitsmentalität legt man hier ganz schnell ab. »Ta det med ro«, grinst der Fachmann, immer mit der Ruhe. Der Länge nach im Gras liegen, plaudern mit den Helfern, ein blinzelnder Blick über den stahlblauen Fjord, Zeit zum Mittagsschläfchen. So gesehen ist »hesjen« eigentlich die schönste Sache der Welt. Wenn sie sich nur nicht über Tage und Wochen hinziehen würde! Aber was sein muß, muß sein. Die langen Reihen aus aufgehängtem Heu werden vom Wind getrocknet. Wenn es regnet, wird nur die oberste Schicht naß, das Wasser läuft an den äußeren Halmen ab. Und nach ein, zwei Wochen kann eingefahren werden. Nun ja, in schlechten Jahren auch später. Der Nachbar erzählt gerne, wie er einmal kurz vor Weihnachten die letzte »hesje« unter Dach gebracht hat...

Die Sommertage sind lang, die Nächte hell. Dennoch vergehen sie viel zu schnell. Neben der ewigen Heu-Schüttelei gibt's Abwechslung: Bootstouren auf dem Fjord, Angeln und Baden am See oben im Wald, eine Wanderung in die Stille der Berge. Ende September, Anfang Oktober geht es dann auf die Suche nach den Herden. Tagelange Bergtouren durch herbstliche Landschaften, längs glucksenden Bachläufen, gesäumt von golden leuchtenden Birken mit ihren hellen Stämmen und Büschen in flammendem Rot. Oben auf der welligen Ebene ein erdiges Braun, durchsetzt mit gelb verblühenden Gräsern und violetten Blaubeer-Teppichen. Eine Unmenge an Tümpeln und kleinen Bergseen blitzt im Sonnenlicht, in der Ferne liegt schon Schnee auf den Gipfeln der Gebirgszüge des Inlands. Kein Weg, kein Mensch, keine Geräusche außer Wind und Wasser.

Und dann entdeckt man sie in der Ferne an einem Hang, noch ehe der Wind schwachen Glockenklang herüberträgt: kleine weiße Flecke, die sich langsam hin und her bewegen, 20, 24 Stück. Mit dabei ein paar braune und schwarze Punkte. Das sind die wichtigsten – die schwarzen Schafe der Familie sind nämlich in der Regel auch die Durchblicker. Sobald der vertraut wirkende Zweibeiner auf der Bildfläche erscheint, setzen sich die »Schwarzen« an die Spitze des Trupps und führen ihn gemächlich Richtung Heimat. Der Mensch trabt eigentlich nur hinterher und hält nach weiteren Gruppen Ausschau. Die Tiere finden mit sicherem Instinkt den Weg von alleine.

Verluste während der Sommermonate gibt es immer. Adler oder Luchs, höchst selten Wolf oder vereinzelt durchziehende Bären, können Lämmer reißen, und es gibt Abstürze in Felsbrüchen. Der Tribut an die Natur ist jedoch selten hoch, Schafe sind nämlich nicht ganz so dumm, wie man ihnen gemeinhin nachsagt. Ein paar Wochen grasen sie noch auf den Wiesen rund um den Hof, der zweite Schnitt sozusagen, ehe es heißt: alles rein in den Stall zum Scheren! Und dann kommt das Unangenehme, die Schattenseite der menschlichen Herrschaft über das domestizierte Tier: das Aussortieren, das Urteil darüber, wer als Winterbesatzung bleiben darf und welche Tiere für das Schlachtauto bestimmt sind. Nein, die Rolle des Herrn über Leben und Tod wird wohl immer Unbehagen verursachen.

Wenn Kartoffeln und Gemüse geerntet, das Boot vor den Herbststürmen geborgen, die Maschinen ins Trockene gebracht und die Schafe im Stall sind, beginnt das Warten auf den Winter, auf Dunkelheit, Frost und Schnee. Denn erst wenn Regen und Sturmböen von dickem Weiß abgelöst sind und der Schnee das zerklüftete Gelände eingeebnet hat, kommt man mit dem Traktor in den Wald. Kiefern und Fichten werden gefällt, ihre Stämme kilometerweit bis zur Straße geschleppt, wo sie zum Abtransport als Bauholz gestapelt werden. Brennholz für den nächsten Winter, bevorzugt Birken, muß geschlagen werden. Und dann, ganz plötzlich, setzt Tauwetter ein, das Eis der Bäche bricht, und tatsächlich, da stakst doch schon ein erstes Lamm unsicher neben seiner Mutter her – der Kreis schließt sich.

In diesen Kreislauf des Jahres ist der Zugezogene genauso eingebunden wie alle anderen hier. Und doch gibt es Dinge, die »dem Deutschen da oben« befremdlich erscheinen und mit denen er zugegebenermaßen hin und wieder zu kämpfen hat. Nein, nicht nur die – vorsichtig ausgedrückt – seltsame Alkoholpolitik. Schlimmer ist die regelmäßig betriebene Nabelschau der Nation, eine selbstgefällige Fixierung auf sich selbst, die auch während der hitzigen EU-Debatte nicht aufgegeben wurde. Oder jene staatliche Erfassungs- und Bevormundungswut, die mitnichten ein ausschließlich schwedisches Phänomen ist.

Angeblich ist jeder Bürger Norwegens im Schnitt in rund 400 Dateien erfaßt – und ein Postsparbuch eröffnet hier keiner, ohne daß der Beamte hinterm Schalter eben mal per Computer das polizeiliche Melderegister anzapft. Die Bank meldet dem Finanzamt automatisch, was man so auf dem Konto hat. Der örtliche Sportverein verkauft die gebundene Ausgabe der öffentlich ausliegenden Listen, die verraten, was wer im letzten Jahr verdient hat, wie hoch sein Vermögen ist und was an Steuer gezahlt wurde. Ola und Kari Nordmann finden das aber vollkommen in Ordnung, schließlich will Vater Staat sicher nur das Beste.

Darf man daran zweifeln? Es gibt Momente, in denen unsereinem deutlich zu Bewußtsein kommt, daß einer aus Deutschland eben kein Norweger ist. Wohlfühlen unter ihnen kann man sich offensichtlich dennoch – ansonsten hätte dieser Text von einem anderen verfaßt werden müssen.

Verborgene Wasserstraßen – Flüsse machen Power

Wer nach regenverwöhnten Tagen unverdrossen durch Norwegen reist, wird sich vielleicht wundern, warum der Fluß neben der Straße oder der Wildbach durch das einsame Hochtal kein Wasser führt. Rundgeschliffene Steine verraten, daß das noch vor kurzer Zeit anders gewesen sein muß. Doch mehr als ein armseliges Rinnsal, das ums Überleben kämpft, sieht oder hört man nicht. Daß das Land momentan nicht von einer erbarmungslosen Trockenheit heimgesucht wird, beweist ein kurzer Blick zum Himmel: Für Nachschub ist also gesorgt. Sollte aber ganz in der Nähe unvermutet ein Rohr aus einem Berg ragen und sich in die Tiefe fortsetzen, drängt sich der Zusammenhang freilich auf.

Norwegen deckt seinen Strombedarf zu 100 Prozent durch Wasserkraftwerke. Atomstrom war nie ein Thema. Der Regen und seine Topographie machen das Land autark.

Kleine Wasserkraftwerke nutzen direkt das Gefälle von Flüssen aus, so die einst überwältigenden Stromschnellen von Sarpsborg, nahe Oslo, die 1900 in den Dienst der Sägewerke gezwungen wurden. Je größer die Wassermenge und die Fallhöhe, desto effektiver kann die natürliche Kraft umgesetzt werden. In der Pionierzeit der Wasserkraftwerke waren deshalb bei den Ingenieuren vor allem große Wasserfälle begehrt. Mittlerweile machen sie sich ihre Wasserfälle selbst. Wasser wird im Gebirge in Stauseen gesammelt, die teils durch unterirdische Kanäle miteinander verbunden sind. Schließlich rauscht das Wasser von der untersten Staustufe aus, in Röhren gepreßt, steil in die Kraftwerke hinab, wo es riesige Turbinenlaufräder ein paar hundertmal je Minute um die eigene Achse jagt. Die Turbinen sind mit Generatoren verbunden, die die mechanische Energie in elektrische umwandeln. Um den Energieverlust beim Transport möglichst gering zu halten, wird die Spannung auf 132 und 300 Kilovolt transformiert. Danach wird der Strom an das landesweite Netz weitergeleitet.

Flüsse ohne Wasser und Rohrleitungen sind längst nicht die einzigen Spuren der Wasserkraftnutzung. Wer die Karte studiert, um den Trampelpfaden des Tourismus auszuweichen und sich eine stille Nebenstrecke herauszusuchen, stößt auf eine Vielzahl kleiner Straßen, die sich im Gebirge verlieren. Eine solche Straße habe ich unlängst entdeckt, als ich per Fahrrad durch Norwegen radelte. Ich hatte mich gefragt, warum diese Piste überhaupt existierte. Zwar verbindet sie zwei Täler miteinander, doch es gibt auch eine zweite Strecke am Fjord entlang, die wesentlich schneller und einfacher zu befahren ist. Durch Gespräche mit Einheimischen erfuhr ich von Stauseen. Von einem kilometerlangen Bergtunnel war die Rede gewesen, und von einer Eisenbahn, die eigens für den Bau der Anlage konzipiert worden sei. Das hatte mich neugierig gemacht.

Ich bin wiedergekommen und sitze nun im Verwaltungstrakt der Aura-Werke von Sunndalsøra, 110 Autokilometer südöstlich von Kristiansund. Das Städtchen liegt am Ende des Sunndalsfjords, eingerahmt von drei bis zu 1850 Meter hohen Gebirgsketten. Die mittlere trennt zwei parallel verlaufende Täler, Sunndal und Litldal. Wer auf einer der zwei Fjorduferstraßen anreist und aus der Ferne dieses eindrucksvolle Panorama wahrnimmt, mag am Fjordende ein verträumtes Holzdörflein mit Bootshafen erwarten. Stattdessen teilen sich eine Aluminiumfabrik und ein Elektrizitätswerk einträchtig die besten Plätze am Fjord. Und auch das betongeprägte Zentrum von Sunndalsøra ist nicht gerade eine Augenweide. Aber die Lage zwischen den Bergen, diese traumhafte Lage …

Der Mensch, so scheint es, beherrscht die Natur: Fluß ohne Wasser

Mein Gesprächspartner ist Egil Grødal, zuständig für den Maschinenpark im Elektrizitätswerk. Als er merkt, daß es mir weniger um Kilowattstunden und den Durchmesser von Turbinen geht, kommt er langsam in Fahrt: »So, von der Eisenbahn hast du gehört? Die war wirklich eine Besonderheit im norwegischen Kraftwerksbau.« Er zeigt auf die vor uns ausgebreitete Karte: »Der Grund waren die 15 Kilometer Entfernung zwischen den Stauseen, oben im Gebirge, und dem Kraftwerk, unten am Fjord. Für das aufgestaute Wasser blieb nur ein Tunnel, der durchs Gebirge getrieben werden mußte. Man entschied sich für die Eisenbahn am Berghang, um die Arbeiter und das Material zu transportieren.«

Eine Eisenbahn im Gebirge? »Angefangen hat es 1910«, sagt Egil. »Damals wurde eine Aktiengesellschaft gegründet, die den Bau und Betrieb eines Wasserkraftwerkes finanzieren sollte: ›A/S Aura‹. Die Arbeiten begannen 1912, indem man vom Fjordkai aus Eisenbahnschienen in das Litldal verlegte, bis der Anstieg zu steil wurde.«

»Und wie hat man den Höhenunterschied zwischen Tal und Gebirge überwunden?«

»Erst wurde eine Seilbahn gebaut, später ein Bergaufzug, der außer den Menschen vor allem die schwere Ausrüstung nach oben brachte.«

»Was ist denn von der Eisenbahnstrecke übriggeblieben? Ist sie zugänglich?«

Egil schaut mich einen Moment geistesabwesend an, als sei er in Gedanken schon einen Schritt weiter. »Die Zufahrt ist durch eine Schranke gesperrt … Aber den Schlüssel haben wir.« Er macht eine Kunstpause. Dann präsentiert er das Bonbon des Tages: »Hast du Lust, sie zu besichtigen?« Er greift zum Telefonhörer: »Wir haben einen Lokalhistoriker hier im Ort. Falls er uns begleitet, könnte er dir eine Menge Details berichten. Kaare ist schon ein alter Mann, aber witzig und ein prächtiger Erzähler.«

Kaare Flaa hat Lust, uns zu begleiten. Aber erst will er frühstücken. Bis er eintrifft, unternehmen wir eine kurze Kraftwerksbesichtigung. Unterwegs frage ich Egil, ob das Kraftwerk wegen der Aluminiumfabrik gebaut wurde. »Eher umgekehrt«, lautet die Antwort. »1913 war eine Karbidfabrik in Sunndalsøra geplant. Nach dem Ausbruch des Kriegs geriet das englische Kapital jedoch in Schwierigkeiten und zog sich zurück. Auch die Bauarbeiten am Kraftwerk wurden eingeschränkt, liefen aber bis 1919 weiter. Erst nach dem Zweiten Weltkrieg übernahm endlich der Staat die Anlage. 1953 ging das Aura-Kraftwerk ans Netz. Das Aluminiumwerk entstand erst danach.«

Wir betreten die Maschinenhalle. Normalerweise geben solche Führungen wenig her, weil man zwar Turbinen und Generatoren sehen kann, aber leider nicht, wie sie arbeiten. Ich habe Glück: Eine der Turbinen wird repariert, so daß ich mir die Schaufeln aus der Nähe betrachten kann. Noch imposanter wirkt das überdimensionale Werkzeug, das an der Wand hängt. Wieviel Männer wohl solch einen Schraubenschlüssel drehen müssen? Egil führt mich zu einer Holztreppe, die über 3000 Stufen im Berg zum Verteilerbassin hinaufführt, von wo aus das Wasser durch ein Rohr in die Turbinen stürzt. »Wir haben hier sieben Turbinen, wodurch wir flexibel auf den Strombedarf reagieren können, zum Beispiel im Aluminiumwerk«, erklärt Egil. »Neuere Kraftwerke haben oft nur zwei, drei gigantische Turbinen, die ständig in Betrieb sind.«

Für das Erklimmen der Treppe hinauf bleibt leider keine Zeit. Draußen wartet schon Kaare Flaa.

Das schmale, von dramatisch steilen Felswänden eingefaßte Litldal ist nur auf den ersten Kilometern bewohnt. »In jedem Winter und Frühjahr gehen hier viele Lawinen nieder. Niemand würde es wagen, hier noch zu siedeln«, erklärt Egil.

Hinter dem letzten Hof wird die Fahrbahnstrecke löchrig. Das Fahrzeug stoppt. »Bis an diese Stelle pendelte die Bahn ab Sunndalsøra.« Er zeigt zur Rechten auf ein schmales Band, das sich zwischen den Bäumen nach oben zieht: »Dort verlief der Bergaufzug. Wenn du jetzt die Linie nach oben verfolgst, kannst du die Eisenbahntrasse sehen.« Tatsächlich, dort oben klebt ein Streifen am nackten Fels, als hätte ein Troll mit Hammer und Meißel eine waagrechte Kerbe in den Fels geritzt.

In engen Serpentinen geht es bergauf, danach folgt die Fahrspur einem See. Auf beiden Seiten rücken die Bergwände näher und näher. Das Litldal wirkt still und menschenverlassen, wären da nicht die Straße und die Stromleitungen. Immer wieder blicke ich nach oben, beobachte am Fels diese abenteuerliche, faszinierende Bahnstrecke.

Eins der attraktivsten Touristenziele Norwegens: Geirangerfjord, Blick auf den Südwestteil ▷

Begegnungen sind das »Salz in der Suppe« des Reisens. Norweger sind für ihre Gastfreundschaft bekannt

Das Talende ist erreicht: ein kleiner See, ein Gebäude der Aura-Werke, rechts und links davon zwei blanke Felsstürze, an denen ein paar traurige Wasserfäden hinunterlaufen. »Die beiden früheren Wasserfälle hat der Eigentümer 1907 für ungefähr 9000 Kronen verkauft. Zu dieser Zeit kamen in viele Landesteile Fremde, die den Bauern Wasserfälle abkaufen wollten. Was sie damit machen wollten, blieb meistens unklar. Aber die Bauern waren nicht auf den Kopf gefallen, sie konnten sich denken, daß ein größeres Interesse hinter den Kaufwünschen stand. Sie haben anständige Preise verlangt und häufig auch bekommen. Trotzdem haben sich die Spekulanten am Ende eine goldene Nase verdient: 250 000 Kronen mußte A/S Aura 1914 für die beiden Wasserfälle hinlegen.« Kaare lacht: »Das nennt man Wertsteigerung.«

Am See Holbuvatnet, von dem aus der Bergtunnel hinunter zum Kraftwerk führt, zweigt Egil rechts ab. Nach einer Schleife fahren wir Richtung Litldal zurück, nun aber bereits oben am Hang. Dann ist es soweit: Wir haben das Ziel unseres Ausflugs erreicht, die Eisenbahntrasse. Die Schienen sind verschwunden, doch vereinzelte Schwellen lugen noch aus dem Boden hervor. Der Weg ist nur wenig breiter als unser Pritschenwagen, auf den ersten Metern aber erstaunlich gut erhalten. Doch packender als alle Ingenieurleistungen ist der phantastische Ausblick auf die grandiose Gebirgswelt und besonders auf das tief unter uns liegende Litldal. Über Hunderte Meter fällt der Fels in die Tiefe. Mein

Stürzt tosend unter dem Fahrweg hindurch: malerischer Wasserfall im Litldal

Informationen: Sunndalsøra

[i] Sunndal Turistinformasjon, Sunndalsøra Samfunnshus, 6600 Sundalsøra, Tel. 71 59 25 52.

Beste Reisezeit: Ende April bis Oktober, im Gebirge Juli bis September.

Sehenswertes: Leikvin Kulturminnepark, 7,5 km östlich von Sunndalsøra, an der Straße 70. Restaurierter Bauernhof mit historischer Einrichtung, landwirtschaftlichen Geräten und Antiquitäten. Nur von Juni bis August geöffnet. In der Nähe ein **Rhododendrongarten** (blüht Ende Mai) und ein heidnisches **Gräberfeld,** mehr als 1000 Jahre alt. Wer das **Aura-Kraftwerk** besichtigen möchte, kann dies nur von Juni bis Mitte August, Anmeldung bei der Rezeption, Tel. 71 69 23 33.

Lohnender Abstecher: Das Grødal zieht sich vom Sunndal nördlich in eine weite, abgerundete Gebirgsregion hinauf. An malerischen Seen liegen **Vangshaugen Fjellstue** und **Alfheim,** zwei hübsche Holzbauten, die sich englische Adlige Ende des letzten Jahrhunderts errichten ließen. Anreise über die Straße 70: entweder Wanderung ab Grøadal, allerdings keine Rundwanderung möglich, oder ab Gjøra Nebenstraße hinauf nach Vangshaugen und Alfheim, zuletzt auf mautpflichtigem Weg bis ins Grødal.

Campingplätze mit Hütten: Trædal Turistsenter, Litldal, Tel. 71 69 13 01. **Furu Camping,** Furugrenda im Sunndal, Tel. 71 69 13 61. **Skogly Camping,** Grøa im Sunndal, Tel. 71 69 61 74.

Busverbindung: Sunndalsøra – Grøadal – Gjøra

Karten: Sunndal Turistinformasjon gibt eine **Turistkart** über das Gemeindegebiet heraus. Gute Darstellung und viele Infos.

Sitz auf der Beifahrerseite wird zum Logenplatz beim Tanz am Abgrund. Ohne Kaare wäre diese Reise nur halb so interessant, würden wir achtlos an vielen Spuren vorüberfahren. Dort haben ein paar hölzerne Stromleitungsmasten beinahe achtzig Wintern getrotzt, da verrottet der letzte Pfahl einer Seilbahn. »Wenn die Arbeiter sich ein neues Wegstück vornahmen, hingen sie an Seilen, während sie mit ihren Bohrern den Fels aufbrachen.«

Kniehohe Sträucher bedecken den Weg, der immer dürftiger wird. An einer Stelle quert ein Bach seinen Verlauf und haben sich kleine Wasseradern in den Kies gegraben. Egil stoppt. Auf einem kleinen Plateau unter uns ist das Fundament eines größeren Gebäudes auszumachen. »Das war eine Baracke für die Arbeiter«, erinnert sich Kaare. »Die hat man gebaut, weil man von hier aus einen Eingangsschacht in den Berg legte. Insgesamt hat man dreizehn solcher Schächte in den Fels getrieben. Die Baracke hat später eine Schneelawine zerstört.«

Die holprige Fahrt dauert gut eineinhalb Stunden. Dann erreichen wir das Ende der Strecke. Beeindruckt blicke ich auf die Trasse des Bergaufzugs. »Ein Kilometer war der Aufzug lang, und der Höhenunterschied betrug 620 Meter«, sagt Kaare. 62 Prozent Steigung! »Man hat einen Schienenstrang mit zwei Meter Spurweite verlegt. Darauf pendelten zwei Eisenkonstruktionen, die jeweils eine ebene Plattform trugen. In die Plattformen waren im Winkel von 45 Grad je zwei Gleispaare eingelassen. Dadurch konnte man in der Talstation Güterwaggons auf eine Plattform ziehen, die oben wiederum direkt an die Lokomotive gekoppelt wurden. So hatte man übrigens auch die Lokomotiven zuvor nach oben gebracht. Diese beiden Aufzugswagen hingen an einem schweren Zugkabel, das über eine spezielle Konstruktion oben mit Hilfe eines Elektromotors reguliert wurde. Der Wagen, der talabwärts fuhr, hat den anderen dadurch nach oben gezogen. In der Mitte der Strecke war die Bahn in zwei Schienenstränge geteilt, so daß die beiden Wagen aneinander vorbei rangieren konnten.«

Kaare ist jetzt in seinem Element: »Man hat auch versucht, Lasten mit Hilfe einer Lokomotive nach oben zu ziehen. Zum Glück war die Befestigung stabil genug, so daß sie nicht abstürzte. Dafür ist sie später samt dem Schuppen von einer Schneelawine zerstört worden.«

Respekt. In gerade drei Jahren, von 1913 bis 1916, stellten die Menschen hier die 13 Kilometer lange Eisenbahnstrecke bis zum Osvatn fertig. Dort sollte dann der große Staudamm entstehen. Vorher hatten sie bereits Seilbahnen zu den Einstiegsschächten taleinwärts gebaut, und natürlich die Eisenbahnstrecke vom Fjord zur Talstation.

Um 1914, als die Finanzierung noch keine Probleme bereitete, waren hier bis zu 2500 Menschen im Einsatz. »Die Arbeiter lebten in engen Baracken, und da kam es öfters zu Streit, Alkoholexzessen, Krankheiten, anderen Problemen. Der Alltag war hart genug. Eine Schicht dauerte zehn Stunden, dazwischen anderthalb Stunden Pause; samstags arbeitete man sechs Stunden. Bevor Bergaufzug und Seilbahnen fertig waren, mußten sie das Material auf dem Rücken nach oben schleppen. Und 1919 wurde die Arbeit eingestellt; zunächst schien alles umsonst gewesen zu sein.«

Die Rückfahrt steht bevor. Ich frage Egil, ob wir wohl die ersten sind, die in diesem Jahr auf dem historischen Pfad wandeln. »Das glaube ich nicht«, entgegnet er. »Ab und zu fahren Werksangestellte die Strecke ab, um nach dem rechten zu sehen, ob zum Beispiel die Pforten der Einstiegsschächte verriegelt sind. Außerdem findet seit einigen Jahren jeden Juli ein ›Fjellmarsch‹ über die Trasse statt. Die Wanderer werden in Bussen zum Holbuvatnet gefahren und laufen bis zur Gipfelstation des Bergaufzugs, bevor sie den steilen Steig hinunter nehmen, genau den, auf dem man damals das Material nach oben schaffte. Der Abstieg geht schwer in die Knochen, aber es macht immer wieder einen Riesenspaß. Dieses Jahr hatten wir mehr als 200 Teilnehmer. Was meinst du dazu? Das nächste Mal besuchst du uns im Juli.« Abgemacht...

Fjordfähren: mehr als nur ein Transportmittel

Das breite Schiff schiebt sich geschickt an den Anleger. Die überdimensionalen Reifen, zum Schutz an die Kaimauer gehängt, werden nicht einmal berührt. Routine. Die Bugklappe hebt sich, ein sanfter Ruck geht durch das Schiff – die Autofähre hat ihr Ziel erreicht. Der Fahrsteg schwebt nach unten, die Schranke öffnet sich, und schon sind die ersten Fußgänger an Land. Die Fahrzeuge rollen vom Autodeck. Danach vollzieht sich die Prozedur in umgekehrter Richtung. Während die neuen norwegischen Fahrgäste ungerührt im Auto sitzenbleiben oder sich im Salon tummeln, erobern Touristen die besten Aussichtspunkte für die bevorstehende Überfahrt.

Wer durch Norwegens Küstenregionen reist, kennt diese Szenen. Das zerrissene Fjordland erfordert den Einsatz von Fähren, die die oft kilometerbreiten Wasserstraßen überbrücken. Hier und da legt das Schiff noch einen kurzen Zwischenstopp ein, wo abgelegene Siedlungen mit Post und Tageszeitungen versorgt werden. Für Touristen sind diese Passagen kleine Höhepunkte. Fjorde sind Norwegens magische Anziehungspunkte. Zudem bieten die Überfahrten prächtige Gelegenheit, Erfahrungen auszutauschen und mit Einheimischen ins Plaudern zu kommen. Nicht selten kommt es vor, daß ein Besatzungsmitglied den Insassen eines vorbeifahrenden Bootes das Neueste vom Tag zubrüllt. Inlandfähren sind eben mehr als nur ein Transportmittel.

Der Ablauf ist eingespielt: An den stark befahrenen Routen empfängt ein Kassierer den Neuankömmling und weist ihn in die numerierte Wartespur ein. Gezahlt wird direkt vor der Auffahrt oder an Bord. Bei Fähren, deren Überfahrt eine halbe Stunde oder länger dauert, ist ein bedienter Kiosk an Bord. Bei kleineren Fähren findet man häufig frühmorgens Thermoskannen mit Kaffee und Plunderstückchen vor. Den Obolus entrichtet der Gast in einen Kaffeebecher. Solch nette Gesten sind aber nicht immer selbstverständlich, zumal zunehmend Getränkeautomaten menschliche Handgriffe einsparen. In der Hochsaison sind auf populären Strecken, wie der durch den Geirangerfjord, längere Wartezeiten nicht auszuschließen. Das gilt ebenso für weniger frequentierte Routen, auf denen nur drei bis vier Abfahrten am Tag möglich sind. Im Einzugsgebiet von Großstädten kommt es am Freitag- und Sonntagabend zu Engpässen, wenn Wochenend-Ausflügler die Wartespuren bevölkern.

Neben den Autofähren versehen auch Schnellboote den Passagierservice. Diese Personenfähren verbinden die großen Städte miteinander, laufen aber auch einsame, auf dem Landweg unzugängliche Siedlungen an. In den letzten Jahren haben Brücken und Tunnels den Fähren Konkurrenz gemacht. Wer zum Beispiel die fünf großen Inseln der Lofoten besucht, muß keine Fähre mehr in Anspruch nehmen. Zum einen soll dadurch der (Schwerlast-)Verkehr beschleunigt werden, zum anderen verspricht sich der Staat, der den Betrieb der Fährlinie mit Millionenbeträgen subventioniert, eine finanzielle Entlastung. Die neuen Bauwerke werden in der Regel durch Benutzungsgebühren refinanziert. Allerdings sind diese Projekte dermaßen teuer, daß einige spektakuläre Vorhaben seit Jahren in der Planung feststecken: so der 1,4 km lange Röhrentunnel durch den Høgsfjord, nahe Stavanger, der in der Fjordmitte 30 Meter unter der Wasseroberfläche verlaufen soll. Die Informationsbroschüre für die Öffentlichkeit schweigt sich wohlweislich über die Kosten aus.

Als plakatives Negativbeispiel gilt das 1987 von König Olav V. freigegebene Brücken- und Tunnelprojekt, das die Stadt Ålesund mit vier ihrer Nachbarinseln verbindet. Primäres Ziel war die flotte Verbindung zwischen Ålesund und dem Flugplatz auf Vigra gewesen. Auch die Bewohner der betroffenen Inseln hatten sich auf die Eröffnung gefreut. Nach dem Freudensekt kehrte aber rasch Ernüchterung ein, denn die Strecke wird weit weniger genutzt als erwartet. Statt den 15 Jahren, die man ursprünglich zur Kostendeckung durch Mautgebühren veranschlagte, werden es wohl mehr als 25 Jahre sein. Da auch das reiche Norwegen inzwischen jede Krone mehrmals umdrehen muß, bevor sie ausgegeben wird, scheint die Zukunft der guten, alten Fjordfähre auf unabsehbare Zeit gesichert.

Bootsfahrt durch den schmalsten Fjord Europas – Nærøy und Aurlandsfjord

»Wenn ich es dunkel haben will, muß ich doch nicht in Norwegen durch einen Tunnel fahren, da laß ich lieber daheim die Jalousien runter!« schmollte die ältere Dame. Erfolglos versucht die Reiseleiterin, die bevorstehende Fahrt durch den Gudvangen-Tunnel, Nordeuropas längsten Straßentunnel, anzupreisen. Die resolute Dame ergreift noch einmal das Wort:

»Glauben Sie etwa, daß ich Sie, wenn Sie mich in Hamburg besuchen würden, statt zu einer Hafenrundfahrt in den Elbtunnel einladen würde...?!« Gelächter. Zustimmung. Nach kurzer Abstimmung werden Schiffskarten für die Fahrt auf dem Nærøyfjord gekauft. Die alte Schiffsverbindung hat dem brandneuen, gut 11 Kilometer langen Tunnel den Rang abgelaufen.

Auf der Fähre herrscht babylonisches Sprachengewirr. Obwohl die Zahl der mitreisenden Japaner, größtenteils mit Norwegerpullover und -mützen bekleidet, weit höher ist, geben Amerikaner lautstark den Ton an. Der junge Mann mit umgehängtem Fahrkartenautomat nennt den Fahrpreis grundsätzlich nur englisch, ein zusteigender Norweger dankt lächelnd in der gleichen Sprache.

Ohne Ruck löst sich die Fähre vom Anleger in Gudvangen und gleitet in den Nærøyfjord hinein. Immer enger werden die steil aufragenden Felswände, bis ganz unten strahlt die Sonne nur zu bestimmten Tageszeiten. Eine steife Brise läßt eisige Regentropfen auf Gesichter klatschen. Möwen segeln bewegungslos im Gegenwind. Dicht halten sie sich am Schiff, um die hochgeworfenen Keksstücke der letzten noch auf Deck verbliebenen Fahrgäste zu erhaschen. Drinnen, in der Cafeteria, wird die Schlange an der Espressobar immer länger. Enger und enger scheinen jetzt die Felswände zusammenzurücken. Kaum ein Baum findet auf dem nackten Gestein Halt. Nur gelegentlich finden sich, wo die Natur eine Nische für spärliches Wachstum ließ, Spuren menschlicher Siedlungen, wie in Styvi, wo ein Gehöft als Museum zugänglich gemacht wurde.

Die engste Stelle des Nærøyfjords, und damit,

Das wird fürs Abendessen reichen: Boote bringen Petrijünger in die Fischgewässer der zerklüfteten Küstenregion

Autofähre im Naerøyfjord, dem schmalsten Fjord Europas

laut Aussage des Kapitäns, die schmalste Fjordpassage Europas überhaupt, ist passiert. Der Fjord weitet sich und gibt den Blick auf verschneite Berggipfel frei. Ein Stopp in Dyrdal, dann ist die Gabelung dreier Fjorde erreicht: nach Norden verläuft der Sognefjord und nach Südosten der Aurlandsfjord. Für ein paar Augenblicke werden die Maschinen gestoppt. Aus dem Dunst löst sich die Kontur eines schnell näherkommenden Katamarans. Eine Gangway wird auf die Fähre geschoben, und über Lautsprecher werden die Passagiere Richtung Bergen zum Umsteigen aufgefordert. Rasant braust der Katamaran davon, während die Fähre gemächlich in den breiteren Aurlandsfjord einschwenkt.

Vor Undredal, wo die Felswände zurückweichen, sind hoch oben über dem Fjord ein paar Almhäuser auszumachen, die nur über einen beschwerlichen Bergpfad vom Anleger aus zu erreichen sind. Wer dorthin möchte, muß in Undredal aussteigen und die wenigen Kilometer zu Fuß zurücklegen. Man sagt den Bergbauern nach, daß sie in alter Zeit eine der kleinen Brücken hochziehen ließen, sobald der Steuereintreiber nahte…

Für den kleinen Ort Undredal bedeutete das Schiff noch bis vor kurzem die einzige Verbindung zur Außenwelt. Dementsprechend abgeschlossen und auf sich gestellt lebten die Dörfler. Das hat sich geändert. Das vergessene Dorf wurde zum Touristenziel, als im Gefolge eines Tunnelbaus auch eine Straße nach Undredal kam. Das kleine weiße Kirchlein hier ist ursprünglich als Stabkirche errichtet, später aber völlig umgebaut worden. Mit einer Breite von nur dreieinhalb Metern gilt es als kleinstes noch regelmäßig benutztes Pfarrkirchlein Norwegens.

»Früher begann der Gottesdienst hier meistens mit starker Verspätung«, erklärt eine junge Einwohnerin, die froh ist, bei der Touristenbetreuung Arbeit gefunden zu haben. »Sie haben vom Schiff aus sicher die Einödgehöfte in etwa 400 Meter Höhe gesehen? Dort lebten die wohlhabenden Bauern, die ihre Kinder mit langen Seilen festbanden, damit sie beim Spielen nicht in die Tiefe rollten. Die Bauern hatten ihre Bänke ganz vorn in der Kirche. Bevor sie nicht eingetroffen waren,

Aus der Perspektive des Adlers: der Naerøyfjord ▷

begann der Gottesdienst nicht.« Und das geschah häufiger, wenn schlechtes Wetter die Ruderfahrt über den Fjord zu einem unerwarteten Abenteuer machte.

Undredal lebt heute von seinen Ziegen und der Kirche. Der »ekte Undredalsgeitost«, der echte Ziegenkäse aus Undredal, genießt einen besonders guten Ruf und wird noch heute hier produziert und verkauft, auch wenn seine wirtschaftliche Bedeutung seit zwei Jahren nachgelassen hat. Jetzt verdient man mehr an den Touristenscharen, die die Kirche sehen wollen. Der kleine Tante-Emma-Laden nahe der Anlegestelle hat sich als einer der letzten dieser typischen Dorfläden erhalten. Man ist stolz, »von der Nähnadel bis zum Traktor« so gut wie alles anbieten zu können. Ich verlange ein Stück Undredals-Käse. Die Verkäuferin ist überrascht. Von Ausländern würde dieser Wunsch selten geäußert, sagt sie, während nicht wenige Osloer extra den weiten Weg hier heraus suchten, um die Delikatesse beim Produzenten zu kaufen. Man bittet mich aus dem Laden heraus in ein angrenzendes Holzhäuschen. Hier wird nur Ziegenkäse gelagert. Ein dunkelbrauner, würfelförmiger Laib wird abgewogen und in Einkilostücke zerschnitten. Runde vierzig Mark kostet jedes! Ich bitte um eine Kostprobe und ziehe meinen Käsehobel aus der Tasche. Die gute samische Arbeit mit dem Griff aus Rentiergeweih beeindruckt die Verkäuferin (hat doch eine Umfrage unter Norwegern ergeben, daß neben der Hardangerfiedel gerade der Käsehobel als urtypisch norwegisch angesehen wird). Obwohl die abgehobelte Scheibe nur hauchdünn ist, vermittelt sie intensives, charakteristisches und doch schwer zu umschreibendes Geschmackserlebnis. Es erinnert stark an Ziege und etwas an Karamell. Man sieht, mit welcher Hochachtung die junge Frau ihren Käse behandelt. Erst kommt eine Frischhaltefolie, dann ein Bogen Butterbrotpapier und schließlich ein kräftiges, ölfestes Papier, das mit dem Originalitätsaufkleber verschlossen wird.

Das Leben ist geruhsam in Undredal. Im Ortskern sitzen ein paar Senioren neben Vesperkörben und Thermoskannen auf einer Wiese. Ein Schild lädt zum Verweilen ein. Ich aber warte auf die nächste Fähre. Sicherheitshalber hatte man meinen Anlegewunsch telefonisch an Bord gemeldet, Stopps erfolgen auf vielen Routen oft nur nach Absprache.

Nach kurzer Schiffahrt weitet sich der Fjord. Vorbei geht es an Aurlandsvangen und dem Museumsdörfchen Otternes. Dann ist das Fjordende erreicht. Dem Gruß des Schiffshorns antwortet der Pfiff einer Lokomotive. Die roten E-Loks der hier beginnenden »Flåmbahn« warten bereits am Kai.

Informationen: Fährfahrt

[i] Sogn og Fjordane Reiselivsråd, Postboks 299, N-5801 Sogndal, Tel.: 57 67 23 00, Fax: 57 67 28 06. Informationsmaterial und Fahrpläne auf Anfrage: Aurland Reiselivsråd, N-5745 Aurland, Tel.: 57 63 33 13, Fax.: 57 63 32 80, sowie am Bahnhof in Flåm.

Beste Reisezeit: Die Fähren wie auch die »Flåmbahn« verkehren ganzjährig, wenn auch im Winter stark eingeschränkt. Dank der neuen Tunnel sind Europastraße 6/Riksveg 50 ganzjährig befahrbar.

Lohnende Abstecher: Ein Tagesausflug nach Undredal sowie die Wanderungen zu den Bergbauernhöfen Stigen und Nedberge. Weitere gute Informationen dazu bekommt man im Laden (»Underdalsbui«).
Von Gudvangen aus sind es nur wenige Kilometer nach Stalheim. Die Serpentinen hinauf gelten als Norwegens steilste Straße!

Fähre/Bus: Informationen und Fahrpläne sind am Bahnhof in Flåm oder in den genannten Informationsbüros erhältlich. Aktuelle Fahrplan-Infos (nur auf norwegisch, tags und nachts): Tel.: 55 23 04 00.

Auf dem Pfad der Könige: »Kongevegen«

Große Aufregeung im Lærdal: Der König ist eingeklemmt! Für eine enge Schlucht am Wasserfall Sjurhaugfossen war des Königs Olav Umfang zu groß. Wir schreiben das Jahr 1023. Wie der Potentat aus seiner mißlichen Lage schließlich befreit wurde, überliefert die Sage leider nicht. Sicher ist hingegen, daß es gelang, denn das Schicksal Olavs wurde erst später in der berühmten Schlacht von Stiklestad besiegelt. So ist er also nicht als Olav der Dicke, sondern als Olav der Heilige in die Geschichte eingegangen. Die Stelle aber, an der er festsaß, heißt noch heute »Olavsklemma«, Olavs-Klemme. Sie liegt im Verlauf einer der ältesten Ost-West-Verbindungen Norwegens.

Hier im Lærdal läßt sich die Geschichte des norwegischen Wegebaus wie an nur wenigen anderen Orten zurückverfolgen. Neben der jetzt breiten Schnellstraße sind auch Reste der bis vor wenigen Jahren üblichen schmalen Straßen aus der Anfangszeit des Automobilverkehrs, aber auch Gespann- und alte Postwege bis hin zu 1000 Jahre alten Gebirgspfaden erhalten. Der erste Fahrweg zwischen Ost und West wurde bereits 1792 durch die Ingenieure und Offiziere Hammer und Jürgensen befestigt. Die heutige Wanderung führt aber auch zur Begegnung mit noch 600 Jahre älteren Pfaden. Der Begründer des ersten geeinten norwegischen Reiches, Harald Hårfagre, war hier ebenso durchgeritten wie später König Olav.

Selbstverständlich nicht der Könige wegen wurde dieses aufwendige Wegenetz angelegt. Es diente dem Handel, der von weit her das zur Konservierung benötigte Salz heranschaffte. Eisenerz und Felle wurden in entgegengesetzter Richtung transportiert. Im Auto auf der heutigen Europastraße ahnt man von all dem nichts. Darum erkunden wir ein Stück des Weges zu Fuß.

In der Nähe des prächtigen »Hotels Husum« erinnert ein Gedenkstein an den Niederländer Beduin, der 1901 als erster Automobiltourist Norwegens in das Lærdal reiste. Hier beginnt der sogenannte Vindhella-Weg, doch diesen Höhepunkt der Tour sparen wir uns für den Abschluß auf. Parallel zur Europastraße geht es am »Husum Hotel« vorbei. Dort, wo die vielbefahrene Straße auf die andere Seite des Flusses Lærdalselva kreuzt, folgt man dem »Kongevegen« von 1793. An dem tief in den Fels eingeschnittenen Wasserfall Sjurhaugsfossen verengt sich der Weg zur Olavsklemma. Einige Meter weiter stehen Reste der 1843 erbauten »Steine bru«, einer Steinbrücke, die die Straße damals auf die Gegenseite des Flusses führte. Doch schon

Kleinod am Rande des Pfades: Borgund, Norwegens schönste Stabkirche

1860 zerstörte eine gewaltige Schneeschmelze den Bau. Für drei Jahre mußte wieder der alte, noch heute benutzbare Kongevegen begangen werden. Obwohl er weitgehend zugewachsen ist, ist die Wanderung auf ihm kaum anstrengend. Hinter einem kleinen Wasserfall erreicht man über eine einfache Holzbrücke die Häuschen von Galdane. Das alte Wort »Gald« beschrieb Holzbohlen, die über nacktes Gestein gelegt wurden. Die Alm Galdane ernährte bis 1947 zeitweise bis zu 7 Bergbauern mit 12 Kindern, 14 Schafen, 10 Ziegen und fünf Kühen. Heute verteidigen hier nur noch Lemminge ihr Revier. Der weitere Weg zwängt sich zwischen das Ufer des Flusses und die senkrecht ansteigenden Felswände. Dann weitet sich das Tal, schafft Platz für ein Häuschen und einige Weiden, auf denen schwarze Schafe grasen. Ein Hund kläfft. Der Bauer kommt aus der Haustür, winkt uns freundlich zu, beordert den Hund zu sich und zieht an dem hohen Flaggenmast neben seiner Hütte die norwegische Fahne auf.

Nach einem Abstieg durch dichten Kiefernwald erreicht man wieder die Europastraße. Statt der eingestürzten »Steine bru« wählen wir jetzt die Brücke am Sjurhaugen-Wasserfall und wandern von hier ab auf dem Kongevegen zurück.

Der Rückweg führt über den ältesten Pfad dieses historischen Rundkurses: Nach Sverre Sigurdson aus Trondheim wurde der »Sverrestigen« benannt. Sverre war 1177 durch das Lærdal gezogen, als Anführer der »Birkebeiner«, Aufständischer gegen den dänisch-kirchlichen Einfluß in Norwegen. Sie trugen um die Beine gewikkelte Birkenrinde, daher ihr Name. Von 1177 bis 1202 war Sigurdson norwegischer König.

Ab 1792 ersetzte der nun auch befahrbare Vindhella-Weg die alte Route. Zur Instandhaltung des Wegesystems waren seit langem die Bauern des Tales verantwortlich. Magnus Lagabøters Landrecht bestätigte 1274 diese Pflichten und schrieb für die Wege eine Breite von etwa drei Metern vor. Der dafür notwendige Aufwand an Material, Arbeitskraft und -zeit wurde zum Beispiel noch bis 1801 durch die Freistellung der Borgunder vom Militärdienst und Halbierung ihrer Steuerpflicht honoriert. Heute ist der Erhalt dieses historischen Wegenetzes dem staatlichen »Wegewesen« und der Freiwilligengesellschaft »Vindhellas Freunde« zu verdanken.

Informationen: Alte Wege im Lærdal

[i] Sogn og Fjordane Reiselivsråd, Postboks 299, N-5801 Sogndal, Tel.: 57 67 23 00, Fax: 57 67 28 06. Spezielle und aktuelle Auskünfte: Lærdal och Borgund Reiselivslag, N-5890 Lærdal, Tel.: 57 66 62 22, Fax: 57 66 67 93.

Sehenswürdigkeiten: Am Weg stehen ausführliche Informationstafeln zu den einzelnen Sehenswürdigkeiten (norwegisch – englisch – deutsch). Unbedingt auch von innen sehenswert ist die Stabkirche von Borgund. Führungen auch auf deutsch, selbst wenn es nur für einen einzigen Zuhörer sein sollte. Achtung: In der Kirche (wie in allen Stabkirchen) Fotografierverbot, und für Fotos mit Stativ wird auch außerhalb eine hohe Gebühr verlangt.

Lohnende Abstecher: Wenige Kilometer gen Westen an der Öffnung des Lærdals zum Sognefjord liegt der denkmalgeschützte Ort Lærdalsøyri mit 161 erhaltenen Gebäuden aus dem 17. und 18. Jahrhundert.
Von Erdal bei Lærdalsøyri schmale Paßstraße nach Aurland (grandioser Fjordblick!) und weiter zur »Flåmbahn«.

Unterkunft: Herrlich gelegen, gemütlich, gute Kontakte besonders zu Einheimischen: »Husum Hotel«, N-5897 Steinklepp, Tel.: 57 66 81 48. Saison: etwa 15. 5. bis 15. 9.

Karten: Die Touristeninformation Lærdal (Adresse s. oben) verschickt auf Anfrage eine Kartenkopie mit den eingezeichneten alten Straßen und hat weiteres Informationsmaterial (zumeist auch auf deutsch) parat.

Faszination aus Kälte und Kargheit ▷

Land der Stille – im Hochland

Gebirgswanderung in der Hardangervidda

Kaum waren wir eine Viertelstunde unterwegs, hatte sie uns schon wieder, diese seltsame Landschaft mit ihrer ganz eigenen Prägung: große und kleinere Granitbrocken, schwarz und grau in verschiedenen Abstufungen, manchmal gleißend und glitzernd, überzogen von den grünen bis gelbgrünen Flecken der Landkartenflechte. Da und dort ein plätschernder, gurgelnder Bach, der über eine moosbewachsene, ausgewaschene Felsplatte rinnt. Senken mit Kriechweidengebüsch und Zwergbirkenteppich; weiter hinten ein schwarzer, schroff aufragender Fels mit weißen Schneeflächen, die in der Sonne blendend aufleuchten – und der Blick kann in die Weite wandern, ohne klar umrissene Grenzen zu finden. Eine unglaubliche Stille umfängt uns, wie wir sie lange nicht mehr »gehört« haben. Sie wird noch verstärkt, als ein einzelner Vogellaut sie durchdringt – jener klagend-melancholische, heisere Doppellaut des Goldregenpfeifers. Dort hinten sitzt er, wenige hundert Meter vor uns, auf einem mannshohen Granitquader – »fjellvandrerens venn«, der »Freund des Bergwanderers«. Wir bleiben stehen, stützen die Rucksäcke auf einem Stein ab und atmen tief durch.

Wieder einmal waren wir in der Hardangervidda – jener weitgehend menschenleeren, baumlosen Hochebene. Wer sie zum ersten Mal betritt, mag sie zunächst für öde und leblos halten. Erst allmählich erschließt sie sich dem Wanderer, seinen Augen, seinen Ohren und anderen Sinnen. Das Vogelleben ist interessant und vielfältig. Im Sommer blühen hier unzählige Bergblumen, außerdem lebt hier der größte Bestand wilder Rentiere – und zu alledem stößt man auch auf uralte Kulturspuren. Diese Landschaft war zwar – bis auf die Ränder – nie permanent besiedelt, doch sie zog Menschen an:

Rentierjäger kamen schon vor mehr als 8000 Jahren. Das beweisen Steinzeitfunde. (Beipiele kann man in der Halne Fjellstue ansehen, z. B.

Wer jagt hier wen? Falkenraubmöwe als Fotostar

eine durchsichtige Pfeilspitze aus Bergkristall.) Vom Rentier gewannen die Jäger damals fast alles, was sie zum Leben brauchten: Fleisch, Knochen, Horn und Sehnen. Feste Fangeinrichtungen gab es noch nicht. Die wurden erst in der Eisenzeit, besonders in der Wikingerzeit ab 800 n. Chr. eingeführt: z. B. Fallgruben, deren Überbleibsel heute noch hier und da zu sehen sind. Fanghütten für das Einfangen von Jagdfalken, von denen ebenfalls noch Reste existieren (z. B. in der Nähe der Bjoreidalshütte), stammen aus der Zeit vom Mittelalter bis ins 18. Jahrhundert.

Unsere Wanderung begann in Ustaoset, der kleinen Bahnstation der »Bergenbahn«. Der norwegische Wanderverein DNT (Den Norske Turistforening) hat die Hardangervidda – wie auch andere schöne Landschaften Norwegens – mit einem Netz von Wanderwegen überzogen und etliche Wanderhütten eingerichtet.

Heutige Steintürme, die als Wegmarkierung dienen, müssen jedoch keineswegs immer auf den DNT zurückgehen. Manchmal sind sie Jahrhunderte alt – seit langem ist es unter den Reisenden Brauch, einen neuen Stein obenauf zu legen und damit am Turm weiterzubauen. Mindestens seit dem Mittelalter führen mehrere Verkehrsadern durch die Hardangervidda, die sogenannten »sleper«. Noch heute kennt man etliche mit Namen: Nordre, Store und Søndre Nordmannsslepa z. B. (Nördlicher, Großer, Südlicher Nordmannspfad) oder Hardingsslepa und Mælandsvegen.

Vom 17. bis ins 20. Jahrhundert hinein war hier lebhafter Verkehr – oft im Zusammenhang mit den Silbergruben in und um Kongsberg. Beispielsweise wurde der Talg, der in den Gruben zur Beleuchtung benutzt wurde, mit Pferden von der Westküste herantransportiert; gut 1600 Kilo waren es im Jahre 1744 innerhalb von zwei Monaten. Einer der ältesten Pfade – der Nordre Nordmannsslep – führte von Tveit im Simadal über Istjørn und Smytte bis Halne (der Ortsname bedeutet: auf halbem Wege zwischen Eidfjord und Hallingdal), dann weiter über Monsbuhei zum Skurdal und nach Geilo.

Für den heutigen Wanderer gibt es Übersichtskarten und Wegbeschreibungen mit Zeitangaben. Allerdings beziehen sie sich offensichtlich auf sportlich Durchtrainierte mit leichtem Gepäck. Ein Tip: Die doppelte Zeit zu rechnen ist realistischer. Dann hat man mehr Ruhe, erlebt die Landschaft und ihre Lebewesen intensiver und hat mehr Zeit zum Fotografieren.

Drei Stunden dauerte nach den Angaben die erste Etappe bis Tuvaseter. Am Anfang der Wanderung sind nur kurze Tagesstrecken vorgesehen. Erst bei den letzten vier Etappen müssen längere

Der Zauber der Hardangervidda: Erst allmählich erschließt sie sich dem Wanderer, seinen Augen, seinen Ohren und anderen Sinnen

Strecken überwunden werden. Mit der geplanten Route wird die Hardangervidda grob in Nord-Süd-Richtung durchquert: von der nördlich angrenzenden Straßenverbindung Oslo – Bergen (Riksvei 7) aus bis zur südlich angrenzenden Verbindung Kongsberg – Haugesund. Haukeliseter an der Reichsstraße 11 ist das Ziel.

Gegenüber Wanderungen zum Beispiel in Südeuropa haben Touren in der Hardangervidda einen großen Vorzug: Trinkwasser ist kein Problem – überall findet man einen klaren Bach oder einen See. Man kann das Wasser auf jeden Fall zum Kochen verwenden, in der Regel aber auch so trinken – wer besonders vorsichtig ist, fügt Entkeimungstabletten hinzu.

Schnee-Enzian, die winzige Schönheit in der Weite der Vidda

»Gangandi greidi« – Wegzehrung und Lagerstätten

Vor Jahrhunderten war es im Norden auf den Pfaden Brauch, dem Reisenden eine Notnahrung zu hinterlassen: auf einem größeren Stein, der als Rastplatz diente, bedeckt zum Schutz mit kleineren Steinen. »Gangandi greidi« nannte man das – »die umhergehende Bewirtung«, oder »die wandelnde Wegzehrung«. Denselben Ausdruck verwendete der nordische Übersetzer der Parzivalgeschichte aus dem Französischen für den Gral (im 13. Jh.) – »geistige Wegzehrung« sozusagen.

Deutlicher faßbar sind für uns heute die Spuren alter Lagerstätten in der Hardangervidda – einfache Steinhütten, kalt und ungemütlich, die aber doch etwas Schutz vor Wind und Regen bieten. Reste, die man am Stor Nordmannsslep noch heute vorfindet, sind z. B.: Sandbulægret, Ulvelilægret, Tormodflottlægret, Holmtjørnlægret. Ulvelilægret wurde Ende der siebziger Jahre von einem der Wandervereine restauriert und dient heute als Selbstbedienungshütte (man braucht den DNT-Standardschlüssel).

Mit Kälteeinbrüchen, Regen oder Gewitter sollte man allerdings immer rechnen. Wetterfeste Kleidung ist erforderlich, und allein sollte man die Bergwanderung auf keinen Fall unternehmen. Ein ungeschriebenes Gesetz besagt, daß man aus Sicherheitsgründen an der jeweils letzten Übernachtungsstelle Bescheid sagen soll, was man vorhat und bis wohin die nächste Etappe geplant ist. Man kann notfalls gesucht und gerettet werden... Ein beruhigendes Gefühl.

Am Ende unserer Wanderung waren wir wieder einmal gefüllt mit Erlebnissen – im großen wie im kleinen. Kein Tag war ohne Besonderheit vergangen, wenn es auch manchmal nur Winzigkeiten und Stimmungen waren. An zwei spannende »Jagderlebnisse« mit der Kamera erinnere ich mich gern. Zum Beispiel, als das Moorschneehuhn aufflog – eine Henne –, die uns dadurch ungewollt auf ihr Nest aufmerksam machte. Nur Momente später konnten wir, hinter einem Stein versteckt, mit den Ferngläsern ausmachen, an welchen Platz sie zurückkehrte und wo sie sich wieder auf die Eier setzte. An einem anderen Tag entdeckten wir auf einer kleinen Bergmatte eine der schönsten Pflanzen dieser Gebirge: den leuchtend blauen, winzig kleinen Schnee-Enzian. Man muß sich bücken, um ihn zu entdecken, und hinknien oder -legen, um Bilder von ihm zu machen.

Darin scheint mir überhaupt das Besondere der Vidda-Wanderung zu liegen: Man muß das Große und das Kleine verbinden. Da schaut man in die Weite und ist überwältigt von der urtümlichen Landschaft, ein anderes Mal entdeckt man eine der kleinen Schönheiten auf dem kargen Boden. Das Auge muß ständig die Perspektive wechseln.

Hatte uns am Anfang unserer Wanderung der »Freund des Bergwanderers«, der Goldregenpfeifer, begrüßt, so verabschiedete uns nun der Kolkrabe: Sein quorrender, von den Felswänden widerhallender Ruf, ist Bestandteil dieser großartigen skandinavischen Bergwelt.

Informationen: zu Fuß in der Vidda

[i] **Den Norske Turistforening (DNT),** Stortingsgt. 28, Postboks 1963 Vika, N-0125 Oslo; Tel. (0047) 22 83 25 50.

Hier erhält man nähere Auskünfte für geplante Wanderungen und Antworten auf die Frage: »Welche Wandermöglichkeiten gibt es in einem bestimmten Gebiet?« Man sollte in Erwägung ziehen, Mitglied zu werden (auch für Ausländer möglich). Für Mitglieder gibt es Sonderpreise (selbst bei der Verpflegung), außerdem wird ihnen bei Quartierknappheit Vorrang gegeben.

Zwei **Buchtips** – beide Bücher allerdings in Norwegisch:

»Til fots på Hardangervidda og tilgrensende fjellområder« (Zu Fuß in der Hardangervidda und angrenzenden Gebirgsgegenden), Hrsg. Per Hohle, Gyldendal Norsk Forlag, Oslo 1970 (bzw. neuere Auflage).

»Fjell« und »Vidda«

Das norwegische Wort »fjell« kann man nicht immer einfach mit »Gebirge« übersetzen – der Norweger verknüpft damit eine ganz bestimmte Vorstellung von kahlen Flächen über der Baumgrenze (manchmal genauer als høyfjell, Hochgebirge, bezeichnet).

Noch umfassender ist »Vidda« (gesprochen »widda«) – es bezeichnet eine baumlose Hochebene, die vor allem mit Flechten bewachsen ist. Wörtlich bedeutet es »Weite«.

»Til fots i fjellet« (Zu Fuß im Gebirge), Hrsg. Claus Helberg, Den Norske Turistforening, Oslo 1993.

Es gibt auch eine eher bescheidene deutschsprachige Ausgabe, die aber nur eine begrenzte Auswahl wiedergibt:

Bergwandern in Norwegen, Hrsg. Erling Welle-Strand, Nortra Books, Oslo o. J.

Bei den Wanderhütten unterscheidet man zwischen Hütten mit Bedienung (»betjent«), Selbstbedienungshütten (»selvbetjening«) und Hütten ohne Proviant (»ubetjent«). Erstere entsprechen unseren Naturfreundehäusern und bieten Unterkunft und warme (oft sehr schmackhafte!) Mahlzeiten, außerdem die Möglichkeit zur Ergänzung der Vorräte. In den Selbstbedienungshütten findet man außer Küchenausrüstung einen Lebensmittelvorrat, aus dem man sich versorgen kann.

Einen entsprechenden Betrag hinterlegt man nach ausliegender Preisliste. Diese und die gänzlich »unbedienten« Hütten sind verschlossen; man braucht den DNT-Standardschlüssel, den man sich vorher bei der Zentrale oder in einer Hütte mit Bedienung besorgen muß.

Folgende Hütten wurden bei der hier als Beispiel genommenen Wanderstrecke besucht (angegeben sind die Höhenlage, Zahl der Betten, der »Bedienungsstatus« und weitere Hinweise: privat (R) – die Unterkunft ist in Privathand, gibt aber für DNT-Mitglieder Rabatt):

Tuvaseter, 1185 m ü. d. M., mit Bedienung, 20 Betten, privat (R);
Heinseter, 1095 m ü. d. M., mit Bedienung, 40 Betten, privat (R);
Rauhellern, 1200 m ü. d. M., mit Bedienung, 58 Betten;
Sandhaug, 1253 m ü. d. M., mit Bedienung, 80 Betten (1890 begründet);
Litlos, 1180 m ü. d. M., mit Bedienung, 52 Betten;
Hellevassbu, 1160 m ü. d. M., 26 Betten, Selbstbedienung;
Haukeliseter, 1000 m ü. d. M., 110 Betten;
Stigstuv, 1245 m ü. d. M., 30 Betten, privat;
Bjoreidalshytta, 1140 m ü. d. M., 38 Betten, privat (R);
Dyranut Turisthytte, 1240 m ü. d. M., 35 Betten, privat (R).

Packliste für Fußwanderungen

Diese »Packliste« ist als Beispiel und erster Anhaltspunkt gedacht – sie muß individuell ergänzt werden. Verpflegung wurde nicht berücksichtigt – es wurde von einer Verpflegung in Hütten ausgegangen, ein »Notvorrat« ist natürlich trotzdem nötig:

Sicherheit auch in der Wildnis: Wegmarkierung des Norwegischen Wandervereins DNT. Die Steintürme sind die Fortführung eines uralten Brauchs – jeder, der vorbeikam, legte einen neuen Stein obenauf

Informationen: zu Fuß in der Vidda

Anorak, evtl. zusätzlich leichte Regenschutzjacke,
leichte Regenschutzhose, Mütze, Handschuhe,
lange Wollhose oder Kniebundhose mit Gamaschen,
warme (lange) Unterwäsche nicht vergessen,
stabile Wanderschuhe/Gummistiefel
Isoliermatte, Zelt,
zweites Paar Schuhe, z. B. Turnschuhe,
Tragegestellrucksack, Schlafsack,
Regenschutz für den Rucksack,
mehrere Riemen (z. B. lederne Schnürsenkel) zum Festschnallen von Ausrüstungsgegenständen am
Sonnenbrille, Rucksack,
Kochset mit Kocher und Brennmaterial,
Thermosflasche oder Feldflasche mit Becher,
Taschen- oder Fahrtenmesser,
Mückenschutz,
Waschzeug/Hygieneartikel, Nähzeug,
Bindfaden, Sicherheitsnadeln, Gummiringe,
Lederfett für die Schuhe,
DNT-Hüttenschlüssel, Wanderkarten,
Streichhölzer,
Fernglas, Kompaß, Taschenlampe,
Notapotheke – mindestens Pflaster und 1 Mullbinde,
Elastische Binde, Alu-Rettungsfolie

Hardangervidda in Fakten
Größe: ca. 10 000 qkm. Sie umfaßt Teile der Provinzen Telemark, Hordaland und Buskerud.
Größe des 1981 gegründeten gleichnamigen Nationalparks: 3430 qkm. Hinzu kommen zwei Landschaftsschutzgebiete (Skaupsjø – Hardangerjøkul und Møsvatn – Austfjell). Durchschnittshöhe: 1100–1300 m. Die höchste Erhebung im Nationalpark erreicht 1719 Meter (Sanfloegga). Nördlich davon Hallingskarvet (1933 m) und Hardangerjøkul (1876 m).
Die Vidda ist Heimat der größten wilden Rentierherde Norwegens (gut 10 000 »reinsdyr«).
21 verschiedene Säugetier- und über 100 Vogelarten.

Die Bergregeln

- Machen Sie keine längere Wanderung, ohne fit zu sein.
- Hinterlassen Sie am Ausgangsort eine Information über Ihre weiteren Pläne (nächste Tagesetappe).
- Wettervorhersage beachten!
- Beherzigen Sie die Hinweise der Einheimischen.
- Mit plötzlichem Wetterumschwung (auch bei kurzen Wanderungen) ist immer zu rechnen. Schlechtwetterausrüstung sollte mitgeführt werden.
- Tragen Sie farbige, weithin sichtbare Kleidung (bzw. führen Sie irgendein Teil mit Signalfarben mit; auch die Rettungsfolie ist aus der Luft gut zu orten).
- Nie ohne Karten und Kompaß wandern.
- Nicht allein gehen, einer muß Hilfe holen können.
- Kehren Sie im Zweifelsfall lieber rechtzeitig um (das ist keine Schande).
- Gehen Sie mit Ihren Kräften sparsam um, und graben Sie sich gegebenenfalls im Windschatten oder Schnee ein.

Karten: Sofern man sich an die markierten Wanderpfade hält, sind die beiden Karten 1 : 100 000 »Hardangervidda Øst« und »Hardanger Vest« ausreichend. Es gibt aber auch die genaueren Karten der sogenannten M-711-Serie (1 : 50 000) – die folgenden Ausschnitte gelten für die exemplarische Wanderstrecke: 1515 IV, 1415 II, 1415 III, 1414 IV, (für die Alternativen zusätzlich:) 1415 I.

DNT – auf dem richtigen Weg

Der norwegische Wanderverein DNT (Den Norske Turistforening) wurde bereits im Januar 1868 begründet, er konnte 1993 also sein 125jähriges Jubiläum feiern. Inzwischen gibt es über 177 000 Mitglieder, die meisten im Alter von 35 bis 55 Jahren. Der Nachwuchs (bis 26 Jahre) macht einen zunehmenden Anteil von derzeit 25 000 Mitgliedern aus. Auch als Ausländer kann man Mitglied werden.

Die Mitglieder können heute insgesamt 302 Wanderhütten mit 6200 Betten benutzen, darunter 40 Hütten mit Bedienung. 1992 wurden insgesamt 280 000 Übernachtungen registriert. Das markierte Wandernetz ist, zusammengerechnet, 18 500 km lang – das entspricht der Entfernung von Oslo bis Tokio und zurück.

Pflanzen und Tiere in der Hardangervidda

Die Hardangervidda ist nicht nur die Heimat einer der letzten großen wilden Rentierherden, sondern auch der Lemminge. In »Lemmingjahren« kann man sie überall beobachten. Manchmal gehen sie auch an Essensreste oder Vorräte. Oft stößt man auf ihre Kotstellen.

Der Eisfuchs ist eine weitere Besonderheit – Anfang der 30er Jahre schien er ausgestorben zu sein. In reichen Nagerjahren vermehrt er sich stärker. Im Winter trägt er ein weißes Fell. Noch viel seltener ist die Schnee-Eule mit ihrem ebenfalls vorwiegend weißen Federkleid. Nur bis zu einem Dutzend benutzter Nester lassen sich im Höchstfall feststellen. Auch sie tritt in Lemmingjahren häufiger auf. Es ist also sehr unwahrscheinlich, daß man sie auf einer Vidda-Wanderung beobachten kann. Ihre – nicht mehr benutzten – Nestkegel lassen sich aber durchaus finden. Sie sind manchmal Jahrhunderte alt und wurden durch Kot und Gewölle der Jungen immer höher aufgetürmt (ca. einen Meter hoch, mehrere Meter im Durchmesser). Als fruchtbare Grashügel stechen sie in der Moränenlandschaft hervor.

Weitere interessante Vögel dieser Gebirgslandschaft sind Kolkrabe, Falkenraubmöwe, Spornammer, Schneeammer – und natürlich der Kranich, den man zum Beispiel im Bjoreidal antreffen kann.

Pflanzenliebhaber wandern am besten nach Litlos. Dort findet sich eine ausgesprochen reiche Flora – 140 Arten allein an Blütenpflanzen hat der Forscher Johannes Lid gezählt. Beispiele sind die Orchideen Mücken-Händelwurz und Weißzüngel; nach der letzteren, die früher den wissenschaftlichen Gattungsnamen *Gymnadenia* hatte (heute *Leucorchis*) hat die bekannte norwegische Dichterin Sigrid Undset (1882–1949) sogar einen Roman benannt (»Gymnadenia«, erschienen 1929). Weitere typische Pflanzen sind u. a. Purpurroter Enzian, Moosheide (Zwergstrauch mit hübschen weißen, nickenden Glockenblüten), Alpenazalee, Norwegisches Wintergrün, Rosenwurz, Gletscherhahnenfuß, der wunderbar blaue Schnee-Enzian und die Zwergbirke, ebenfalls ein Zwergstrauch mit den unverkennbaren, etwa nierenförmigen kleinen Blättern und dem würzigen Duft.

Lemming: Die kleinen Nager bevölkern in sogenannten Lemmingjahren die Hardangervidda und andere Regionen zu Tausenden

Die »Bergenbahn«: mit Urnatur auf du und du

Eine Kochplatte, ein Waschbecken, frisches Trinkwasser – und ein Gewehr. Dies alles steht Arve Trinterud und seinen Kollegen zur Verfügung, wenn sie sich auf ihren täglichen Weg machen. Sie sind Lokführer bei den »Norwegischen Staatsbahnen« (NSB) und leisten ihren Dienst auf der »Bergenbahn«, einer der aufregendsten und schönsten Eisenbahnstrecken der Welt. Eine solch komfortable Ausstattung der Lokomotiven würde allemal zu einer Durchquerung ganzer Kontinente passen. Und das alles für eine Strecke, die nur 470 Kilometer lang ist und deren höchster Punkt gerade mal auf 1301 Metern ü. d. M. liegt? Superlativverwöhnte Mitteleuropäer mögen bei solchen Zahlen mit den Achseln zucken, doch eine Reise mit der »Bergenbahn« ist eine Reise voller Höhepunkte und Besonderheiten.

Jahr für Jahr werden Touristen, Journalisten, Fotografen, Eisenbahn- und Technikfans in den Bann dieser Eisenbahn gezogen, die seit ihrer Planung in den achtziger und neunziger Jahren des vergangenen Jahrhunderts für Aufregung und sogar politische Krisen, aber weit mehr noch für unzählige Momente der Faszination und des Glücks gesorgt hat. Denn so unterschiedlich wie die Fahrgäste und ihre Empfindungen sind auch die Besonderheiten dieser Reise.

Sonniges Intermezzo auf dem schneeverwöhnten Bahnhof von Myrdal

Da ist vor allem die norwegische Natur. Prall und üppig ist sie, manchmal schroff und abweisend, oft warm und verlockend, aber immer herausfordernd und nie gleichgültig. Auf der knapp siebenstündigen Fahrt zwischen den beiden größten Städten des Landes erlebt der Reisende fast alle Landschafts- und Vegetationsformen, die Norwegen so einzigartig machen:

Wogende Getreidefelder und sattgrünes Weideland, endlose Wälder und unzählige freundlich glitzernde oder sich graukräuselnde Seen ziehen rasch wechselnd am Fenster vorbei. Und dann die türkisblauen Gletscher, der ewige Schnee und die maßlose, befreiende Weite der Hochgebirgsebene!

»Laß das Auge trinken« – dieser Aufforderung aus der Zeit der Romantik kann sich hier niemand entziehen, auch kein Norweger, der schon zum x-ten Mal auf dieser Strecke unterwegs ist; nicht einmal der Lokführer. Und damit kommen wir zur zweiten Besonderheit der Bergenbahn.

In der westlichen, kapitalorientierten Welt, die vom Prinzip der Beschleunigung lebt, ist diese Eisenbahnstrecke fast schon ein Fossil. Während die Jagd nach neuen Hochgeschwindigkeitsrekorden ihren mitteleuropäischen Kollegen den Schweiß auf die Stirn treibt, können sich die norwegischen Lokführer bei einer Höchstgeschwindigkeit von 130 km/h sogar einen Tee oder eine Suppe kochen. Statt durch künstlich begradigte Betonlandschaften zu »fliegen«, die dem angestrengten Augapfel des Reisenden nur noch wenige, hektisch kurze Panorama-Bröckchen zur Ansicht lassen, windet sich die Bergenbahn in Tausenden von Kurven durchs Terrain und eröffnet dem staunenden Beobachter immer neue Aus- und Einblicke.

Da stören auch nicht die rund 200 Tunnel, deren längster, der Trollkona-Tunnel, immerhin gut acht Kilometer lang ist. Fährt der Zug zwischen Hønefoss und Oslo über Drammen und nicht, wie eigentlich üblich, über Roa, dann durchquert man sogar den mit 10,7 km längsten Eisenbahntunnel Norwegens, den Liertunnel. An seinen Enden sind zwei abschließbare Portale installiert, die im Winter dafür sorgen, daß es durch Schnee und Eis im Tunnel zu keiner Beeinträchtigung des Verkehrs kommt.

Was hier im Flachland noch technisch machbar ist, gestaltet sich im Gebirge allerdings mit schöner Regelmäßigkeit zu einer oft unlösbaren Aufgabe.

Oberhalb der Baumgrenze, die im südlichen Norwegen in einer Höhe von ca. 900 Metern verläuft, überquert die »Bergenbahn« zwischen Ustaoset und Myrdal auf einer Länge von rund 100 Kilometern eine kahle und öde Hochebene (Hardangervidda). Hier oben ist man der Natur im wahrsten Sinne des Wortes preisgegeben, und die oft blitzschnellen Wetterumschwünge lassen im Winter aus dem kleinen oft ein großes Abenteuer werden. Vor allem im Gebiet um das kleine Dorf Finse, das nur mit der Bahn zu erreichen ist, machen bis zu 15 Meter hohe Schneeverwehungen den Eisenbahnern der »Bergenbahn« während der dunkleren Jahreszeit das Leben oft sehr schwer. Da kommt es schon mal vor, daß man an das Motto der NSB »Es geht immer ein Zug« manchmal die Frage anhängen muß: »Bis wohin?« Trotz zahlreicher Schneeschutzanlagen und rund um die Uhr arbeitender Räumkommandos bleiben die Züge nach heftigen Schneefällen oft stundelang, manchmal sogar tagelang stecken. Zusätzlich zu den Verwehungen behindern immer wieder unter der Last von Schnee und Eis gerissene Oberleitungen und eingestürzte Schutztunnels das Fortkommen. Im Winter 1991/92 kam es ganz knüppeldick: Ein Zug hatte sich festgefahren und war entgleist, weitere, die warten mußten, schneiten ebenfalls ein und zuguterletzt wurden die aus Finse anrückenden Rettungsmannschaften auch noch von Lawinen eingeschlossen.

Begegnung mit Rentieren – die einzige große Säugetierart Europas, die (vergleichbar den afrikanischen Antilopen) in großen Herden vorkommt. Von den Samen werden sie als Haustiere gehalten, doch in mehreren Tundralandschaften Norwegens kann man sie mit etwas Glück auch wild antreffen

Angesichts solcher nicht zuletzt kostenintensiver Schwierigkeiten, die selbst heute mit modernstem technischem Gerät oft nicht zu lösen sind, erscheint es nicht verwunderlich, daß man vor gut 110 Jahren diejenigen, die den Bau einer Eisenbahn von Bergen nach Kristiania (dem heutigen Oslo) forderten, schlichtweg für verrückt hielt. Trotz der damaligen Technik-Euphorie in Norwegen und dem übrigen Europa schien eine Trassenführung über das kahle Hochgebirge reiner Wahnsinn und undurchführbar zu sein.

Die Träger dieser kühnen bis aberwitzigen Gedanken lebten damals mit wenigen Ausnahmen alle in Westnorwegen. So auch der in Voss tätige Forstmeister Hans A. Gloersen, der schon 1871 in einem Artikel für die »Bergens Tidende« den Bau einer »Bergenbane« vorschlug. Aber es sollte noch drei Jahre dauern, bis Parlamentarier aus Bergen und dem damaligen Amt Bergen im Storting einen Antrag auf Bewilligung von 5,2 Millionen norwegischen Kronen zum Bau einer Eisenbahn von Bergen nach Voss stellten. Sie mußten ein Jahr lang warten, bis das Storting nach einer großen und hitzigen »Eisenbahndebatte« mit 63 gegen 42 Stimmen das »Ja« gab. Inzwischen war die Kosten-Kalkulation aber schon bei 9,6 Millionen angekommen, und die Regierung verweigerte so lang die Umsetzung des Beschlusses, bis der damalige Konsul Jebsen sich bereit erklärte, im Falle eines Konkurses beteiligter Firmen mit 200 000 Kronen zu bürgen. 1883 dann rollte der erste Zug, allerdings auf Schmalspurgleisen, nach Voss.

Das Tauziehen um eine durchgehende Verbindung zwischen Bergen und Kristiania sollte aber noch jahrelang weitergehen. Erst 1894 konnten sich die Vertreter Westnorwegens in einem neuerlichen Stortingbeschluß durchsetzen: Die Bahn sollte bis aufs Fjell nach Taugevann verlängert werden. Der Jubel in Bergen war riesengroß, denn jeder wußte, daß die Bahn niemals im Hochgebirge enden konnte. Und sie sollten recht behalten, denn vier Jahre später beschloß das Storting dann endgültig, die Strecke bis zur Anbindung an das bestehende Eisenbahnnetz in Hønefoss weiterzuführen.

Zehn weitere Jahre wurde geschaufelt, gehämmert und gesprengt. Dabei gelang den Ingenieuren eine logistische und technische Meisterleistung, denn die Streckenführung war so geplant, daß weder überflüssiges Gesteinsmaterial anfiel, noch zusätzliches herangeschafft werden mußte. Für alle notwendigen Aufschüttungen und Auffüllungen wurde das anfallende Tunnelgestein verwendet. Das hatten die »Rallare«, wie die Eisenbahn-Arbeiter genannt wurden, in jahrelanger, mühevoller Arbeit herausgebrochen. Unter härtesten Arbeitsbedingungen hatte allein der Bau des Gravehalstunnels sechs Jahre gedauert. Bei den »Feierlichkeiten« zu seiner Fertigstellung übrigens erhielten acht Arbeiter, die in diesem Tunnel während der gesamten Bauzeit geschuftet hatten, zur Belohnung jeder ein Glas Wein ...

Wurde bei den Arbeitern »gekleckert«, dann wollten zumindest die Politiker »klotzen«: Nachdem man in jahrelangen Debatten dem Projekt immer wieder Geld und Zustimmung verweigert hatte, konnte es am Ende nicht schnell genug

Zuwachs für die »Bergenbahn«

Aufgrund des sich einstellenden großen Erfolges der »Bergenbahn« beschloß das Storting 1923, Stichbahnen zum Sogne- und Hardangerfjord zu bauen. Als erste elektrifizierte Strecke Norwegens wurde 1935 die »Hardangerbahn« von Voss nach Granvin eröffnet, fünf Jahre später nahm die »Flåmbahn« den Betrieb auf. Sie führt vom Gebirgsbahnhof Myrdal auf einer atemberaubenden Strecke hinunter zum Aurlandsfjord und überwindet dabei auf einer Strecke von nur 20 km einen Höhenunterschied von 865 Metern. Jedes Jahr machen Zigtausende von Bahnreisenden zwischen Bergen und Oslo einen Abstecher mit der »Flåmbahn«, die 1990 ihr 50jähriges Jubiläum feierte.

Verwegene Fahrt am Berghang: die Trasse der Flåmbahn

gehen – mit diesem Prestigeobjekt wollte man sich sehen lassen. Zwar hatten sich am 9. Oktober 1907 die Schienenstränge aus West- und Ostnorwegen in Ustaoset getroffen, doch zur Aufnahme eines durchgehenden Zugverkehrs fehlten noch manche technische Einrichtungen, so auch viele Schneesicherungen und Schutzvorkehrungen. Dennoch wurde auf Veranlassung der damaligen Regierung im Januar 1908 der Betrieb auf dieser Strecke aufgenommen. Es kam, wie es kommen mußte. Schon der erste Zug blieb oben auf dem Fjell im Schnee stecken, die Passagiere konnten nur mit Mühe gerettet werden.

Doch Pfingsten 1908 war es dann soweit. Auch wenn die Bahnreise noch durch eine Schiffspassage auf dem Krøderen-See unterbrochen wurde, die wegen letzter Baumaßnahmen an der Trasse notwendig war, konnte man nun in 21 Stunden im Coupé über Land von Bergen nach Kristiania reisen.

Eines der aufregendsten Kapitel der europäischen Eisenbahngeschichte hatte seinen vorläufigen Abschluß gefunden. Heute verkehren täglich sechs Personenzugpaare und viele Güterzüge auf der Strecke, die mit Blick auf ihre historische Entwicklung eigentlich »Kristianiabahn« heißen müßte.

Ach ja, das Gewehr! Nicht nur die Lokomotiven bevorzugen im Winter vom Schnee geräumte Strecken – auch die Elche tun es...

Informationen: Bergenbahn

Die Bergenbahn ist nur eine von vielen äußerst attraktiven Eisenbahnstrecken der NSB. Wer Norwegen per Bahn kennenlernen möchte, kann sich informieren bei:

[i] Schwedisches Reisebüro, Joachimstalerstr. 10, 10719 Berlin, Tel. (030) 8859040.

[i] Reisebüro Norden, Ost-West-Str. 70, 20457 Hamburg, Tel. (040) 36001578; Fax 040 – 366483.

[i] NSB Reisesenter, Oslo Sentralstasjon, Jernbanetorget 1, N-0154 Oslo, Tel. 22368085; Fax 22366484.

Faszinierende Gletscherwelt – nicht ungefährlich, aber z. B. am Jostedalsbre werden geführte Touren angeboten ▷

Von Urnatur und Wanderarbeitern – per Fahrrad auf dem Rallarveg

Untrennbar mit dem Namen der »Bergenbahn« verbunden ist der Rallarveg. Parallel zur Bahnstrecke zieht sich der alte Pfad über die nördliche Hardangervidda. »Rallar«, das ist der Name für Wanderarbeiter, die sich hier ihren Lebensunterhalt mit dem Bau von Verkehrswegen verdienten. Ab 1895 wurde der Rallarveg angelegt, um Arbeiter, Material und Verpflegung auf das Hochland zu bringen. Nach der Einweihung der »Bergenbahn« verfiel er. Anfang der 70er Jahre feierte er Wiederauferstehung, diesmal als Fahrradweg. Die knapp 80 Kilometer lange Route verbindet die Bahnhöfe Haugastøl, Finse, Hallingskeid, Myrdal und Flåm. Der Rallarveg ist der populärste Radwanderweg im Land, doch außerhalb der Wochenenden begegnet man kaum einem Menschen.

Ich stehe vor dem 1222 Meter hoch gelegenen Bahnhof von »Finse«, ein Name, der für Kälte, Gletscher und Schnee steht. Drüben, auf der anderen Seite des Finsevatn, thront der Hardangerjøkulen, ein Gletscher, auf dem sich schon Polarforscher auf künftige Taten eingestimmt haben. Auch Szenen des Kinospektakels »Star wars« wurden hier gedreht. Mit der »Bergenbahn« entwickelte sich Finse zu einem begehrten Wintersportzentrum.

Es ist Anfang September. Doch schon jetzt fegt ein kalter Wind über das Hochland. Die Strecke zwischen Haugastøl und Finse, der gemütliche Einstieg in den Rallarveg, liegt bereits hinter mir. Rasch war die Baumgrenze erreicht, dann führte der Weg durch ein offenes Gebirgstal mit sanften Höhenzügen. Eine reizvolle Landschaft, die zum Verweilen einlädt, wäre da nicht dieses Wetter. Acht Grad Celsius zeigt das Thermometer…

Gleich hinter Finse verschwinden die Gleise der »Bergenbahn« im neuen 10 Kilometer langen Finse-Tunnel. Der Rallarveg hält sich stattdessen an den stillgelegten Schienenstrang, den künstliche Tunnels und Schutzbauten aus Holz und Wellblech vor den Unberechenbarkeiten der Winter beschirmen. Die Landschaft wird zunehmend rauher, die Vegetation spärlicher. Das Wetter scheint auch nicht zurückstehen zu wollen, eisiger Wind schlägt mir ins Gesicht. Anstelle eines bizarr geformten Gletschers erwarten den abenteuerlustigen Radler zunächst Schutthalden aus Stein. Sie markieren einen Seitenschacht, der für die Bauarbeiten am Finse-Tunnel angelegt worden war. In kurzem Abstand folgen zwei stattliche Holzhäuser: *»Sandå Vakterbustad, besetzt von 1913 bis 1969«* und *»Slirå Vakterbustad, besetzt von 1907 bis 1969«*, lese ich.

Nach der Eröffnung der »Bergenbahn« wohnte in diesen Gebäuden das Instandsetzungspersonal. Schnee und Eis, die den Schutzbauten arg zusetzten, sorgten in den langen Wintern allemal für Kurzweil. Doch es waren nicht etwa rauhe Kerle, die sich abends mit Bier und derben Gesängen vergnügten, sondern Familien: Papa kümmerte sich um die »Bergenbahn«, Mama um die Pflichten einer Hausfrau, während die Kinderschar in Finse die Schulbänke drückte. Transportmittel waren Güterzüge oder Draisinen, später dann die Schneescooter der ersten Generation. Mitte der 60er Jahre kam das Ende der ständig besetzten Wachstationen. Die Elektrifizierung der »Bergenbahn« ermöglichte eine automatische Streckenkontrolle.

Mehrere alte Wachstationen stehen heute unter Denkmalschutz. Bevor die Streckenkontrolleure einzogen, waren die Stationen übrigens das Zuhause der Ingenieure, die den Bau der Bergenbahn leiteten – fürstliche Unterkünfte, verglichen mit den Behausungen der Arbeiter. Diese waren primitiv ausgestattet, schlecht belüftet, nicht isoliert und vor allem eng. Feuchte Kleidung ließ sich am besten trocknen, indem man sie im Bett anbehielt.

Meine kalten Füße holen mich in die Gegenwart zurück. Auch der weitere Wegverlauf gibt Anlaß zum Frösteln: Hoch hinauf geht es nach Fagernut. Mit 1343 Metern ist dies der höchste Punkt der Reise. Schnee- und Eisfelder schieben sich an den Rand der Fahrbahn, an zwei Stellen balanciere ich das Rad über vereiste Passagen. Die Kälte hat die Landschaft fest im Griff. Riesige Eisschollen bedrängen den Schutztunnel, haben Löcher in seine Außenwand gebohrt. Rhythmisch knallen im Wind herabhängende Bruchstücke gegen das Blech. Unter mir liegt der Taugevatn,

Durchfahren wäre Sünde: Stopp in Hallingskeid

der auch in diesem Jahr wieder nur teilweise auftauen wird.

Danach geht es leicht abwärts. Doch an eine entspannende Fahrt ist nicht zu denken. Monatelanger Frost hat die Fahrbahndecke gesprengt, das lose Geröll macht das Lenken des voll bepackten Rads zur Qual. Die Abfahrtsstrecke endet an der Grjotrust Vakterbustad. Diese größte aller Wachstationen verfällt. Der holzverkleidete Zugang, durch den die Radfahrer früher ihre Räder schoben, ist eingestürzt. Wie überall entlang der Bahnstrecke, liegen auch hier Holzlatten und anderes Material, das irgendwann einmal im Rahmen von Reparaturarbeiten ausgetauscht wurde, verstreut herum.

Auf dem unwirtlichen Streckenabschnitt zwischen Finse und Grjotrust trennt die Bahnstrecke den Fahrweg von den Seen. Jetzt führt der Rallarveg direkt am Wasser entlang. Die Landschaft erscheint auf einmal weiter und freundlicher. Kurz vor Hallingskeid zweigt der Wanderpfad nach Rembesdalseter und Osa ab. Auf dieser Route war um 1910 eine Eisenbahntrasse nach Osa begonnen worden. Man hattte große Pläne. Ein Wasserkraftwerk war geplant. Das Ende kam, als die in Osa angesiedelte Industrie nach Odda am Sørfjord verlegt wurde.

Hallingskeid ist erreicht. Der 1110 Meter hoch gelegene Bahnhof versteckt sich in einem Schutztunnel am Hang. Die Almhöfe hier sind schon längst außer Betrieb. Ihre Gebäude haben als Wochenendhäuser überlebt, die vor allem im Winter, während der Langlaufsaison genutzt werden. Im Sommer wirkt die Siedlung inmitten der kargen Vegetation eher trostlos.

Ganz anders die folgende Etappe: Die abgeflachten Höhenzüge machen Platz für die Seen Grøndalsvatnet und Kleivavatnet, die ein rauschender Wasserfall miteinander verbindet. Auf den Wiesen an den Ufern flackern Lagerfeuer, dazwischen stehen Zelte. Auf einer ebenen Landzunge im Kleivavatnet finde ich meinen Zeltplatz. Mit meinen norwegischen Nachbarn komme ich ins Gespräch. »Am Bahnhof von Finse wurden gestern mehr als 250 Fahrräder ausgeladen. Die meisten Leute kommen mit dem Zug aus Flåm, um wieder hinunter zum Fjord zu fahren«, sagt Erik aus Oslo. Seltsam, daß mir heute, am Sonn-

Informationen: Rallarveg

[i] Aurland Turistkontor, 5745 Aurland, Tel. 5763 3313, Fax 5763 3280. Finse Turistinformasjon, 3590 Finse, Tel. 5652 6360. – Informationen über die Schneeverhältnisse geben auch die Bahnhöfe in Finse, Tel. 5652 6730, und Myrdal, Tel. 5652 3717. Die Cappelen-Straßenkarte reicht aus.

Beste Reisezeit: von Juli bis Ende September. Im Juli lohnt es, sich vorher über die Schneeverhältnisse zu informieren.

Sehenswürdigkeiten: Rallarmuseet, gleich neben dem Bahnhof in Finse. Der Bau der »Bergenbahn« wird wiederbelebt. Historische Fotos, Ausrüstungsgegenstände und eine Arbeiter-Unterkunft. Ein Foto zeigt eine der Dampfloks, die bis zum Ende der 60er Jahre ihren Dienst versahen, mit einer riesigen Schneefräse. Eine zusätzliche Ausstellung wird momentan in der Wachstation Fagernut vorbereitet. Es ist geplant, die baufälligen Schutztunnels zwischen Finse und Lågheller abzureißen und eine Dampflok als Museumsbahn auf dieser Strecke zu reaktivieren.

Unterkunft: Die besten Zeltplätze finden sich zwischen Haugastøl und Finse, vor allem aber zwischen Hallingskeid und der Unterführung vor der Schlucht Kleivagjelet. Wer überdacht nächtigen will, kann dies im »Hotel Finse 1222«, im »Vatnahalsen Høyfjellshotell«, in der von DNT bedienten Finsehytta und in der unbedienten DNT-Hütte Hallingskeid, für die allerdings nur Mitglieder den Schlüssel erhalten.

Fahrradvermietung: »Finse-Hotel 1222«, Tel. 5652 6711, Fax 5651 6711. Weitere Infos über die Touristenbüros.

Zu- und Abgang: z. B. Anfahrt mit PKW nach Flåm. Weiterfahrt mit dem Zug nach Finse. Von dort mit dem Fahrrad zurück nach Flåm, wo das eigene Auto wartet.

Streckenprofil: Haugastøl–Finse: 27 Kilometer, Höhenunterschied 234 Meter von 988 auf 1222 Meter ü. d. M. Finse– Hallingskeid: 19 Kilometer, Höhenunterschied zunächst 128 Meter bergauf, von Finse nach Fagernut, dem höchsten Punkt, danach 240 Meter bergab, von Fagernut nach Hallingskeid, 1110 Meter ü. d. M. Hallingskeid–Vatnahalsen: 10,5 Kilometer, Höhenunterschied 300 Meter, von 1110 auf 810 Meter ü. d. M. Vatnahalsen–Flåm: 20 Kilometer lang, Höhenunterschied 810 Meter hinab zum Fjord.

Gesamtstrecke: 76 km, **Dauer:** je nach persönlichen Wünschen 1–3 Tage.

Körperliche Voraussetzungen: gute Fitness.

Tip: Fast alle Radler fahren von Ost nach West, weil es in dieser Richtung vorwiegend bergab geht. Der umgekehrte Weg ist ebenso reizvoll, aber anstrengender.
Mit der »Flåmbahn« spart man die schweißtreibenden Serpentinen vor Myrdal aus.

Arrangement von Technik und Natur. Doch selbst im Sommer taut die Eisdecke auf dem Taugevatn nicht vollständig auf

tag, kaum noch Radler begegnet sind. Doch gestern schien auch die Sonne …

Wieder einmal unterquert der Rallarveg die Bahnstrecke. Danach geht es durch die Schlucht Kleivagjelet, in der sich zwei gebändigte Wasserfälle zu einem Wildbach vereinen. Nach der rasanten Abfahrt folgt schlagartig der Wechsel: Die beiden Seen Seltuftvatnet und Reinungavatnet glitzern verträumt in der Sonne, als kenne das Hochland weder Regentage noch wüste Schneeschauer. Weniger idyllisch präsentiert sich das »Hochgebirgshotel Vatnahalsen«, am Ende der Hochebene. 1896 errichtete man hier ein schickes

Bei Sonnenschein eine Idylle: am Seltuftvatn

Hotel mit verschnörkelter Fassade, das Touristen aus ganz Europa anzog. Der Nachfolger des 1940 abgebrannten Schmuckstücks ist von bescheidener Schönheit.

In Vatnahalsen treffe ich auf die Gleise der »Flåmbahn«, die in Kürze meine Route begleiten werden. Doch erst einmal gilt es, die verwegenste Abfahrt des Rallarveg zu meistern: Eine abenteuerliche Piste schraubt sich jetzt mit gut 16 Prozent Gefälle über 21 Kurven runter ins Flåmsdal. Immer wieder läßt loses Gestein das schwere Fahrrad zur Seite ausbrechen. Egal, ob ich auf dem Sattel Balance suche oder zu Fuß die Last zurückhalte, dieser Ritt ist eine Tortur.

Ehrfurchtsvoll blicke ich auf den Serpentinenweg zurück, eine der ersten Teilstrecken des Rallarveg. Oben in Myrdal lebten seinerzeit die Arbeiter, die den Gravahals-Tunnel nach Westen durch die Berge trieben: sechs Jahre harte Arbeit. Eines Tages kämpfte sich ein Arbeiter über den lawinengefährdeten Abhang talwärts, nur um im Flåmsdal einen Sack Mehl zu besorgen – damit es oben endlich wieder frisches Brot gäbe.

Die »Flåmbahn« – auch sie ist so ein Stück Superlativ: Auf 20 Kilometer Länge überwindet sie 865 Höhenmeter zwischen Myrdal und Flåm, unten am Fjord. Jeder Waggon ist mit einem eigenen Bremssystem ausgestattet, das den Zug im Notfall zum Stehen bringen kann.

Der klassische Rallarveg ist zu Ende. Die restliche Strecke durch das enge, grüne Flåmsdal mit seiner Handvoll Bauernhöfe führt über eine »exklusive« Straße, verglichen mit dem, was der Zahn der Zeit vom Rallarveg übriggelassen hat. Die letzten 400 Höhenmeter hinunter nach Flåm erfolgen in flotter Fahrt. Innerhalb von nur zwei Stunden war ich vom eisigen Hochland ins liebliche Fjordland gekommen – das ist Norwegen.

Kalte Schönheit: Jostedalsbre – Europas größter Festlandgletscher

Eisiger Windhauch fegt durch das schmale Tal. Die wenigen Bäumchen und Sträucher ducken sich, die Sonne bemüht sich vergeblich, eine dunkle Wolkenwand zu durchdringen. Düster und abweisend wirkt die Szenerie. Keine Vogelstimme ist zu hören, nur das ungedulige Rauschen der Wildbäche, die sich zwischen den langgezogenen Moränen ihre Wege in den Talgrund bahnen. Eine schmutziggraue Schicht bedeckt große Flächen der steil abfallenden Eiskappe, als ob seit langem jede Bewegung zum Stillstand gekommen sei. Und doch bricht dort oben plötzlich eine Lawine los, schickt der Gletscher eine krachende Warnung, man möge ihm nicht zu nahe kommen. Niemand hat es je gewagt, in dieser unwirtlichen Talsohle zu siedeln. Einheimische berichten von gewaltigen Schneelawinen mit ungeheuren Windturbulenzen, die tonnenschwere Felsbrocken bewegt haben sollen. Der Kjenndalsbre möchte für sich allein bleiben.

Die Gletscherzunge Kjenndalsbre ist ein Ausläufer des 470 Quadratkilometer großen Jostedalsbre: Europas größter Festlandgletscher erstreckt sich westlich von Jotunheimen und grenzt an das innere Fjordland. Erst vor wenigen Jahren haben Untersuchungen bewiesen, daß der Jostedalsbre kein Überlebender der letzten Eiszeit ist. Infolge einer Klimaveränderung dürfte er um 500 vor Christus entstanden sein. Mitte des 18. Jahrhunderts hatte er seine größte Ausdehnung. Seine Ausläufer, die sich kilometerweit in die angrenzenden Täler vorgeschoben hatten, sind seitdem auf dem Rückzug.

Vom Gletscher hielten die Talbewohner des Lodal immer großen Abstand, und doch mußten sie leidvolle Erfahrungen mit der Urgewalt der Natur machen: Am 15. Februar 1905 stürzten gut 300 000 Kubikmeter Gestein vom Ramnefjell aus 500 Meter tief in den See Lovatnet. Die folgende Flutwelle zerstörte zwei Siedlungen am Seeufer und kostete 61 Menschenleben. Den Dampfer »Lodalen«, mit dem gerade Wochenendausflügler über den Lovatnet fuhren, schleuderte die Welle 300 Meter weit aufs Festland. Obwohl bereits seit 1470 Stein- und Schneelawinen überliefert sind, wurden die Siedlungen, in respektvollem Abstand zum Seeufer, wieder errichtet. Doch alle Vorsichtsmaßnahmen waren vergebens, als am 13. September 1936 gleich eine Million Kubikmeter Gestein vom selben Berg hinabstürzten: Die bis zu 75 Meter hohe Flutwelle erfaßte nun auch Höfe, die 1905 verschont geblieben waren; 73 Todesopfer waren zu beklagen. Das Wrack der »Lodalen« wurde weitere 200 Meter landeinwärts geworfen.

Nicht alle Gletschertäler haben eine solch fürchterliche Geschichte, nicht jede Gletscherzunge wirkt so abweisend wie der Kjenndalsbre, nicht jede wird dermaßen vermarktet wie der südlich gelegene Briksdalsbre. Um die Jahrhundertwende kamen die ersten ausländischen Touristen mit Kreuzfahrtschiffen in den Innvikfjord, um sich per Kutsche und Boot zum Gletscher bringen zu lassen. Das Boot überquerte den langgestreckten, milchig grünen, weil vom Gletschereis gespeisten Oldenvatnet, an dessen Ufer sich heute eine Straße entlangzieht.

Von der Fjellstation Briksdalsbre aus ziehen geduldige Fjordpferde Kutschen über einen Schotterweg in die Nähe des Gletschers. Die letzten 500 Meter müssen allerdings auch die bestens organisierten Touristen zu Fuß bewältigen. Der Briksdalsbre schiebt sich in eine enge Schlucht und grenzt direkt an einen kleinen Gletschersee, auf dem bedächtig Eisschollen treiben. Fotogen die Totale, ebenso fotogen das gewölbte Gletschertor, aus dem das Schmelzwasser in den See plätschert.

In Fjærland lädt das »Norwegische Gletschermuseum« (Norsk Bremuseum) ein. Hinter der gewöhnungsbedürftigen Architektur verbirgt sich eine interessante Kombination aus Information und Show. Anschaulich werden Fragen beantwortet: Warum der Gletscher blau ist, das abfließende Schmelzwasser aber grün. Wem das Studium von Schautafeln oder Buchstaben zu aufwendig erscheint, hält sich an den Mini-Gletscher, in dem akustische Effekte die Bewegungen des Eises simulieren. Unbestreitbarer Höhepunkt jedoch ist ein Panorama. Der Zuschauer nimmt an Helikopterflügen über den Jostedalsbre sowie an Gletscherwanderungen verschiedener Schwierigkeitsstufen teil. Das »Norsk Bremuseum« ist einer der Vorreiter, die den klassischen Museumsstil steril verpackter Exponate aufs Abstellgleis befördern.

Die Ortschaft Fjærland könnte ohne weiteres als Außenstelle des »Bremuseums« fungieren. Denn an der Mündung des Talflusses in den Fjord läßt sich ablesen, wie der Gletscher die Landschaft gestaltet. Die Mündung wandert von Jahr zu Jahr talauswärts – der Fjord weicht zurück. Der Grund: Kies- und Sandpartikel, die das geschmolzene Gletschereis mit sich führt und die sich an der seichten Mündung ablagern. 1860 mußte deswegen der Bootshafen verlegt werden.

Der nächste Besuch gilt dem schönen, langgezogenen Austerdalsbre. Der Pfad folgt dem einsamen Austerdal, das der Gletscher während der letzten 250 Jahre freigegeben hat. Noch ein kurzer Anstieg, eine Kurve, und man steht vor einer endlos scheinenden weißen Wand. Diese Perspektive ist neu, denn man schaut nicht voller Ehrfurcht von unten hinauf, sondern steht auf einer steinigen Galerie gleichzeitig über und unter dem Eis. Nirgends ist das Verlangen größer, vom nahen Rand aus die träge, so friedlich wirkende Masse zu besteigen. Doch die subtile Warnung, die das Plätschern des Schmelzwassers unter der narbigen Eisdecke herüberschickt, sollte vor Leichtsinn bewahren. Daß Unwissenheit und Leichtsinn nicht selten zu tödlichen Unglücksfällen führen, beweist die Geschichte des Bergsetbre. Vor wenigen Jahren begrub der Gletscher eine Familie, die sich in eine Eishöhle gewagt hatte.

Nordöstlich des Bergsetbre schiebt sich der Nigardsbre über drei Kurven gemächlich ins Tal. Beeindruckend die Fernsicht vom Breheimsenter im Jostedal aus, wo der Fahrweg zum ewigen Eis beginnt. Doch das mit dem »ewigen«, das ist so eine Sache. Seit 250 Jahren befindet sich der Gletscher auf dem Rückzug.

Der Nigardsbre erfreut sich immensen Zuspruchs, weil er so leicht wie keine andere Gletscherzunge zu erreichen ist. Am Ende des Fahrwegs übernimmt im Sommer ein Boot den Besuchertransport. Noch ein paar steile Meter über blank polierte Felsen, und schon steht man vor dem Eis. Selbst Unerprobte können sich hier bei geführten Gletscherwanderungen aufs Glatteis begeben. Der Gang über den Gletscher war für Anwohner des Jostedalsbre früher ebenso selbstverständlich wie notwendig. Handelskarawanen und Viehherden zogen über die günstigsten Passagen, im Norden von Fåberg über Lodalsbre zum Erdalsbre, oder vom Krundal ins Oldendal und umgekehrt. Bis 1660, als die erste Kirche im Jostedal fertiggestellt war, wanderten sogar

Geführte Gletscherwanderung auf dem Nigardsbre: Alle müssen am Seil bleiben

Hochzeitsgesellschaften über das Eis zum Gotteshaus Oppstryn.

Anfang des 19. Jahrhunderts geriet der Jostedalsbre in das Blickfeld privilegierter Ausflügler, die, sei es aus Abenteuerlust oder Forschergeist, auf dem Eis neue Herausforderungen suchten. Um 1900 wurde das Gletscherführer-Patent eingeführt. Diese Männer, die jede Eisspalte kannten, genossen den Ruf von Volkshelden. Als der DNT 1958 erstmals Kurse für Gletscherwanderer anbot, wurde der Jostedalsbre auch für ein größeres Publikum interessant.

Seit 1991 steht er als »Jostedalsbreen Nasjonalpark« unter besonderem Schutz. Doch die Erfahrung mit Gebirgsregionen wie Rondane und Jotunheimen zeigt, daß der durch die Bezeichnung »Nationalpark» vermittelte Reiz auch Menschen anlockt, die nicht immer verantwortlich mit der empfindlichen Hochlandvegetation umzugehen verstehen.

Doch solange die meisten Gletscherzungen nur durch mehrstündige Wanderungen zu erreichen sind und das Gros der Besucher zu Briksdalsbre und Nigardsbre geleitet wird, bedarf es eigentlich keiner neuen Eiszeit, um den Jostedalsbre zu bewahren.

Informationen: Jostedalsbre

[i] Sogn og Fjordane Reiselivsråd, Postboks 299, 5801 Sogndal, Tel. 57 67 23 00, Fax 57 67 28 06.
Turistinformasjon Stryn, 6880 Stryn, Tel. 57 87 15 26.
Turistinformasjon Olden, 6870 Olden, Tel. 57 87 31 26.
Turistinformasjon Balestrand/Fjærland, 5850 Balestrand, Tel. 57 69 12 55, Fax 57 69 16 13.
Turistinformasjon Sogndal, 5800 Sogndal, Kulturhuset, Tel. 57 67 30 83, Fax 57 67 31 78.
Turistinformasjon Jostedal, Breheimsenter, 5827 Jostedal, Tel. 57 68 32 50, Fax 57 68 32 40.
Turistinformasjon Luster, 5820 Gaupne, Tel. 57 68 15 88, Fax 57 68 12 11.

Beste Reisezeit: Juni bis September.

Sehenswürdigkeiten: »Norsk Bremuseum«, 5855 Fjærland, Tel. 57 69 32 88, Fax 57 69 32 87. Breheimsenter Jostedal, 5827 Jostedal, Tel. 57 68 32 50, Fax 57 68 32 40. Jostedalsbreen Nasjonalparksenter, 6890 Oppstryn, Tel. 57 87 72 00. Kyrkjeide Gårdsbesøk, nahe der Nedstryn-Kirche, Tel. 57 87 11 85. Alter Bauernhof. Die Ausstellung informiert darüber, wie sich die Arbeitsbedingungen in der Landwirtschaft verändert haben.

Campingplätze mit Hütten: Sande Camping, 6878 Loen, Tel. 57 87 76 59, Fax 57 87 78 59. Schöne Lage am Lovatnet. Gytri Camping, 6870 Oldendal, Tel. 57 87 59 34. Der beste Platz im Œdendal. Melkevoll Camping, 6870 Oldendal, Tel. 57 87 38 47. Liegt dem Briksdalsbre am nächsten. Viki Camping, 5832 Høyheimsvik, Tel. 71 21 17 42. Am schönen Lustrafjord, nahe der Einfahrt ins Jostedal. Gjerde Camping, 5827 Jostedal, Tel. 57 68 31 54.

Busverbindungen: Stryn – Lodal. Stryn – Olden – Oldendal – Fjellstation Briksdalsbre. Stryn – Fjærland – Sogndal. Sogndal – Hafslo – Veitastrond. Sogndal – Gaupne – Jostedal.

Entfernungen: Kjenndal – Briksdal: 44 Kilometer. Briksdal – Fjærland: 105 Kilometer. Fjærland – Austerdal: 83 Kilometer. Austerdal – Krundal/Bergset: 83 Kilometer. Austerdal – Breheimsenter/Nigardsbre: 80 Kilometer.

Karten: Scanmaps Wander- und Skikarte »Jostedalsbreen«.

Tip: Veranstalter von geführten Gletscherwanderungen sind **Jostedalsbreen Nasjonalparksenter** (siehe oben), **Stryn Glacier Guide Association**, Postboks 72, 6880 Stryn, Tel. 57 87 12 00 und 57 87 23 33, Fax 57 87 22 22, und **Jostedalen Breførarlag**, 5827 Jostedal, Tel. 57 68 32 04 und 57 68 32 73, Fax 57 68 32 96.

Im Reiche Peer Gynts: Jotunheim, Rondane, Dovrefjell

»Mutter, hast du den Gendinggrat einmal gesehen? Wohl 'ne Meile läuft er drang hin, in Sensenrückenbreite. Unter Firneis, Schuttmoränen, Schnee, Geröll, Sand, kunterbunter, sieht dein Aug auf jeder Seite stumme, schwarze Wasser gähnen, an die fünf-, die siebzehnhundert Ellen rank hinunter. Dort lang stoben pfeilgeschwind er und ich durch Wetter und Wind!...« So erzählt Peer Gynt in dem Drama Henrik Ibsens seiner Mutter von seinem Ritt auf dem Renbock durch das Hochgebirge – pure Phantasie, denn der junge Peer Gynt nimmt es in dem Stück mit der Wahrheit nicht so genau.

Wahr aber ist, daß es das »Reich Peer Gynts« noch gibt – man kann es besichtigen, darin wandern, vielleicht sogar Rentiere beobachten, und ob es hier noch Trolle gibt – nun, das sollte man selbst erkunden. Wahr ist wahrscheinlich auch der Kern der Peer-Gynt-Gestalt: Ibsen griff auf einen Stoff zurück, der bereits in den »Volksmärchen« von Asbjørnsen und Moe (dem norwegischen Pendant zu den Gebrüdern Grimm) gesammelt wurde. Das Märchen basiert auf der Gestalt des Peder Olsen Hågå. Der Hof seines Geschlechts lag im Gudbrandsdal am Rande des Jotunheimgebirges, jener Region, in der der Rentierritt stattfand. Dem Dovrekönig muß Peer Gynt dann wohl im Dovrefjell begegnet sein...

Noch einen anderen berühmten Hof gibt es im Gudbrandstal: das Hofgut Dale-Gudbrands Gård, einst Sitz des mächtigen Häuptlingsgeschlechts Gudbrand, nach dem das ganze Tal benannt ist. Im Jahre 1021 fand hier eine historische Begegnung statt: zwischen Dale Gudbrand und dem Christen Olav Haraldsson, der die Gudbrands und ihre Gefolgsleute schließlich zum Christentum bekehrte. Heute befindet sich hier ein Kulturzentrum mit Ausstellungen von Kunst und Kunsthandwerk.

Kultur hat eine lange Tradition im Gudbrandsdal: Seit mindestens 4000 Jahren ist es besiedelt. Nach und nach entstanden hier die großen Höfe mit jenen eigensinnigen Bauerngeschlechtern, wie wir sie aus der norwegischen Literatur kennen: »Kristin Lavransdatter« von Sigrid Undset zum Beispiel spielt teilweise in diesem Milieu. Als Nord-Süd-Verbindung bildete das Gudbrandsdal lange Zeit den Reiseweg der Pilger und Händler zum Bischofs- und Königssitz Trondheim. Noch heute führen eine Hauptstraßenverbindung (E6) und die Eisenbahnlinie nach Trondheim durch das Tal, in dem der Fluß Driva sich sein Bett geschaffen hat.

Meine erste Begegnung mit dem Grundbrandsdal hatte symbolhaften Charakter. Auf einem abseits gelegenen Campingplatz kam ich mit dem Betreiber ins Gespräch. Er sprach perfekt Deutsch. Ich fragte ihn, wie er das gelernt habe. »Oh«, meinte er, »ich habe mir das selber beige-

Mit der Pferdekutsche zum Briksdalsgletscher

bracht. Im Winter kann ich viel lesen, dann lese ich auch deutsche Zeitschriften. Dabei habe ich Deutsch gelernt, und natürlich kann ich dann immer mal im Sommer mit deutschen Gästen üben.« Mir wurde an dem Beispiel klar, daß das teilweise enge und düstere Tal mit seinen langen Winternächten zugleich auch den Nährboden für die geistig-kulturelle Vielfalt bildete, wie sie bis heute besteht. Noch immer trifft man sie hier: die Bildermaler, die Poeten, die Fiedelspieler und die Volkstanzgruppen; die »Rosenmaler«, die Holzschnitzer, die Messerschmiede, die Weber und die Meisterköche. Ein besonderer brauner Käse (aus einem Gemisch aus Ziegenmilch und Kuhmilch): der Gudbrandsdalost, wurde erstmals hier erfunden – eines Tages erfand ein Tischler aus Lillehammer den Käsehobel dazu. Jedes Jahr findet in und um Vinstra ein Peer-Gynt-Festival statt, u. a. mit Volkstänzen und -musik und Freilichtaufführungen des Theaterstücks von Ibsen. »Peer Gynt lebt!« behauptet die touristische Werbung.

Warum durch den Schnee stapfen, wenn es Straßen gibt? Begegnung in Jotunheim

Das Gudbrandsdal ist mit 203 Kilometern Norwegens längstes Tal. Es beginnt bei Bjørli in 612 Metern Höhe und endet 490 Meter tiefer am Nordende des Mjøsasees. Um das Tal herum, von ihm aus erreichbar, liegen drei der großartigsten Gebirge Norwegens und vier Nationalparks: Jotunheim (das »Heim der Riesen, der ›Jöten‹«) im Nordwesten, Dovrefjell im Norden und Rondane im Osten – sowie als vierter Nationalpark Ormtjernkamp im Südwesten.

Ein guter Ausgangspunkt, um diese Gebirge zu erreichen, ist Lom an der Kreuzung der Reichsstraßen 15 und 55. Hier gibt es seit 1994 das »Norsk Fjellmuseum« – Gebirgsmuseum –, ein modernes, ungewöhnliches Museum.

Doch noch etwas anderes bietet Lom – die Küche des norwegischen Meisterkochs Arne Brimi. Er pflegt eine naturnahe Kochkunst auf der Grundlage norwegischer Tradition. Schon in dem kleinen Café im zweiten Stock des »Fjellmuseums« kann man einfache Gerichte aus seiner Hand kosten, z. B. geräucherten Rentierschinken, mit Bergkräutern zubereitet. Sein eigentliches Domizil aber ist das Restaurant im »Hotel Fossheim«, das auf eine alte Poststation zurückgeht.

Von Lom lohnt es, Jotunheim, das Reich der Riesen, anzusteuern. Zwischen Lom und Vågåmo kommt man in Garmo am Geburtshaus des Dichters Knut Hamsun vorbei. Das Jotunheimgebirge besticht durch zahlreiche Berggipfel und Gletscher. Von weitem wirkt die Landschaft unbezwingbar, doch zahllose Täler zerschneiden diese Region. Der Galdhøpigg, Norwegens höchster Berg (2469 m), und der Glittertind, lange Zeit wegen seiner – allerdings zwischenzeitlich schmelzenden – Eiskappe Norwegens höchster Punkt, ragen am weitesten empor.

Während der Jotunheim-Nationalpark ausschließlich vom Hochgebirge geprägt wird, liegt die Besonderheit des Nationalparks Ormtjernkampen in seinem Urwald aus Fichten. Mit nur 9 Quadratkilometern Fläche ist dies der kleinste Nationalpark Norwegens.

In den zahlreichen Wildbächen Jotunheims sammelt sich das Schmelzwasser von den Gipfeln

Als ausgesprochen karge Hochgebirgsregion präsentiert sich Rondane – dennoch ist das Gebiet bei weitem nicht so schroff und abweisend wie Jotunheim. Entsprechend eignet sich Rondane hervorragend als Wandergebiet für Familien und Anfänger.

»Dovrefjell« hat in Norwegen einen besonderen Zauberklang. Wenn man Norweger über dieses Gebiet sprechen hört, wird man bald daran erinnert, daß die Anfänge der Wanderbewegung und des Naturschutzes durchaus patriotischen Charakter hatten. Entsprechend lautete auch der Schwur der »Männer von Eidsvoll« – in Eidsvoll am Südende des Mjøsasees wurde am 17. Mai 1814 die norwegische Verfassung verabschiedet –: »Einig und treu, solange die Dovreberge stehen«.

Auch in der Sagen- und Märchenwelt hat das Dovrefjell immer eine große Rolle gespielt. Hier lebten immer schon in der Phantasie des Volkes Trolle und »Vetter« (sprich: Wetter), jene Erdgeister oder Kobolde, die auch in der Olympiaschau von Lillehammer vorkamen. Ibsen hat diese Vorstellung im »Peer Gynt« aufgegriffen.

Die Touristen, die heute hierherkommen, glauben nicht mehr an Trolle – in ihrer Vorstellung sind die Moschusochsen hier viel wichtiger. Der beste Ausgangspunkt, um sie wirklich zu finden, ist die »Kongsvoll-Fjellstue« (Berghotel mit Restaurant) an der E 6 nordöstlich von Dombås. Hier werden auch geführte Wanderungen angeboten: Moschussafaris.

In der »Kongsvoll-Fjellstue« sollte man auch nicht versäumen, die sehenswerte Ausstellung zur Natur der Hochgebirge anzusehen. Zudem gibt es in der Nähe im Freien einen »Botanischen Garten« mit norwegischen Bergpflanzen. Die Anführungszeichen haben ihren Grund, denn es wurden zwar Schilder aufgestellt und Pflanzen teilweise auch an andere Stellen versetzt, aber alle hier gezeigten Pflanzen wachsen an ihrem natürlichen Standort. Eine hervorragende Möglichkeit,

Sie werden Ibsens Peer Gynt in der Schule kennenlernen: Kinder in Lom

die Fjellflora zu studieren und sich auf Bergwanderungen vorzubereiten. Keimzelle dieser Anlage ist ein »Botanischer Garten«, der schon im vorigen Jahrhundert an der Station Kongsvoll für die Bahnreisenden nach Trondheim angelegt wurde, in einer Zeit, da der Aufenthalt der Züge den Reisenden für so etwas noch mehr Muße ließ.

Auch im Dovrefjell gibt es eine Reihe von gekennzeichneten Wanderpfaden, einige Hütten und mehrere markante Gipfel: Svånåtind (2216 m) und Snøhetta (2286 m) z.B. im Westen, Knutshø (ein langgestrecktes Massiv bis 1690 m) im Osten. Ein guter Ausgangspunkt zur Eroberung des Dovrefjells ist auch die »Hjerkinn-Fjellstue« an der Kreuzung der Reichsstraße 29 mit der heutigen E 6. Dieses Berghotel mit Restaurant hat eine lange Geschichte. Seit etwa 1200 Jahren existiert hier eine Unterkunft. Später wurde sie zu einer wichtigen Poststation am »Königsweg« über das Dovregebirge. Pferde gibt es hier auch heute: Reitertouren der verschiedensten Varianten werden von der »Hjerkinn-Fjellstue« angeboten.

Überhaupt ist das Dovrefjell zu einem Zentrum für Aktivferien geworden. In dem größeren Ort Dombås gibt es ein »Dovrefjell aktivitetssenter«, das die verschiedensten Unternehmungen vermittelt: Rafting (auf dem Gudbrandsdallåg), Kanufahrten, Elchsafaris, geführte Wanderungen für Vogelkundler, Gletscherwanderungen, Hundeschlittenfahrten, Wildnistouren mit Übernachtung und natürlich Moschussafaris. »Some people have all the fun« – einige Leute nehmen all diesen Spaß mit, behauptet die auf ein internationales Publikum ausgerichtete Werbung...

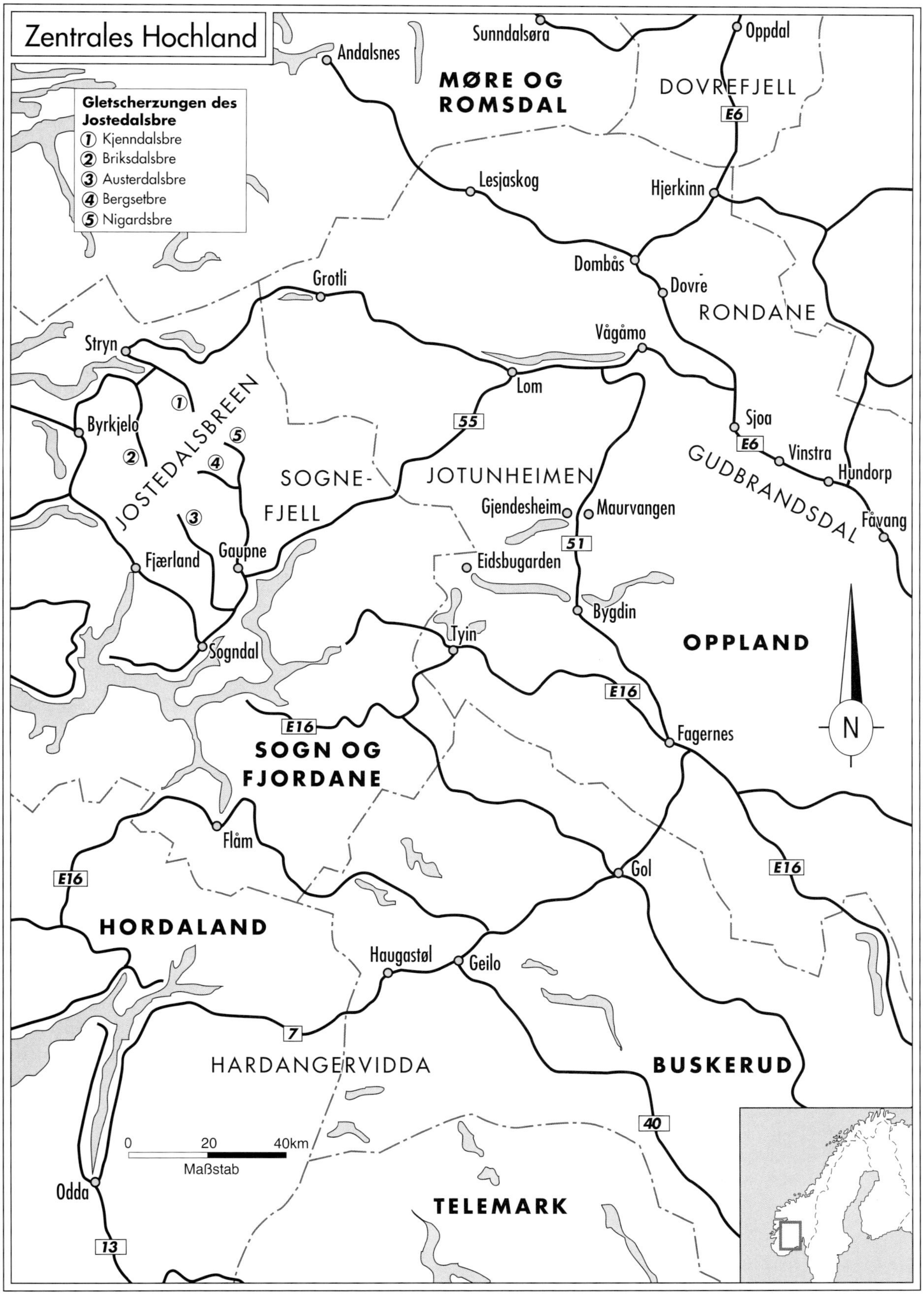
Zentrales Hochland
Gletscherzungen des Jostedalsbre
1 Kjenndalsbre
2 Briksdalsbre
3 Austerdalsbre
4 Bergsetbre
5 Nigardsbre
Andalsnes
Sunndalsøra
Oppdal
MØRE OG ROMSDAL
DOVREFJELL
E6
Lesjaskog
Hjerkinn
Dombås
Dovre
RONDANE
Grotli
Stryn
Vågåmo
Lom
JOSTEDALSBREEN
Byrkjelo
55
Sjoa
E6
Vinstra
Hundorp
GUDBRANDSDAL
SOGNE-
FJELL
JOTUNHEIMEN
Gjendesheim
Maurvangen
Fåvang
51
Fjærland
Gaupne
Eidsbugarden
Bygdin
Tyin
OPPLAND
Sogndal
E16
E16
Fagernes
N
SOGN OG FJORDANE
Flåm
E16
Gol
E16
HORDALAND
Haugastøl
Geilo
7
HARDANGERVIDDA
BUSKERUD
40
0
20
40km
Maßstab
Odda
TELEMARK
13

Informationen: Peer Gynts Reich

Gudbrandsdal: [i] Otta Skysstasjon, N–2670 Otta; Tel. 61 23 02 44. Vinstra Turist- og Messekontoret, Nedregt. 5, N-2640 Vinstra; Tel. 61 29 01 66, Fax 61 29 06 34.

Lom: [i] Lom turistkontor, N-2686 Lom; Tel. 61 21 12 86.

Jotunheim: [i] Vågå Turistkontor, N-2680 Vågåmo; Tel. 61 23 78 80, Fax 61 23 20 01. Karten: u. a. »Landgeneralkarten« Jotunheim 1:250 000.

Ormtjernkampen: [i] Gausdal Reiselivslag, Boks 62, N-2621 Østre Gausdal, Tel. 61 22 00 66.

Rondane: [i] Sel-Rondane Reiselivslag, Postboks 94, N-2671 Otta, Tel. 61 23 02 44, Fax 61 23 09 60.

Dovrefjell: [i] Turistinformasjonen, N-2660 Dombås, Tel. 61 24 14 44. Dovrefjell Aktivitetssenter an derselben Stelle oder: Tel. 61 24 15 55; Fax 61 24 15 70. Hjerkinn-Fjellstue, N-2661 Hjerkinn; Tel. 61 24 29 27, Fax 61 24 29 49.

Übernachtungen: Peer Gynt Fjellstue, N-2640 Vinstra; Tel. 61 29 19 30.
Jotunheim: Bessheim Fjellstue, N-2680 Vågåmo; Tel. 61 23 89 13.
Rondane: Vollheim Camping & Hytter, N-2663 Dovreskogen (früher: Brennhaug), Tel. 61 24 07 88.
Dovrefjell: Hjerkinn Fjellstue, Dovrefjell, N-2661 Hjerkinn; Tel. 61 24 29 27.

Wichtig zu wissen: Für den gesamten Bereich gelten besondere Campingregeln: **Wohnwagen- und -mobilfahrer** sind aufgefordert, nur auf Campingplätzen zu übernachten, wo die vorhandene Infrastruktur genutzt werden kann. Entsorgungsstationen sind angelegt. Campingverzeichnisse bekommt man in den Touristenbüros.

Lohnende Besuche:
»Norsk Fjellmuseum« in Lom
Mit den Lemmingen begann es – eine Ökologiestudentin erforschte Lemminge im Gebirge. Ob sich da eine Querverbindung ziehen ließ? Zwischen den Lemmingen, denen man Selbstmordabsichten nachsagte, und den Menschen, die scharenweise das Gebirge besuchten und dabei womöglich zerstörten, was ihnen Freude macht? Sie ließ es offen … Jedenfalls ist Anne Margarethe Bugge seit Juni 1994 als »Naturpädagogin« am Gebirgsmuseum in Lom angestellt – dem »Norsk Fjellmuseum«, um genau das zu verhindern: daß allzu viele Wanderer und Touristen dem empfindlichen Gebirge schaden.
Tausende Besucher kamen schon ins 1994 eröffnete »Fjellmuseum«, eins der seltsamsten Museen, die es gibt: höchst modern, aufgeteilt in eine Natur- und Kulturabteilung, aber völlig ohne ausgestopfte Tiere und konservierte Pflanzen. Ein Museum, das Stimmungen vermittelt (akustisch und optisch), dabei bewußt auch »belehrend« wirken will (hin zum richtigen Umgang mit der Natur), aber nicht eigentlich informiert. Hier setzt Anne Margarethe Bugges Aufgabe ein: Wo das Museum aufhört, soll sie erweitern und ergänzen.
»In der Natur lernt man nie aus«, sagt sie. Darum bietet sie u. a. Führungen im Freiland an, erzählt draußen von den Pflanzen und Tieren und darüber, wie man sie schützen kann. Ein besonderes Anliegen ist ihr die Arbeit mit Kindern und Jugendlichen.

Vogelfreunde lockt das Naturschutzgebiet Fokstumyra, ein Moorgebiet nordöstlich von Dombås. Der Bahnhof Fokstua der »Trondheimbahn« liegt mitten im Moor, die nächste Übernachtung bietet Fokstuen Fjellstue – wo man sich auch für Führungen anmelden kann. Ein Rundweg, den man nicht verlassen darf, führt um das Moor herum.

Tips für Wanderer : Man fährt von Otta den »Rondanevegen« bis kurz hinter Mysuseter (wo man auch übernachten kann); danach noch etwa 4 km auf einem – mautpflichtigen– »bomvei« bis zu einem Parkplatz, wo man den Wagen während der Wanderung stehen lassen kann. Zu Fuß erreicht man auf markiertem Pfad in etwa 1 3/4 Std. die Hütte Rondvassbu; im Norden liegen Storronden (2138 m), Vinjeronden (2044 m) und der höchste Berg, Rondslottet (2178 m). Vom Rondvassbu aus führt ein Wanderpfad zur Hütte Bjørnhollia.

Moschusrinder in Norwegen

Natürlicherweise kommen Moschusrinder heute nur in Alaska und in Grönland vor. Der Bestand im Dovrefjell geht auf einige wenige ausgesetzte Tiere zurück: 1932 brachte man 10 Kälber aus Ostgrönland hierher. Am Ende des Zweiten Weltkrieges war die daraus entstandene Herde zwar ganz ausgelöscht, aber Anfang der 50er Jahre wurden erneut einige Tiere aus Grönland hier ausgesetzt. Diesmal entwickelte sich ein gesunder Bestand (zur Zeit ca. 60 Tiere), ja, es gab sogar eine Auswanderung, aus der sich eine neue Herde in Härjedal im schwedischen Grenzgebiet entwickelte.

Mit Moschusrindern ist »nicht zu spaßen«: In freier Natur fliehen sie normalerweise vor keinem Tier, auch nicht vor Wölfen oder Bären. Statt dessen bildet die Herde eine »Burg«: die Kälber in der Mitte, die erwachsenen Tiere im Kreis außen, mit den Hörnen nach vorne. Das eigentlich Gefährliche dabei sind die plötzlichen Ausfälle der Bullen, die völlig unerwartet zum Gegenangriff übergehen. Das muß man als Fotograf unbedingt beachten! Wer sich mühsam herangepirscht hat und glaubt, jetzt könne er endlich seine Großaufnahme machen, der kann keineswegs sicher sein, ob er jemals der Welt seine Aufnahmen wird präsentieren können.

Ein Bulle kann bis zu 300 kg wiegen, bei einer Körperlänge von 180 bis 250 cm und rund ein bis eineinhalb Meter Höhe. Durch ihr dichtes Fell sind Moschusrinder ausgezeichnet vor Kälte geschützt. Wie Untersuchungen ergeben haben, dürften sie die längsten Haare aller wildlebenden Tiere haben, ca. 16 cm am Rücken, 60, manchmal bis 90 cm an Hals, Brust und Hinterteil. Kein Wunder, wenn sie nicht frieren!

Eigentlich gehören sie nach Grönland: Moschusrind im Dovrefjell. Aus einer kleinen eingebürgerten Herde hat sich ein dauerhafter Bestand entwickelt. Vorsicht, man darf ihnen nicht zu nahe kommen!

Das Gudbrandsdal – wo Milch und Käse fließen

Wer kennt schon »Prim«, »Gomme«, »Misvær«, »Brunost«, »Ystil«? Das Lexikon schweigt sich aus. Also bitte ich eine junge Verkäuferin um Nachhilfe.

»Du verstehst norwegisch?« fragt sie.

»Etwas«, antworte ich.

So beginnt ihr Exkurs in die Geheimnisse der Käseherstellung: »Melk zentrifugiert man im Separator zu fløte und skummet melk und mikset skummet und helmelk zu lettmelk. Melk säuert zu kulturmelk, und wenn du løpe zugibst, reift sie zu opplagt melk ...« Die junge Frau unterbricht ihren Wortschwall: »Hast du noch eine Frage?«

Nun – da gibt's eigentlich nur eins: nicht lange fragen, sondern gleich probieren. Die Sache lohnt sich.

Heute ist Frischmilch dank moderner Techniken und dichter Verteilernetze in jedem noch so entlegenen Winkel Skandinaviens erhältlich. Zu Beginn dieses Jahrhunderts war das anders. Auf Gehöften und Almen war man Selbstversorger, nur Sauermilch und lagerfähiger Käse kamen in den Fernhandel. Eine Region wurde dabei weithin bekannt: das Gudbrandsdal, nicht zuletzt auch Peer Gynts wegen. Ein anderer Name hingegen, der für diese Gegend weitaus größere Bedeutung hatte, ist weniger bekannt: Anne Hov. Im Alter von 17 Jahren gelang der einfachen Bäuerin eine Erfindung, die Ende des letzten Jahrhunderts die Menschen hier aus einer wirtschaftlichen Krise führte.

»Bei der Butter- und Käseherstellung fällt doch Molke nur als Nebenprodukt ab ...« sagte sich Anne Hov. Sie änderte das, indem sie die Molke durch den Zusatz von Sahne veredelte. So entstand ein Käse, der schon bald in den meisten Hütten des Gudbrandsdals erzeugt wurde. Der Vorteil: Um ihn herzustellen, benötigte man nur etwa die Hälfte der Milchmenge, die für Butter nötig wäre. Der Verkaufserlös pro Kilo aber war und ist vergleichbar. Heute ist er der weit über die Landesgrenzen hinaus bekannteste Käse: der Gudbrandsdalsost.

Ein Großteil der »brunost« genannten Molkenkäse wird jetzt in großen Molkereien produziert. Doch hier und da wird er auch noch, genau wie damals, in kleinen Familienbetrieben erzeugt. Das handgemalte Schild *»Ekte geitost«* irgendwo am Straßenrand neben einer Sennhütte sollte man daher nicht ignorieren.

Die mehr oder weniger braunen Molkenkäse werden unter verschiedenen Namen angeboten: z. B. »Prim« oder »Mager Prim«, letzterer hat einen karamellähnlichen Geschmack. Beliebt ist er als Füllung in »lefser«, dem weichen Fladenbrot.

Durch unterschiedliche Ziegenmilchzugaben unterscheiden sich schneid- und hobelbare Käse: »Mysost« und »Innherred« bestehen nur aus Molke vom Rind; Gudbrandsdalsost«, »Heidal« und »Misvær« enthalten neben Molke auch Milch von Rind und Ziege. »Ekte Geitost« schließlich wird nur aus Ziegenmolke, -milch und -sahne hergestellt. Wegen seines kräftigen »Ziegengeschmacks« trennt er die erstmals Kostenden sofort in begeisterte Liebhaber oder strikte Gegner.

Sie geben seltene Gastspiele in der Öffentlichkeit: Braunbären im norwegisch-schwedischen Grenzgebiet ▷

Wildnis im Grenzbereich – der Osten

Mit dem »weißen Schwan« über den Mjøsasee – »Skibladner«

Mehr als verwundert rieb sich der Bahnhofsvorsteher von Minnesund frühmorgens am 5. März 1937 die Augen: Dort, wo vor einer halben Stunde noch der Raddampfer »Skibladner« an seinem winterlichen Ankerplatz gelegen hatte, war jetzt ein leerer Anleger. Kein Mensch war zu sehen, keine Maschine zu hören gewesen, doch der Dampfer war verschwunden. Das augenscheinlich Unmögliche entpuppte sich jedoch schnell als eine Verkettung unglücklicher Umstände mit bösen Folgen. Schneemassen hatten das Schiff krängen lassen, so daß durch ein offen gelassenes Ventil Wasser eindringen konnte und der Dampfer an seinem Liegeplatz schlichtweg »abgesoffen« war.

Wer heute den stolzen »weißen Schwan« auf Norwegens größtem Binnensee, dem Mjøsa, seine Bahn ziehen sieht, kann sich kaum vorstellen, daß die rund 140jährige Geschichte des »Skibladner« nicht nur voller Höhen, sondern manchmal im wahrsten Sinne des Wortes auch voller Tiefen war. Daß sich der älteste noch in Betrieb befindende Raddampfer der Welt gegen alle Widrigkeiten behaupten konnte, ist aber kein Zufall.

Spielt da nicht schon der aus der altnordischen Mythologie entliehene Name »Skibladner« eine Rolle? Das gleichnamige Schiff des Gottes Frøy konnte nämlich sowohl zu Wasser als auch auf dem Land segeln und hatte immer Rückenwind. Bei der mit fünf gegen vier Stimmen denkbar knappen Entscheidung für diesen Namen des Raddampfers hatten die Verantwortlichen der »Oplandske Dampskibsselskap« 1856 allerdings weniger an das wundersame Fortkommen ihres Schiffes gedacht. Vielmehr sah man in ihm den Ausdruck nordischer Geschichte und Identität. Und damit wollte man für alle national gesinnten Norweger ein Zeichen setzen, die einige Jahre zuvor Zeugen einer ganz und gar »befremdlichen« Entwicklung geworden waren: Auf den

Stille Gewässer, bunte Wälder: Allmählich beginnt der Herbst im Femundgebiet

»Skibladner« – einer der bekanntesten und beliebtesten Ausflugsdampfer Norwegens

Dampfschiffen des Mjøsa hatten Engländer das Kommando übernommen.

Werfen wir noch einmal einen Blick auf die Umstände, die zum Bau des »Skibladner« führten.

Während der 40er Jahre des vergangenen Jahrhunderts erlebte die Region um Mjøsa einen enormen Aufschwung. Lillehammer, Gjøvik und Hamar entwickelten sich rasch zu Handelszentren für Oppland und das Gudbrandsdal. Da auch die Produktivität der Landwirtschaft stieg, war schnell ein großer Bedarf an Fracht- und Passagierschiffen entstanden. Bis zu diesem Zeitpunkt hatten vornehmlich Segelschiffe Güter und Menschen auf dem Mjøsa transportiert, nun wollte man auch hier im Binnenland die schon an der Küste erprobten neuen Dampfschiffe. Sie waren zwar teurer in der Anschaffung und beim Unterhalt, ließen sich aber gerade auf Flüssen und Seen leichter manövrieren und waren natürlich überall dort von großem Vorteil, wo Tempo und Regelmäßigkeit die größte Rolle spielten – beim Post- und Passagierverkehr.

So beauftragte man englische Werkstätten mit dem Bau zweier Raddampfer, die später auf dem Mjøsa zum Einsatz kamen. Das wachsende Handels- und Personenaufkommen sorgte dafür, daß es sowohl für »Dronningen« und »Jernbarden« als auch für die herkömmlichen Segler genug zu tun gab. Auch für Reisende zwischen Trondheim und Christiania, dem heutigen Oslo, brachte der Dampfschiffverkehr auf dem Mjøsa einige Erleichterungen. Gegen Ende des Jahrzehnts konnte man nun per Schiff und Kutsche an einem Tag von Eidsvoll nach Ringebu im Gudbrandsdal gelangen – was immerhin ein Drittel der Gesamtstrecke ausmachte.

Von der Entscheidung für den Bau einer Eisenbahn von Christiania nach Eidsvoll erhoffte man sich weitere Verkürzungen der Reisezeit und Veränderungen in Form eines höheren Transportaufkommens. Und es kam auch so, allerdings – wie so häufig – anders, als man gedacht hatte.

Da man in Norwegen noch nicht die technischen Mittel besaß, wurde ein englisches Konsortium mit dem Bau der Eisenbahn beauftragt. Wichtiger Punkt in dem Vertragswerk war, daß die Bahn fünf Jahre nach ihrer Inbetriebnahme in eine halbstaatliche norwegische Aktiengesellschaft übergehen sollte. Unter dieser Prämisse beschloß man bei der »Opplandske Dampfskibsselskap«, auch die beiden schon vorhandenen Raddampfer an die Engländer zu verkaufen. Was vielen Bauern und Bürgern rings um Mjøsa unverständlich erschien, war im Prinzip wohl überlegt: Man ging zum einen davon aus, daß die Engländer, die gleichzeitig den Eisenbahn- und den Schiffsverkehr bedienen würden, auch die Fahrpläne abstimmen und damit für kürzere Fahrzeiten und höhere Auslastung der Schiffe sorgen würden. Ein zweiter Gedanke war allerdings entscheidender. Durch die rasante Entwicklung der Technik waren die beiden Dampfer nach wenigen Jahren schon nicht mehr »up to date« – mit dem Verkaufserlös sollte ein neues, sparsameres und schnelleres Schiff gebaut werden.

Daß dies schneller geschah, als viele gedacht hatten, lag allerdings an den Engländern.

Schon innerhalb der ersten Woche nach dem Verkauf der Dampfschiffe im Jahre 1851 erhöhten die Engländer, die nun das Dampfschiff-Monopol hatten, ihre Fahrpreise enorm. Fahrgäste der 2. Klasse mußten 25 %, die der ersten gar 50 % mehr für ihre Billetts bezahlen. Eine Welle der Empörung ging durch die Bevölkerung, sah man doch sich und die Interessen der Region geradezu der Wegelagerei ausgesetzt. Wer konnte, ließ seine Waren auf Seglern transportieren, vermied das Schiffahren oder benutzte zumindest nur die 2. Klasse. Waldarbeiter verweigerten Holzlieferungen. Schnell war man sich einig: Nur durch ein eigenes Schiff konnte den Engländern Einhalt geboten werden.

So kam es, daß am 21. Mai 1851 bei der »Aktienzeichnung für ein neues Dampfschiff auf dem Mjøsa« Bürger, Bauern, Fabrikanten und Gemeinden im Schulterschluß die finanzielle Grundlage für den zukünftigen Raddampfer »Skibladner« schufen. Wie groß die Empörung über die Engländer war, zeigte auch die Tatsache, daß man den Bau des Schiffes trotz der unfreiwilligen Union mit dem östlichen Nachbarland bei der Motala-Werkstatt in Schweden in Auftrag gab und nicht, wie bisher üblich, bei den Briten.

1856 kam der Dampfer, in Einzelteile zerlegt, nach Norwegen, wo man ihn zusammenbaute. Am 2. August des selben Jahres war es dann soweit: Unter dem Beifall der Bevölkerung lief der »Skibladner« zu seiner Jungfernfahrt auf dem Mjøsa aus. Mit 11,5 Knoten war er das schnellste Schiff des Landes und zeigte in den darauffolgenden Jahren den übrigen Raddampfern die Schaufeln. Als reines Passagier- und Postschiff, auf dem 12 Mann Besatzung waren, bot der Raddampfer Platz für 340 Fahrgäste.

Auch wenn die Konkurrenz zur Eisenbahn später auch unter norwegischer Regie bestehen blieb, war das Schiff bei Bevölkerung und Passagieren gleichermaßen beliebt. Die ganzen Jahre hindurch war das Anlegen des Raddampfers in den Häfen ein besonderes Ereignis. So wollte man in Gjøvik noch in den 80er Jahren von jedem Gaffer, der nur aus Neugierde auf der engen Brücke und im Wege stand, fünf Øre verlangen. Zu Ehren des Kapitäns nahm jeder den Hut ab und grüßte, solange das Boot zu sehen war. Selbst die Ruderer, die beim Ausbooten halfen, zogen jedesmal höflich die Kopfbedeckung. Wenn man bedenkt,

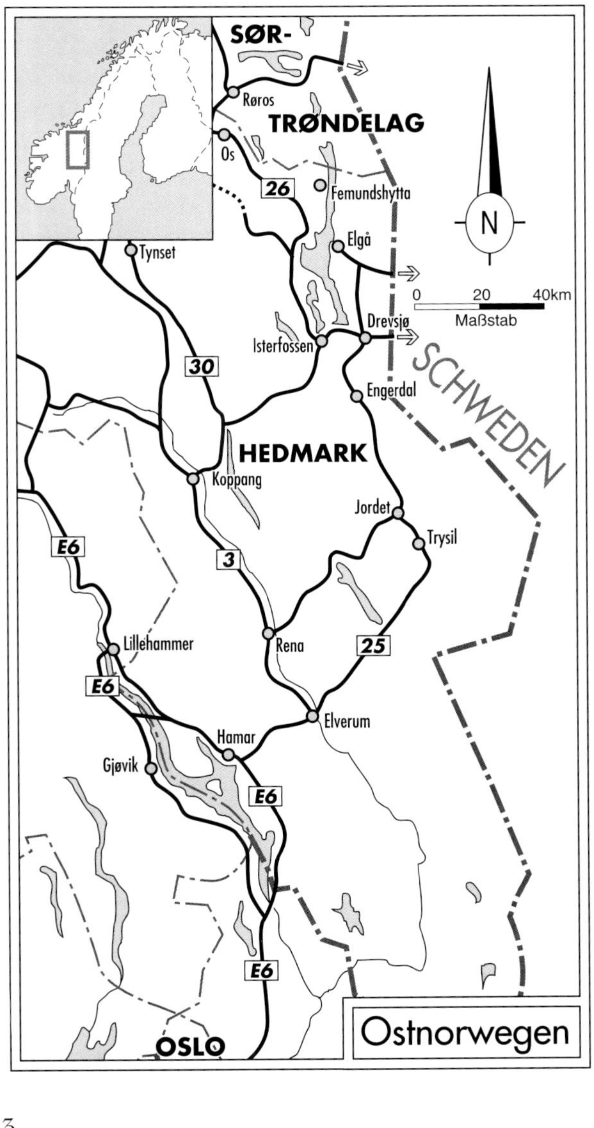

Informationen: »Skibladner«

[i] A/S Opplandske Dampfskibsselskap, Strandgt. 23, N-2300 Hamar, Tel. 62 52 70 85: Fax 62 53 39 23.

Reisezeit: Der »Skibladner« verkehrt von Mitte Mai bis Mitte September auf dem Mjøsa, Norwegens größtem Binnensee. Angelaufen werden Eidsvoll, Gjøvik, Hamar und Lillehammer.

daß der »Skibladner« in manchen Orten zweimal täglich anlegte, war dies schon eine beachtliche Leistung. Überhaupt schien man es am Mjøsa mit der Höflichkeit recht genau zu nehmen, wie man auch einer Schilderung dreier englischer Touristen entnehmen kann, die sich in ihren Tagebuchaufzeichnungen über mitreisende Fahrgäste auf dem »Skibladner« äußerten: »Auch wenn ihre Kleidung schlecht und ab und zu grotesk ist, sind doch ihre altmodischen Manieren und ihre offene Höflichkeit sehr ansprechend, und wenn sie auch ein bißchen angeben, sind sie immerhin so friedlich und gesittet, daß sie im größten Gegensatz zu dem Mob stehen, den man z. B. auf dem Greenwich-Boot sehen kann.«

Wer sich nicht an Deck aufhielt, konnte im Restaurant vorzüglich speisen und trinken. Daran hat sich bis heute nichts geändert, und auch das klassische »Skibladner-Menü«, bestehend aus Lachs und Erdbeeren, steht seit nunmehr rund 100 Jahren noch heute auf dem Speiseplan. Zwar wird der Lachs ab und zu mal durch eine Forelle aus dem Mjøsa ersetzt, und im Herbst gibt's Multebeeren statt Erdbeeren, aber Ausnahmen bestätigen ja bekanntlich die Regel.

Eine wirkliche Ausnahme sind eher die Kanonenschüsse geworden, die früher mehrmals täglich über den Mjøsa hallten. Was heute ein lautstarkes Vergnügen ist, für das manche Krone den

Der lange Winter macht erfindersich: Ente auf norwegisch

Besitzer wechselt, war im vergangenen Jahrhundert Ehrerbietung und Notwendigkeit. Der »Skibladner« hatte Kanonen an Bord, aus denen bei festlichen Anlässen an Land im Vorüberfahren Salut geschossen wurde. Sie hatten aber auch den Zweck, größeren Ortschaften die Ankunft des Dampfers anzukündigen, bei Nebel und schlechter Sicht darüber hinaus zu warnen. So schreckten 1857 die Bewohner Hamars nach einer Fahrplanänderung des »Skibladner« gleich viermal pro Woche aus dem Schlaf, weil man es sich auf dem Dampfer auch nachts nicht nehmen ließ, sein Kommen anzukündigen.

Aber auch die besten Jahre gehen vorüber. Die Fertigstellung der Eisenbahn 1894 bis Lillehammer, die beiden Weltkriege und die zunehmende Automobilisierung machten dem »Skibladner« das Leben schwer.

Von 1917 bis 1919 mußte der Raddampfer sogar an die Kette gelegt werden. Von größeren Kriegszerstörungen im Zweiten Weltkrieg verschont, kam der »Skibladner« erst nach 1945 mit Unterbrechungen wieder richtig in Fahrt.

Den zweiten »Tiefpunkt« seiner Karriere erreichte er am 6. Februar 1967: Wie schon 30 Jahre zuvor, sank der Dampfer an seinem Kaiplatz – diesmal allerdings ohne erkennbare Ursachen. Wer aber geglaubt hatte, daß die Skibladner-Ära damit beendet gewesen sei, der sah sich getäuscht. In einer landesweiten Hilfsaktion wurden Gelder gesammelt und neue Aktien ausgegeben. Man hob »die Perle des Mjøsa« und restaurierte sie geradezu pietätvoll nach Plänen von 1880: Sofas, Stühle, Gardinen und Leistenwerk sorgen heute für ein komfortables Reisegefühl wie »anno dunnemal«.

Mag sein, daß der »Skibladner« für viele Norweger ein großes Spielzeug ist. Ganz sicher ist er aber ihr Hätschelkind, ein Kleinod, und für alle, die ihn erlebt haben, ein Symbol für den norwegischen Sommer. »Solange es Wasser im Mjøsa und Geld in der Kasse gibt, soll der ›Skibladner‹ fahren!«

City-Porträt: Lillehammer – mehr als bloß Olympia-Stadt

Spätestens seit den 17. Olympischen Winterspielen ist der Name Lillehammer auch für weniger sportive Medienkonsumenten ein Begriff. Schließlich verdienten sich die weltweit als solche gefeierten »schönsten Spiele aller Zeiten« ihren Ehrentitel nicht allein wegen der sportlichen Großtaten. Vielmehr schufen die traumhaft schöne Landschaft, von herrlichem Winterwetter trefflich in Szene gesetzt, und die Begeisterung der Bevölkerung einen einzigartigen Rahmen. Maßstäbe schließlich setzten die Norweger mit ihrem Konzept der »grünen Olympiade«, nicht im Sinne von schneearm, sondern ökologisch. Zwar gab es auch in Lillehammer keine Neubauten ohne Eingriffe in die Natur, die Schadensbegrenzung ist im Vergleich zu früheren Olympia-Sünden jedoch gelungen. Vom Ruhme des Februars 1994 hätten die Stadtväter gerne auch rein plakativ noch eine Weile gezehrt, aber nein: Das Straßenamt sorgte dafür, daß die riesigen Schilder längs der Ausfallstraßen fallen mußten, jene Tafeln, die dem Reisenden stolz verkündeten, daß er es hier mit der Olympiastadt Lillehammer zu tun habe. Der postolympische Bilderstreit zeigt immerhin eines: Wenn man sich allen Ernstes sorgt, Fremde könnten das Städtchen passieren, ohne es zu bemerken, dann kann es mit der Umweltverschandelung in der Tat nicht allzu weit her sein. Andererseits drängt sich der Verdacht auf, daß die Verwalter des nordischen Olymp vielleicht doch etwas einseitig auf den Olympia-Effekt setzen. Gerade so, als habe das malerische, am nördlichen Zipfel des Mjøsa-Sees gelegene »Tor zum Gudbrandsdal« ansonsten wenig zu bieten. Was natürlich völliger Unsinn ist.

Aber es ist schon richtig: Die Olympiade begleitet den Besucher auf Schritt und Tritt. Beim Bummel durch das gemütliche Zentrum des 23 000-Seelen-Städtchens mit seinen alten Holzhäusern und der umtriebigen Fußgängerzeile, der »Storgate«, rennt man plötzlich vor die Wand jenes häßlichen Betonquaders, in dem die Planer der »OL 94« sich ansonsten gottlob gelungenere Lösungen für olympische Bauwut einfallen ließen. Am nördlichen Stadtrand klebt eine Mondstation aus Stahl und Glas am Hang. Während der hektischen Spielezeit als Pressezentrum von Tausenden von Journalisten bevölkert, wird sie heute von allenfalls ein paar hundert Studenten der Technischen Hochschule genutzt. Und die schönste Aussicht über Lillehammer genießt man von der Terrasse der großen Olympia-Sprungschanze, von der Jens Weißflog dem Gold entgegensegelte. Hätte der Jens bei seinen 130-Meter-Flügen den Kopf doch nur ein wenig höher gehalten! Er wäre vermutlich nicht so weit, dafür aber in den Genuß eines phantastischen Blicks gekommen: die weißen und braunen Häuschen mit ihren gepflegten Gärten, dazwischen die in den blauen Himmel weisenden Kirchtürme, die im Sonnenschein glitzernde Fläche des Mjøsa-Sees im Hintergrund, große, reiche Höfe an den Hängen ringsum und bewaldete Bergrücken am Horizont.

Im Freilichtmuseum Maihaugen bei Lillehammer

Nicht weit vom Hunderfossen, zwölf, dreizehn Kilometer nördlich von Lillehammer, liegt die olympische Bob- und Rodelbahn. Hunderfossen ist ein Spielparadies für die Kleinen (und die jung gebliebenen Großen) mit über 40 Einrichtungen. Als Wahrzeichen des Freizeitparks gilt ein Troll, 14 Meter hoch, obwohl er gebeugt auf einem Klotz hockt, wo man ihm zwischen den Füßen herumlaufen kann. In der Rodelröhre nebenan aber bretterte der Hackl-Schorsch zu Gold, langgestreckt auf seinem Schlitten liegend, zwischen den Füßen den Steuerungsmechanismus. Die nacholympische Nutzung der Betonspirale beschränkt sich bislang darauf, daß man im Sommer in Spezialwagen hinunterdonnern darf. Mehr ist zu diesem nicht ganz so grünen Monument noch niemandem eingefallen.

Auf dem Bergrücken östlich Lillehammers harrt das Birkebeiner-Skistadion künftiger Ereignisse. Benannt nach jenen legendären Streitern, die im Jahre 1206 den norwegischen Thronfolger Håkon auf ihren Lauflatten über die verschneiten Höhen aus Schweden herüberbrachten, ist es das Herzstück eines auf über 300 Kilometer verzweigten Loipennetzes. Wer hier auf die Bretter steigt, kann die gleiche Spur ablaufen, auf der der Johann Mühlegg sein Weihwasser vergoß und dann doch keine Medaille gewann. Im Sommer entfallen derartige Sentimentalitäten, doch läßt eine grandiose Landschaft mit weiten Wäldern, blitzenden Seen und kargen Gipfeln die vergeblichen Mühen des abergläubischen Johannes rasch verblassen.

Wer die Schatten Olympias loswerden möchte, muß sich schon zurück in die Vergangenheit bequemen. Eine durchaus lustvolle Reise, die man im Freilichtmuseum Maihaugen beginnen sollte. Die Lokalhistorie behauptet, daß Gründer Anders Sandvig, ein gelernter Zahnarzt, der im Alter von 24 Jahren 1885 nach Lillehammer kam, an Tuberkulose erkrankt und von den Ärzten auf den baldigen Tod vorbereitet gewesen sei – sein »Lebenswerk« Maihaugen schenkte ihm dann aber noch 60 lange Jahre. 150 Gebäude auf einer Fläche von 40 Hektar, zusammengetragen aus dem gesamten Gudbrandsdal, erzählen davon, wie es vom Mittelalter bis ins letzte Jahrhundert hinein zuging an dieser wichtigen Achse von Nord nach Süd. Zwei große Landgüter, Bauernhöfe und Häuslerkaten, Kirche und Pfarrhof, Werkstätten, Färberei und Gerberei, eine Dorfschule, Gemeindehaus und Gefängnis, Poststation und Fährmannshütte – man kann sich lebhaft vorstellen, wie ihre Bewohner einst gehaust haben.

Die nächste Station der Vergangenheitsbewältigung heißt Lilleputhammer und liegt weiter

Informationen: Lillehammer

[i] Lillehammer Turistkontor, Postbox 44, Lilletorget 1 in N-2601 Lillehammer. Telefon 61 25 92 99, Telefax 61 26 96 55. Hier gibt es auch ein Verzeichnis der vielfältigen Übernachtungsmöglichkeiten in Hotels, Pensionen, Hütten oder auf Campingplätzen.

Sehenswertes: Im Zentrum die Fußgängerzone Storgate, das Fahrzeugmuseum sowie der Olympiapark mit den Skischanzen. Auf der Höhe östlich der Stadt das Birkebeiner-Skistadion, am Südende Lillehammers das Freilichtmuseum Maihaugen – hier sollte ein voller Tag eingeplant werden. Nördlich in Richtung Øyer/Tretten die Miniaturstadt Lilleputhammer und der Familienpark Hunderfossen.

Abstecher: Hamar, 30 Kilometer südlich Lillehammers an der breitesten Stelle des Mjøsa-Sees gelegen. Ein »Muß« auch für Nicht-Olympioniken ist das architektonische Meisterwerk der Eisschnelllaufhalle mit der hölzernen Dachkonstruktion eines umgestülpten Wikinger-Schiffs. Ebenfalls sehenswert: das Eisenbahnmuseum.
Nordseter, 14 Kilometer nordöstlich Lillehammers, Ausgangspunkt für Gebirgstouren.
Sjusjøen, etwa 20 Kilometer östlich Lillehammers, ein malerischer See mit guten Wandermöglichkeiten ringsum.

Tip: Eine Fahrt mit dem 1856 gebauten Raddampfer »Skibladner« auf dem Mjøsa-See zwischen Lillehammer und Hamar (nur im Sommer möglich).

nördlich beim Dorf Øyer. Wie der Name schon andeutet, genießt der Besucher optimalen Überblick, während er durch das Lillehammer der Jahrhundertwende stiefelt: Die Gebäude erreichen nämlich nur ein Viertel der Größe der Originale. Daß viele Läden der Miniatur-Stadt geöffnet haben, zeugt von Liebe zum Detail und verrät uns, daß die Lillehamringer schon immer und selbst im kleinen Maßstab tüchtige Handelsleute abgaben. Mit dem kaufmännischen Geschick seiner Bürger erklärt sich auch der Aufstieg Lillehammers zur wichtigsten Stadt am Mjøsa-See, dem größten Binnengewässer Norwegens. Erst Anfang des vorigen Jahrhunderts als »Litli-Hamar«, Klein Hamar, gegründet, erhielt die junge Gemeinde 1827 die Stadtrechte. Auch wenn Lillehammer als einzige Stadt der Welt einen Skiläufer im Wappen führt, dauerte es doch bis weit in unser Jahrhundert hinein, ehe der Birkebeiner dem alten und traditionsreichen Hamar im Süden, bis zur Reformation 1537 als Bischofssitz auch geistiger Mittelpunkt der Region, den Rang ablaufen konnte. Heute ist Lillehammer Verwaltungsmetropole der Provinz Oppland, auf 75 Einwohner kommt ein Geschäft, der Tourismus blüht.

Dennoch hat sich Lillehammer seinen kleinstädtischen Charme bewahren können. Nicht einmal das Spektakel des Februar 94, mit einer Invasion von täglich 100 000 Menschen und dem ganzen Medienrummel, hat daran viel ändern können. So wie die Natur ringsum, hat auch das Städtchen samt seinen Einwohnern den Ansturm weitgehend unversehrt überlebt. Hängengeblieben ist das Image vom wahr gewordenen Wintermärchen. Wer Lillehammer allerdings ausschließlich darauf reduziert, ist selber schuld.

»Kopparleden«, die Kupferstraße – von Røros zum Femund-See

Ohne Kupfererz gäbe es Røros nicht. 1644 wurde mit der Stadtgründung die erste Grube in Betrieb genommen, 1977 die letzte geschlossen. Mit den niedrigen Kupferpreisen auf dem Weltmarkt konnten die Norweger einfach nicht mithalten. Aber nach 333 Jahren als Bergwerksstandort ist die Architektur der Stadt ihr größtes Kapital für die Zukunft: Røros steht auf einer Stufe mit dem Schloß von Versailles oder den ägyptischen Pyramiden, seitdem die UNESCO den Stadtkern in ihre World Heritage List der bewahrenswerten Baudenkmäler aufgenommen hat.

Seit mehr als 300 Jahren blieb die Stadt von Großfeuern verschont, so daß heute eine zusammenhängende Holzbebauung erhalten ist. Die Auszeichnung beschränkt sich übrigens nicht auf eine dekorative Urkunde, sondern stellt vor allem die Finanzierung von Restaurierungsmaßnahmen sicher. Die Besucher geben sich die Klinke in die Hand.

Nachdem ich eine Weile durch die engen Gassen geschlendert bin, stehe ich auf dem Malmplatz (malm = Erz) vor der alten Hüttenglocke, die viele Generationen von Bergarbeitern zu den Schichten rief. Im Hintergrund grüßt der Kirchturm mit den Symbolen des Bergbaus: Schlägel und Eisen. Am Malmplatz steht auch die Smelthytta, die Schmelzhütte, ein weitgehend orginalgetreuer Nachbau der letzten Hütte aus dem Jahr 1888, die 1975 abbrannte.

Als wären die Arbeiten noch im Gang, türmen sich hinter der Hütte die Schlackenhalden, jenes eisenhaltige Abfallprodukt, das während der Schmelzphasen ausgeschieden wurde. Unterhalb der Halden kauern einige Häuserzeilen an ungeteerten verwinkelten Gassen. Die ersten Gebäude sind unbewohnt – oder etwa doch nicht …? Durch

Der Herbst ist die schönste Wandersaison im norwegisch-schwedischen Grenzgebiet

die verstaubten Fensterscheiben erkenne ich die Haushaltsgeräte auf dem Tisch, Pantoffel auf dem Fußboden. Holzscheite liegen akkurat neben dem Ofen gestapelt. Dieses auf den ersten Blick »niedliche« Freilichtmuseum kann im Rahmen einer Stadtführung besichtigt werden.

Ich entscheide mich für den Besuch der Olavsgruva. Erst 1935 erschlossen, war sie die letzte Grube im Umland von Røros. Mit Helm und Umhang versehen, marschieren heutige Besucher durch Stollen, in denen Licht- und Toneffekte die Arbeitsgänge unter Tage simulieren. Die harten Lebensumstände der Arbeiter werden nicht verschwiegen: »Anfangs mußten sie sich sogar noch Geld leihen, um ihr Brot zu bezahlen. Die meisten kamen nur über die Runden, indem sie nebenher etwas Land bewirtschafteten. Die Arbeit auf den Parzellen übernahmen die Frauen.« Wie sich ihre Männer organisierten und erste Verbesserungen erkämpften, liest sich heute wie ein spannender Krimi.

Die Kupferstraße, der »Kopparleden«, verbindet Røros über 420 Kilometer mit dem schwedischen Pendant Falun. Der Kontakt entstand mit dem Aufbau des norwegischen Tagebaus: Lehrlinge aus Røros schickte man zur Ausbildung nach Falun. Parallel dazu entwickelte sich ein lebhafter Grenzhandel, vorwiegend im Winter, wenn zugefrorene Flüsse und Seen ein leichtes Vorwärtskommen ermöglichten. Erst 1960 wurde die Straßenverbindung hergestellt. Die Strecke durch die mittelschwedischen Wälder und vorbei am Siljan-See ist eine klassische »Straße in die Einsamkeit.«

Ab Røros gibt es zwei Möglichkeiten der Weiterreise: Das Boot über den Femund-See befördert nur Personen. Mit dem Auto hält man sich an die Kupferstraße, ohne den See jedoch aus den Augen zu verlieren. Daß diese Ostkante Norwegens, mit Røros und Femund-See, im kältesten Landesteil südlich des Polarkreises liegt, erlebe ich hautnah. Morgens wundere ich mich, daß mein Zelt enger geworden ist. Als ich die Reißverschlüsse aufzippe, umgibt mich weiße Pracht: Zehn Zentimeter Schnee liegen auf dem Zeltdach.

Die Kupferstraße durchquert ein ausgedehntes Sumpfgebiet mit lichten Wäldern. Siedlungen sind selten. Zu lange währt der feste Griff des Winters, zu karg ist der Boden. Das Tufsingdal verläuft parallel zur Westseite des Femund-Sees. Hier beginnt der Pfad zur Femundshytta. Die Ruinen der Schmelzhütte am Seeufer sind das Ziel meiner Wanderung. Ich stapfe über frische Schneefelder, bevor mich diese typische Femund-Landschaft empfängt: gerundete Höhenzüge, der steinige Boden von Flechten und Moosen überzogen, keine Bäume, und dazu weite Sicht. Nach zwei Stunden auf dem gemächlich absteigenden Weg stehe ich auf den inzwischen vertrauten Schlackenhalden. Die abgelegene Femundshytta war von 1743 bis 1834 als »Filiale« von »Røros Kobberverk« in Betrieb. Grund für den Bau waren die langen Transportwege für das Holz. Mit ihm und später Holzkohle wurden die Schmelzöfen in den Hütten befeuert. Nachdem die Wälder um Røros abgeholzt waren, wich man auch nach Süden in die Femund-Region aus. Während im Winter Pferde und Ochsen das Brennmaterial auf Schlitten nach Røros zogen, pendelten im Sommer Lastenboote zwischen den Holzschlagrevieren und der Bergwerksstadt, sofern das Holz nicht geflößt werden konnte. Der Bau der Femundshytta war eine Rationalisierungsmaßnahme, denn es war einfacher, das Erz in die Wälder zu verfrachten, als umgekehrt. Natürlich setzte sich die Wanderbewegung fort, je mehr Bäume rund um die Hütte fielen. Bald schon lagen die Meiler kilometerweit entfernt, und man brauchte wieder Boote, um die Holzkohle zur Femundshytta zu bringen. Bei nur einem Schmelzofen – in Røros

Fürwahr ein lebendes Museum: Røros

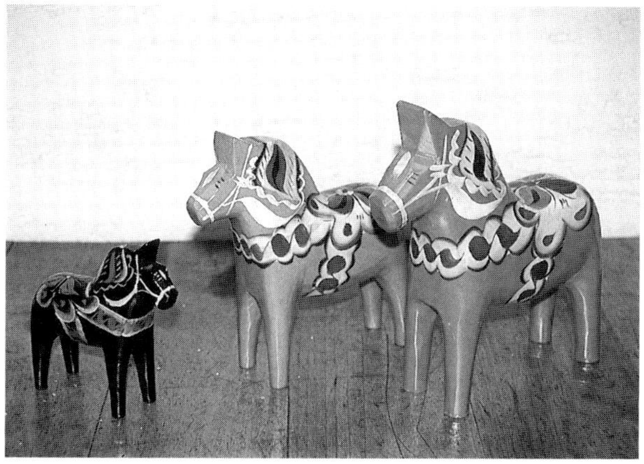

Die niedlichen Dalapferdchen sind rund um den Siljansee allgegenwärtig

waren zeitweise bis zu 15 in Betrieb – blieb der Ertrag eher bescheiden, gemessen auch an dem Aufwand, der in dieser unzugänglichen Gegend notwendig war. Um 1820 mußte das Holz schon aus Schweden herangeschafft werden, so daß eine neue Hütte in Drevsjø, am südlichen Ende des Femund-Sees, errichtet wurde. Die Tage der Femundshytta waren damit gezählt.

Von Ruinen zu sprechen wäre übertrieben. Außer einer akkurat aufgeschichteten Mauer liegen die spärlichen Reste der Hütte lose verstreut herum. In der näheren Umgebung verteilen sich Fundamente von Wohngebäuden. Zur besten Zeit, Ende des 18. Jahrhunderts, lebten mehr als 60 Personen auf 11 umliegenden Höfen direkt oder indirekt von der Femundshytta.

Die Schlackenhalden werden bleiben, aber rundherum hat sich die Natur erholt. Ein grüner Baumgürtel zieht sich unter mir am Seeufer entlang, unterbrochen nur von einem offenbar bewohnten Anwesen. Auf der Wiese vor dem Haus weiden Schafe. Eine Frau nutzt das Intermezzo der Sonne und hängt ihre Wäsche auf. Sie zeigt mir den Weg zum Anleger des Femund-Bootes. »Das Boot kommt in einer halben Stunde«, bestätigt sie meine Erinnerung an den Fahrplan.

Seit 1905 befährt die »Fæmund II« den 60 Kilometer langen See, von Mai bis Oktober. Zunächst als Frachtkahn unterwegs, der Holzstämme gen Røros transportierte und zudem die Höfe am See versorgte, wurde das Boot 1980 umgebaut und auf den Personenverkehr ausgerichtet.

Durch Forstwege, Straßen und die Stillegung des Bergbaus in Røros waren die traditionellen Einkommensquellen weggefallen, doch die Kunde von den Reizen der Femund-Region hatte sich inzwischen verbreitet.

Die Sonne taucht das unruhige, vom Wind aufgewühlte Wasser in tiefes Blau. Drüben, auf der anderen Seite, zeichnet sich der Hof Haugen über dem Ufer ab. »Von dort muß das Boot kommen, es bringt unsere Post mit«, sagt die Frau, die neben mir auf den Steg getreten ist. Ich interessiere mich für ihr Einsiedlerdasein. »Im Winter fahren wir mit dem Motorschlitten über den See, um drüben in Elgå einzukaufen. Im Sommer nehmen wir ein Boot. Wenn sich im November die Eisdecke bildet, sind wir allerdings zwei, drei Wochen isoliert.«

Ein kleiner weißer Punkt hebt sich auf dem Wasser ab. Ganz langsam wird er größer – die bedächtige Geschwindigkeit paßt zu der friedli-

Informationen: »Kopparleden«

[i] Røros Turistkontor, Pede Hiortsgate 2, 7461 Røros, Tel. 7241 0000, Fax 7241 0208. Femund Turistinformasjon, 2440 Engerdal, Tal. 6245 8000, Fax 6245 8057.

Beste Reisezeit: von Juni bis September.

Weitere Sehenswürdigkeit: Blokkodden Villmarksmuseum, 2443 Drevsjø, Tel. 6245 8000. Freilichtmuseum über Landwirtschaft, Jagd, Fischfang, Rentierzucht, Köhlerei und Teerproduktion.

Campingplätze mit Hütten: Røste Camping, 2550 Os, Tel. 6249 7055. Jonasvollen Hytter og Camping, 2555 Tufsingedalen, Tel. 6249 8916. Femundtunet, 2445 Femundsenden, Tel. 6245 9000.

Karten: Scanmaps-Wanderkarten »Nordre Femund« und »Søndre Femund«, also über die nördliche und südliche Femund-Region.

Über die Grenze geschaut – der »Kopparleden« in Schweden:
[i] **Idre Turistbyrå**, 70901 Idre, Tel. (0253) 20710, Fax (0253) 20888. **Siljan Turism**, Ångbåtskajen, 79230 Mora, Tel. (0250) 26550, Fax (0250) 15251. **Falun Turistbyrå**, Stora Torget, 79183 Falun, Tel. (023) 83637, Fax (023) 83314.
Auftakt: Grenzstation Flötningen. Der Personalausweis genügt.
Zwischen Flötningen und Idre Abzweigung über Strömstillret zum Njupeskär, Schwedens höchstem Wasserfall mit 93 Metern. Leichte Wanderung auf bestens präpariertem Weg.
Zwischen Särna und Åsen Abzweigung zum Gryvelåreservat, das ein sogenannter »Kulturpfad« erschließt. Er passiert mehrere rekonstruierte historische Arbeitsstätten, wie einen Meiler, einen Teerplatz, Waldarbeiterhütten sowie, passend zu unserer Kupferstraße, eine Anlage zur Sumpferzverarbeitung. Schönstes Erlebnis aber ist die Wanderung durch die einsame Natur.
In Mora ist der Siljan-See erreicht. Hübsche Altstadt mit Zorngården, dem kunstvoll eingerichteten Wohnhaus des Malers Anders Zorn. Und fast überall das typische dunkle Rot an den Fassaden schwedischer Holzhäuser. Zudem Gustav-Wasa-Denkmal.
Hinter Mora Abzweigung nach Nusnäs zur Fabrik, aus der die buntbemalten, niedlichen Dalapferdchen (Dalahäster) stammen.
In Rättvik die schönste Promenade am Siljan. Ein 628 Meter langer Steg führt zum Ausflugsbootanleger auf den See hinaus.
Falun ist der Endpunkt der Kupferstraße. Die Bergwerksstadt mußte ihre letzte Grube 1991 aufgeben. Nur noch Falu Rødfarge wird produziert, das Pulver für den allgegenwärtigen roten Holzschutzanstrich. Die Besichtigung der Grube Falugruva ist beeindrukkender als die der Olavsgruve bei Røros, das Museum »Stora Kopparberg« im Gegenzug eine fade Vitrinenschau.

chen Stimmung. Behutsam tastet sich die »Fæmund II« an den Steg heran. Auf dem Oberdeck verfolgen die Passagiere das Manöver. Keiner verläßt das Boot. Stattdessen werden Zeitung, Post und Pakete ausgeladen.

Ein paar Minuten für einen Plausch hält der Fahrplan natürlich auch noch bereit. Dann geht es nordwärts nach Sørvika, dem »Heimathafen« der »Fæmund II«.

Noch lange sitze ich auf dem hölzernen Steg im Windschatten des Bootshauses und genieße die wärmenden Sonnenstrahlen und die stille, erhabene Landschaft. Der Tag neigt sich dem Ende entgegen, als ich das Seeufer des Femund-Sees über die Kupferstraße erreiche. Im Westen schiebt sich die Sonne hinter die schneebedeckten Gipfel des Gebirgszugs Rendalssølen. Der Wind hat sich gelegt, als wolle die Natur ein Ruhepäuschen einlegen. Ich tue es ihr gleich und schlage mein Zelt auf. Der klare Himmel verspricht eine Nacht ohne Schneefall. – Daß die Zeltwand am nächsten Morgen steif gefroren sein wird, kann ich jetzt noch nicht ahnen.

Stille Kanugewässer, weite Wälder: Femund, Gutulia, Trysil

Es ist reizvoll, die Landschaft um den Femundsee vom Flugzeug aus zu sehen: ein sanftes Gelände mit Buckeln und Rücken, zahllosen großen und kleinen Wasserflächen, die wie Augen blinken; Mooren und Wäldern aus Kiefern und Birken, Tälern und Wasserläufen. Die letzte Eiszeit hat dieses Land geprägt. Vor rund 9000 Jahren befand sich südlich des heutigen Sees die Eisgrenze, die Schwelle, die das Eis nicht überschritt.

Der heutige Boden des Femundgebietes, vorwiegend Schutt der früheren Eisberge, ist nährstoffarm und kann nur für eine karge Pflanzenwelt die Grundlage bilden. »Lebensadern« der Landschaft aber sind Wasserflächen und Fließgewässer. Schon 1971 wurde östlich vom See eine Fläche von rund 385 Quadratkilometern zum »Nationalpark Femundsmarka« erklärt. Hinzu kommt ein kleineres Landschaftsschutzgebiet zwischen Nationalparks-Westgrenze und Femundsee. Geplant ist ein gemeinsamer Nationalpark über die schwedische Grenze hinweg, der alle Landschaftsschutzgebiete und den Rogensee in Schweden einbeziehen und dann mit »Femund-Rogen« bezeichnet werden würde.

Im »Femundsmark-Nationalpark« lassen sich deutlich zwei Teile unterscheiden: Im Süden herrschen baumlose Bergflächen vor, der nördliche Teil ist flacher und mit lichtem Föhrenwald bedeckt. Der Røafluß halbiert den Nationalpark, er stellt die Verbindung zwischen Femundsee und Rogen her. Der Wald besteht meist aus anspruchslosen Kiefern, Flechten, besonders die strauchartigen und hängenden Formen, und Heidekräuter an den lichten Stellen verstärken den Eindruck des Kargen, gar Melancholischen. Das gilt besonders bei Regenwetter. Von Sukuris bis zum Sylfjell hingegen herrscht die Moorbirke vor. Die relativ üppigste Pflanzenwelt findet sich im Røtal bei Røvoll und an den Hängen über dem Muggsjø. Für Pflanzenforscher ist auch Heggrøst besonders interessant, wo Pflanzen gedeihen, die sonst für Wiesen typisch sind. Im ganzen Femundbereich ist das »Karlsszepter« verbreitet, eine für Flachmoore typische Pflanze (ein Läusekraut mit unverkennbarer »Rachenblüte«). Insgesamt 302 Pflanzenarten (Gefäßpflanzen) hat man im Nationalpark festgestellt.

Trachten aus der Region von Loen am Ende des Nordfjords ▷

Der »Herr der Wälder« – Ole Vangen

Ole Vangen ist als Forstchef für die praktische Arbeit im »Femund-Nationalpark« zuständig.

Was sind Ihre konkreten Aufgaben?

Vangen: Aufsicht und Pflege, Information, Regelung für den motorisierten Verkehr und diverse Kleinigkeiten.

Motorisierter Verkehr?

Vangen: Wir regeln zum Beispiel die Zufahrtsmöglichkeiten während der Jagdsaison. Eine Zeitlang war es Mode, daß sich Angler per Wasserflugzeug an den Femund-See bringen ließen.

Als die ersten leeren Ölfässer im See landeten, wurde das unterbunden. Im Sommer dürfen motorisierte Fahrzeuge prinzipiell nicht in den Nationalpark. Im Winter wird für die Schneescooter der Rentierzüchter eine Ausnahme gemacht.

Genießen die Rentierzüchter eine Sonderstellung?

Vangen: Für sie sind die Bestimmungen großzügiger. Momentan wird darüber verhandelt, ob sie einen Fangzaun errichten dürfen. Ein solcher Zaun ist immerhin einige Kilometer lang; er endet in einem Gehege, in das die Tiere getrieben werden.

Haben Sie Probleme mit Touristen?

Vangen: 1994 hatten wir Ärger mit deutschen Pfadfindern. Es war eine große Gruppe, und die Leiter waren schlecht vorbereitet. Wir hatten in diesem Jahr einen trockenen Sommer. Die Gruppe hat trotzdem Lagerfeuer entfacht, mitunter dicht an Gebäuden. Sie haben Holz als Stützen für ihre Wigwamzelte geschlagen und viel Müll hinterlassen. Die haben es geschafft, fast alles falsch zu machen, was man falsch machen kann.

Im Winter gibt es Skilangläufer, die den Scooterspuren in die Rentiergebiete folgen und die Tiere aufschrecken.

Was tun Sie, um die Besucher zu informieren?

Vangen: Wir plazieren Info-Tafeln an den wichtigen Wanderrouten. Außerdem werden Broschüren mit Tips und den Verhaltensregeln gedruckt. Aber von beidem gibt es zu wenig. Das Geld für das Info-Material muß von höheren Instanzen bewilligt werden.

Wie viele Instanzen gibt es denn?

Vangen: Vier, angefangen beim Umweltministerium bis zu uns.

Haben Sie auch mit bürokratischen Hindernissen zu tun?

Vangen: Das gehört leider dazu, auch bei uns. Ein Beispiel: Seit den 70er Jahren haben wir Probleme mit ›importiertem‹ saurem Regen, der die Fischpopulationen in den Seen bedroht. Die beste Gegenmaßnahme ist das Kalken der betroffenen Gewässer. In der Praxis werden einige der Seen gekalkt, bevorzugt die in Angelgebieten, während man bei anderen nichts unternimmt, um die Auswirkungen des Regens erforschen zu können.

Auf jeden Fall müssen solche Maßnahmen mit der zweiten Instanz abgestimmt werden. Wenn an der verantwortlichen Stelle ein Gegner des Kalkeinsatzes sitzt, vielleicht weil das seiner Auffassung von Umweltschutz entspricht, können wir die flexible Regelung in den Wind schreiben. Das ist dann ein zähes Ringen zwischen Theorie und Praxis.

Über die Rentiere haben wir bereits gesprochen. Sagen Sie doch noch ein paar Worte zu den Elchen, für uns sicher das populärste Tier des Nordens.

Vangen: Wir haben zigtausend Elche in Norwegen. Die Waldbesitzer erleiden jedes Jahr große Schäden, denn die Elche bevorzugen die unteren Zweige und halten sich oft an Jungbäume. Die Jagd ist ein gewisser Ausgleich für die Forstbesitzer, da sie als Grundeigentümer die Konzessionen verkaufen.

Gehen Sie auch auf Elchjagd?

Vangen: Ja, am nächsten Sonntag habe ich eine Einladung.

An den vielen Seen Norwegens kann man sie immer wieder einmal beobachten (nachdem sie in den 30er Jahren schon fast ausgerottet waren): Fischadler mit Beute beim Anflug an seinen Horst

Ein typischer Anblick in den Kiefernwäldern sind die geisterhaft hell leuchtenden abgestorbenen Stämme, die in der trockenen Luft sehr lange stehenbleiben. Auf ihnen wächst eine Besonderheit: die anderswo seltene, streng geschützte »Wolfsflechte« *Letharia vulpina*, die nur auf den alten, trockenen Kiefernstämmen gedeiht. Sie enthält ein Gift, das die Samen früher verwendeten, um Wölfe zu töten: Man lockte den Wolf mit einem Fettklumpen an, der mit dem Gift präpariert worden war. Heute gibt es kaum noch Wölfe in der Gegend. Um so häufiger trifft man auf halbwilde Rentiere und Elche, und auch der Biber hat die Gegend wieder erobert, vor allem im Mugg-Gewässersystem. Immer wieder einmal tauchen Bären auf. Außerdem gibt es einen kleinen Bestand von Moschusrindern – ein ausgewanderter »Ableger« vom Dovrefjell, der nördlich von Røa im Sommer weidet.

Unter den Vögeln sind Wiesenpieper und Steinschmätzer am häufigsten. In den älteren Wäldern mit vielen abgestorbenen Baumstämmen läßt sich gut der Dreizehenspecht beobachten. Die imposanten Kraniche brüten in den Sümpfen im Norden, und Fischadler lassen sich ständig über einem der vielen Gewässer beim Beutezug beobachten. Überraschend ist es für Vogelkundler, hier Fluß- und Küstenseeschwalben anzutreffen – so weit im Binnenland.

Überall, vor allem in den geschützten Regionen, begegnet man der Stille. Und das in einem Land, das das Gefühl von rauher Wildnis und zugleich Freiheit vermittelt – faszinierend für jeden Besucher. Es soll allerdings nicht verschwiegen werden, daß das Femundgebiet auch touristisch vermarktet wird. Zahlreich sind die

Stille, Weite und Einsamkeit auf dem Femundsee

Touristen begegnen ihnen meist auf der Straße: Vor allem in den Mooren Südnorwegens leben so viele Elche, daß ihr Bestand begrenzt werden muß. Manchmal kommen sie dicht an ein Haus und plündern den Obstgarten

Möglichkeiten für Aktiv- und Abenteuerferien: Die Palette reicht vom Flößen über Elch-, Biber- und Bärensafaris bis hin zum »Goldwaschen«.

Am Südteil des Femundsees, ostwärts zur schwedischen Grenze hin, liegt der »Gutulia-Nationalpark«. Man hat hier versucht, einen Rest von Urwald zu erhalten. Die Gegend im extremen Osten Norwegens ist auch klimatisch ein Grenzfall. Die Sommer sind sehr trocken, die Winter äußerst kalt. Die Fichte hat hier den Nordrand ihres Verbreitungsgebiets erreicht.

»Klein, aber oho!«, dieser Slogan läßt sich gut auf den nur 19 Quadratkilometer großen Nationalpark anwenden. Vor allem wird hier die Bedeutung des Wassers anschaulich: Auf der einen Stelle gibt es die trockenen Kiefernwälder, wo die Flechten auf dem Boden knirschen und knistern, wenn der Fuß sie berührt. Ganz anders ist die Begegnung mit den tiefen, feuchten Fichtenwäldern, wo weiche Moospolster den Schritt dämpfen. Das Schutzgebiet wird in Nord-Süd-Richtung vom Gutulivola beherrscht, einem bis zu 950 Metern hohen, rundlichen Bergrücken.

Unter Norwegern beliebt ist auch die Gegend um Trysil, rund 60 Kilometer südlich vom Femundsee, und das nordwärts sich anschließende Engerdal, eines der Wanderparadiese. Riverrafting, Holzfloßfahrten und Wildnissafaris mit »Elchgarantie« gehören zu den Standardangeboten hier. Ein Reisender berichtete, an seinem Wohnwagen unweit von Trysil habe ein Bär nach Leckereien gesucht – nach »Jägerlatein« klang das eigentlich nicht.

Informationen: Femund, Gutulia, Trysil

[i] Femund-Engerdal Turistinformasjon, N-2440 Engerdal; Tel. 62 45 05 11, Fax 62 45 80 57 – oder: Trysil Turistkontor, N-2420 Trysil; Tel. 62 45 05 11, Fax 62 45 11 65.

Abstecher: Lohnend – am besten als Auftakt, wenn man vom Südwesten aus anreist – ist ein Besuch im »Norwegischen Forstwirtschaftsmuseum« in Elverum mit u. a. Angelabteilung, Aquarium (40 heimische Süßwasserfischarten), Freilichtmuseum und Arboretum.
[i] Norsk Skogbruksmuseum, Postboks 117, N-2401 Elverum; Tel. 62 41 02 99, Fax 62 41 30 15.

Camping und Hütten: Drevsjø Camping, N-2443 Drevsjø, Tel. 62 45 92 03. Femund Canoe Camp, N-2443 Drevsjø, Tel. 62 45 90 19. Klara Camping, N-2420 Trysil, Tel. 62 45 08 50. Sølenstua Camp & Hytter, N-2440 Engerdal, Tel. 62 45 97 42. Wanderhütten des DNT (Kontaktadresse s. S. 115).

Karten: Femundsmarka: 1719 I Roa, 1719 II Elgå (auch für Gutulia), 1819 IV Vonsjoen, 1819 III Grothogna (auch für Gutulia) – jeweils 1:50 000.

Tip: Beliebt ist eine Fahrt auf dem Femundsee mit dem Dampfer M/S »Fæmund II« – Anmeldung unter Tel. 94 72 89 06 (Mobiltelefon auf dem Boot) bzw. 72 41 37 14 (beim Kapitän Odd Kjøsnes).

»Serientäter« oder Wildnissymbol: der Braunbär

In norwegischen Zeitungen stößt man immer wieder auf die Meldung, daß ein ›Schlagbär‹ (slagbjørn) erlegt worden sei. Gemeint ist damit ein Bär, der es sich angeblich angewöhnt hat, Schafe zu reißen, ein ›Serientäter‹ also. Wieweit in solchen Fällen Wahrheit und Phantasie der Berichterstatter auseinanderklaffen, ist schwer beurteilbar. Immerhin geben die Behörden nur sehr zögernd eins der seit 1973 unter Naturschutz stehenden Tiere zum Abschuß frei, andererseits ist es grundsätzlich erlaubt, einen Bären in Notwehr zu töten, ebenfalls, um Schaden von Haustieren abzuwenden.

Unter Berufung auf diese Ausnahmebestimmungen werden jedes Jahr mehrere dieser lebenden Wildnissymbole abgeschossen. Seltsam ist nur – darauf machen die norwegischen Gewährsleute Ragnar Frislid und Birger Jensen aufmerksam –, daß stets nur bewaffnete Personen in eine Notwehrsituation kommen, während man von

Sie als Reisender zu besichtigen dürfte schwierig sein: In kleinen, unzusammenhängenden Beständen gibt es noch bis zu 150 Braunbären in Norwegen

einem Angriff eines Bären auf unbewaffnete Menschen nichts hört.

Nur 100 bis 150 Braunbären dürfte es in Norwegen noch geben. Sie sind in kleinen, unzusammenhängenden Beständen über das Land verteilt. Es ist also unwahrscheinlich, daß man als Tourist ›Meister Petz‹ begegnet. Hauptsächlich kommt der Braunbär noch im Grenzbereich zu den anderen nordskandinavischen Ländern vor, von Hedmark bis nach Südvaranger in der Finnmark. Der südlichste Bestand lebt in Hedmark (Trysil – Engerdal), weitere Bestände finden sich in Nord-Trøndelag, mit dem Schwerpunkt in Lierne, Nordland und Troms (Bardu und Målsfluß) sowie in der Finnmark.

Fast so groß wie ein Eisbär kann der Braunbär, *Ursus arctos*, grundsätzlich werden. Doch die Bären Skandinaviens bleiben wesentlich kleiner. Sie wiegen nur halb so viel wie ein Alaskabär: bis 250 kg, vereinzelt auch bis 350 kg. Dabei erreicht der männliche Bär eine Körperlänge von 2,35 Metern – mit einer Schulterhöhe von etwa einem Meter. Die Bärin wird bis zwei Meter lang. Der Braunbär zählt zwar wegen der Gebißform zu den Raubtieren, ernährt sich aber äußerst vielseitig – auch von Pflanzenteilen –, lebt also wie ein Allesfresser. Wenn er im Frühjahr aus dem Winterschlaf kommt, sucht er sich vielleicht auch ein Stück Aas. Möglicherweise plündert er einen Ameisenhaufen (auf dem es in der ersten Frühlingssonne von Ameisen wimmelt) oder er begnügt sich zunächst mit ein paar übriggebliebenen Beeren. Im Herbst sind sie zweifellos seine Hauptnahrung.

Dem Menschen geht der Bär grundsätzlich aus dem Wege. Nur wenn er plötzlich in eine Situation gerät, in der kein Rückzug möglich ist, wird er angreifen. Zu allen Zeiten wurde der Braunbär vom Menschen bejagt, wegen des Pelzes und zum Schutz der Haustiere. Doch immer begegnete man dem Bären mit Respekt und einer gewissen Bewunderung. Nie löste er einen derartigen Haß aus wie der Wolf – das zeigt sich auch in allen norwegischen Märchen und Sagen.

Wer mit dem Hund tanzt...
Wintermärchen im Schlittengespann

Während wir in der Dämmerung der beginnenden Winternacht durch ein lichtes Birkenwäldchen gleiten, frage ich mich, wie weit es wohl bis zum nächsten Handelsposten sein mag. Ob wir ihn noch vor Einbruch der Nacht erreichen? Die Hunde wirken müde, an jeder Steigung müssen wir von den Schlitten herunter, um ihnen die Arbeit zu erleichtern. Und wenn wir es nicht mehr schaffen? Das wäre noch eine Nacht in klirrendem Frost, an einem Lagerfeuer, dessen Widerschein Gestrüpp und Bäume ringsum bizarr erscheinen läßt. Und dahinter, in der endlosen Finsternis, lauerten die uns seit Tagen begleitenden Wölfe auf ihre nächtliche Chance. Nein, wir müssen es heute noch schaffen.

Jäh werde ich aus meiner Träumerei gerissen. Ein Schlag, der ganze Schlitten macht einen Satz durch die Luft, droht zu kippen, landet dann aber doch wieder auf den Kufen. Einen Moment nicht aufgepaßt! Einen Moment zu lange Jack London im Kopf gehabt. Natürlich gibt es keinen Handelsposten, den wir unbedingt noch erreichen müßten. Zum Glück auch keine Wölfe, die hungrig unser Nachtlager umkreisen. Überhaupt sind wir weder in Kanada noch in Alaska unterwegs, sondern in Norwegen, irgendwo in der weiten Bergwelt nordöstlich Lillehammers. Unterwegs mit Hundeschlitten in winterlicher Landschaft und stiller Einsamkeit – eben so, wie Jack London es beschrieben hat.

Mehrere Tage dauert unsere Reise nun schon, seit dem Aufbruch in Sjusjøen nahe Lillehammer.

Die Langstreckenläufer des Nordens: Huskies. Kaum ein Tier ist besser an die Extreme des nordischen Winters angepaßt

Wie ziehen durch die verschneite Wildnis in Richtung Rondane, passieren dichte Fichtenwälder, auf deren Ästen dick und schwer der Schnee liegt, schlängeln uns durch das kahle Geäst von Zwergbirken, überqueren weite Hochebenen und gefrorene Seen, auf deren glatten weißen Flächen wir uns winzig ausnehmen. Wir, das sind John Einar Odden, der Profi auf dem Schlitten, der jetzt etwa 200 Meter vor mir eine stiebende Wolke feinsten körnigen Schnees aufwirbelt; meine Wenigkeit, der Amateur, der jedoch bereits begriffen hat, daß er bestimmt nicht zum letzten Mal auf den Kufen eines Hundeschlittens steht. Und die Hunde natürlich, acht im Gespann des Führungsschlittens, sechs im Geschirr vor mir. Alaska- und Sibirien-Huskies, Grönlandhunde, ein paar Mischlinge.

Sie sind es auch, die unsere Fahrt zu einem Naturerlebnis der besonderen Art machen. Nahezu lautlos gleiten wir voran. Auf hart gefrorenem Untergrund hört man das rhythmische Trappeln von 24 Hundepfoten, das gleichmäßige Scharren der Schlittenkufen. An langgezogenen Steigungen dominiert das hechelnde Luftholen vor mir, wobei die roten Zungen aus Schnauzen hängen, deren weiß gebleckte Zahnreihen es einen schätzen lassen, daß man gut Freund mit diesen Kameraden ist. So ziehen wir unsere Bahn durch die Wildnis, vier, fünf Stunden täglich, etwa 50 Kilometer weit. Genug Zeit, sich umzusehen, nachzudenken, das Leben im Takt der Pfotenschläge vorbeiziehen zu lassen.

John Einar Odden, ein langer, geselliger Kerl mit zottigem Bart, irgendwo in den Dreißigern, hat mich gut vorbereitet. Zwei, drei Kommandos, laut und deutlich. Kurven wie auf dem Motorrad, Gewicht ins Kurveninnere verlagern. Bergab wie beim Abschleppen des Autos, mit dem Fuß stets auf der Bremse, um die Zugleine des Geschirrs straff zu halten. Und im Notfall: Anker werfen! Der hängt griffbereit am Schlitten, ein runder Bügel mit stählernen Zacken, die es rechtzeitig in den Schnee zu bringen gilt, falls man einmal unfreiwillig den Schlitten verlassen hat. Rufen kann man da getrost vergessen, denn für die Hunde bedeutet Laufen Leben, und ihr Leben besteht aus Laufen.

Schon am Morgen, wenn es ans Anschirren geht, werden sie schier verrückt. Die ganze Meute tobt und bellt, bis ein jeder an seinem Platz ist. Und dann sollte man sich tunlichst keine weitere Verzögerung leisten: Anker auf, und schon stürmt das Gespann mit einem jähen Ruck vorwärts. Nach einer Stunde wird die Bande etwas ruhiger, nach zweien kann eine Pause riskiert werden, ohne daß es zu wilden Keilereien und in deren Gefolge zu ziemlich chaotischem Durcheinander im Geschirr kommt.

Das Team, das John Einar aus seinen rund 50 Hunden für mich zusammengestellt hat, lerne ich ziemlich rasch kennen. Ganz vorne läuft Bitshi, eine mit ihren neun Jahren schon etwas ältere Lady mit Ahnen in Sibirien. Schmaler Körper, rötliches, spitzes Gesicht, das sie in den Pausen mit Vorliebe unter meinen Arm schiebt. Bitshi ist durch und durch liebenswürdig, weiß aber auch, wo es langgeht. Sie hat das Gespann im Griff. Neben ihr trabt Boy, ein Alaska-Husky, mit seiner Gutmütigkeit der ideale Partner. In der Reihe dahinter folgen Kanto, ein eher unauffälliger Arbeiter, und Blakken, der selbst im gestreckten Lauf noch einen watschelnden Gang beibehält. Und am Schluß Seco, mit dem Körperbau eines Bodybuilders und einer Miene, als ginge ihn das hier alles nicht an, sowie der schlitzohrige Rabauke John, der in den Pausen nichts gegen eine Keilerei einzuwenden hat, dafür unterwegs aber auch schon mal Kräfte spart, indem er lässig mitläuft, ohne zu ziehen. Aber siehe da: Dann erwacht Seco aus seiner trabenden Lethargie und macht dem Faulenzer Beine.

Dem Hundeschlittenfahrer zeigt sich das winterliche Norwegen von seiner schönsten Seite

Mit schlaffen Vorzeigehündchen haben diese Tiere jedenfalls nichts gemein. Immerhin wiegen die beladenen Schlitten schon ohne uns an die 100 Kilo. Zelt, Schlafsäcke, Kocher, Bratpfanne, Lebensmittel, Kleidung und natürlich jede Menge Hundefutter sind an Bord. Bis zu zwei Kilo Fleisch verschlingen die Zugtiere am Tag, dazu kommen anderthalb bis zwei Liter Wasser aus

getautem Schnee, um den hohen Flüssigkeitsverlust bei ihrer Plackerei auszugleichen. Und gut genährt sollten sie schon sein, schließlich verbringen sie auch die bitterkalten Nächte unter freiem Himmel, während wir in einer Hütte mit prasselndem Kaminfeuer oder im Zelt, wohlig in Polar-Schlafsäcke verkrochen, warm und behütet durchschlafen.

Gestern abend, während wir in der Pfanne über dem Spirituskocher unseren Labskaus in brauner Soße zubereiteten, war das Thermometer unerbittlich gefallen, bis es endlich bei minus 25 Grad stehenblieb. Wir hockten noch eine Weile vor dem Zelt und wärmten uns die Hände an einer Tasse heißer und süßer Schokolade, beobachteten den sternenübersäten Himmel, lauschten in die Stille der Nacht hinein, die nur vom Zischen des Kochers und einem gelegentlichen Knurren der Hunde unterbrochen wurde. Nach dem Essen – weiß Gott, so gut hat noch kein Labskaus aus der Dose geschmeckt! – wurde Kaffee gekocht, und während wir die dampfende, schwarze Brühe schlürften, wurden wir wieder gesprächig. Merkwürdig aber auch, wie wenig einem Kino und Kneipe fehlen und wie gut es einem hier draußen in der eisigen Einöde geht!

Als wir aufwachen, liegen unsere vierbeinigen Begleiter noch ruhig da, zusammengerollt, die Nasen unter ihre buschigen Schwänze geschoben, mit einer feinen, kristallenen Eisschicht im Pelz. Während des Frühstücks schlägt das Wetter um, schneidend kalter Wind kommt auf, begleitet von wütendem Schneegestöber. Ich lerne die andere Seite einer solchen Reise kennen: Die Hunde haben in Neuschnee und Verwehungen schwer zu kämpfen, immer wieder müssen wir absteigen, um mitzuschieben. Unter dem dichten, warmen Thermoanzug gerät man tüchtig ins Schwitzen, ehe einem auf dem nächsten Höhenzug der Wind wieder mit eisiger Faust ins Gesicht schlägt.

Und dennoch: Mich treibt keine besondere Eile, denn heute abend kehren wir zum Ausgangslager zurück, und dann heißt es Abschied nehmen. John Einars Pranke wird meine Hand quetschen, Boy, Blakken und Kanto mich mit kläffendem Schwanzgewedel verabschieden, Seco natürlich teilnahmslos tun, John noch einmal irgendeinen Streich aushecken. Und Bitshi wird ein letztes Mal ihre spitze Schnauze unter meinen Arm schieben …

Informationen: Schlittenhundetouren

[i] Nowaja Adventure, Drevsjø Camping in N–2443 Drevsjø. Telefon 62 45 92 03, Fax 62 45 91 42.
Auskünfte über weitere Anbieter erteilt Den Norske Turistforening (DNT), Postboks 1963 Vika, N–0125 Oslo. Telefon 22 83 25 50 oder 22 83 80 20.

Beste Reisezeit: Gefahren wird von November bis Mitte Mai, doch eignen sich wegen der länger werdenden Tage am ehesten die Wochen ab Ende Februar/Anfang März, je weiter im Norden, umso später.

Reisedauer: Von Tagesausflügen bis zu Wochentouren ist alles zu haben. Drei Tage sollten aber schon investiert werden, um die Sache richtig kennenzulernen. Nowaja Adventure stellt die Fahrten nach individuellen Wünschen zusammen.

Reiseziele: Überall wo Schnee liegt, im Winter also (außer an der Küste) fast im ganzen Land. Landschaftlich besonders reizvoll ist die von Nowaja Adventure befahrene Troll-Løypa zwischen Hedmarksvidda und Rondane und ihr gesamtes Hinterland bis zur schwedischen Grenze.

Kleidung/Ausrüstung: Warm muß es sein, auf dem Schlitten zieht es gehörig! Thermoanzug samt Stiefeln und entsprechende Handschuhe sind unerläßlich, ebenso ein Polar-Schlafsack, wenn im Zelt übernachtet werden soll. Anbieter wie Nowaja Adventure stellen jedoch bei Bedarf die nötige Ausrüstung zur Verfügung.

Sonstiges: Nowaja Adventure übernimmt auf Wunsch den Transfer von Oslo zum Zielort und zurück. Die Anreise ohne Pkw ist auch über Schweden möglich: Mit dem Flugzeug von Stockholm, nach Idre, von dort übernimmt Nowaja Adventure per Auto. Beachtet werden sollte, daß in der Regel die Teilnehmerzahl pro Tour begrenzt ist.

Maritime Puppenstube: Nusfjord auf den Lofoten ▷

Tor zum Norden – zwischen Trondheim und Lofoten

City-Porträt: Trondheim

Wenn jemand nur eine Stunde Zeit hätte und um Rat fragen würde, wie er am besten ein wesentliches Stück Trondheims in kürzester Zeit kennenlernen könnte, dann könnte man ihm den Tip geben: »Gehen Sie in die öffentliche Bücherei, die ›Trondheim Folkebibliotek‹.« Bevor der Neubau der Bücherei errichtet wurde, nahm man auf dem Gelände umfangreiche archäologische Untersuchungen vor – auf insgesamt 3200 Quadratmetern Fläche legte man Besiedlungsspuren vom Ende der Wikingerzeit bis in die Neuzeit frei. Rund 200 000 Einzelfunde konnten geborgen werden. Mauerreste einer St.-Olavs-Kirche aus dem 12. Jahrhundert und Skelettfunde aus dem Friedhof wurden in die Bibliothek integriert und können heute dort besichtigt werden. Aber es gibt noch eine andere kleine Attraktion in der Bücherei: ein gemütliches kleines Café, ein guter Platz, um Norweger und ihre Wesensart kennenzulernen (z.B. wie in jungen Familien mit Kindern umgegangen wird).

Vor rund 1000 Jahren, im Jahre 997, wurde Trondheim vom Wikingerkönig Olav Tryggvason an der Mündung des Nidarflusses auf einer Landzunge als Handelsplatz gegründet. Nachdem 33 Jahre später Olav Haraldson hier begraben worden war – der spätere Olav der Heilige –, begann sich in Trondheim eine starke kirchliche Macht zu konzentrieren. Aber die Stadt wurde bis zur Reformation nicht nur Wallfahrtsort und Erzbischofssitz, sondern auch weltliche Hauptstadt. Seit dem Mittelalter werden Norwegens Könige im Nidarosdom in Trondheim gekrönt – auch Harald V. und Sonja bekamen hier ihre Weihe.

Der Nidarosdom, das größte mittelalterliche Bauwerk des Nordens (101 × 50 m), ab 1070 errichtet, ist aus Touristensicht die wichtigste Sehenswürdigkeit Trondheims. Obgleich die Stadt früher mehrmals von Bränden heimgesucht wurde, sind noch viele alte Teile erhalten: die

Seit Jahrhunderten wird der Fisch auf den Lofoten in Nordnorwegen (hier: Sund) so konserviert

Lagerhäuser am Fluß zum Beispiel, farbig bemalte Holzhäuser auf Pfählen aus dem 18. Jahrhundert. Sehenswert ist auch die alte Stadtbrücke mit reich verzierten Holzportalen aus der Mitte des 19. Jahrhunderts. Die Festungsanlage ›Kristiansten festning‹ auf einer Anhöhe im Osten stammt aus dem 17. Jahrhundert. Von hier aus hat man eine gute Aussicht auf die Stadt.

Trondheim verbindet, heißt es, die Vorteile einer Großstadt mit dem Charme einer Kleinstadt. Das ist richtig: Immerhin kann man mitten in der Stadt, im Nidelv, Lachse angeln!

Informationen: Trondheim

[i] Trondheim Aktivum AS, Turistinformasjonen, Munkegt. 19, Postboks 2102, N-7001 Trondheim; Tel. 73 92 93 94, Fax 73 51 53 00.

Nidarosdom: Norwegens größter Sakralbau

Hurtig heißt hier gelassen: mit dem Postschiff auf der »Hurtigrute«

Der Geruch des warmen Westlandwinters umwehte feucht mein Gesicht. Eine Schaumwelle nach der anderen glitt nach hinten ins Dunkel, während das Schiff sich mit seinem unerbittlichen Rhythmus fortbewegte. Da entstand eine kleine Unruhe in den Motoren, ein Rasseln hier, ein Knacken dort, und so wußte ich, daß wir uns einem Haltepunkt näherten ... Die Männer, die auf dem Kai halfen, schienen schattengleich, ihre Schritte waren unhörbar, vom Tuckern der Motoren verschluckt, und das verstärkte mein Gefühl, alles sei ohne Anfang oder Ende, und ich würde womöglich noch immer träumen ...«

»Stoppested« – Haltepunkt – nannte die norwegische Schriftstellerin Torborg Nedreaas (1906–1987) ihre Novellensammlung. Meisterhaft schildert sie darin die Atmosphäre während einer Fahrt mit dem Postschiff an der Westküste entlang – von der leise klirrenden Kaffeetasse bis zu den geisterhaft wirkenden Bewegungen der Menschen, die sich im Dunkel am Kai einfinden – und verwendet die Szenen zugleich als Bild für einen leicht surrealen Seelenzustand.

Auch als ausländischer Reisender kann man diese Atmosphäre nachvollziehen. Eine Reise mit der ›Hurtigrute‹ den Schnelldampfern der Postlinie von Bergen bis Kirkenes hoch im Norden – ist noch immer etwas Besonderes. Mit Kreuzfahrten auf einem Luxusschiff hat das wenig zu tun. Von Anfang an waren diese Fahrten zweckgerichtet, dienten vor allem dem Transport der Post und anderer Fracht in den sonst oft schwer erreichbaren Norden, und wenn Passagiere mitfuhren, machten sie in der Regel Alltagsreisen. Erst in neuerer Zeit werden die Schiffe auch für Ferienreisen benutzt, wofür kräftig die Werbetrommel gerührt wird. Heute sind die Postdampfer, was ihren ursprünglichen Zweck betrifft, weitgehend überflüssig und unrentabel und müssen vom Staat subventioniert werden. Immer wieder wird im Parlament ihre Einstellung oder Einschränkung diskutiert. Aber dann geht ein Prosteststurm durch die Nation und den Blätterwald. Ohne Frage hat die Route als »Schlagader des Nordens« nach wie vor Bedeutung, vor allem im Winter, wenn Flugplätze nicht mehr benutzbar sind.

Die Postschiffe haben den Ruf, immer zu fahren. Auch bei Windstärke 12. Und sie sind berühmt für ihre Pünktlichkeit! ›Hurtig‹ heißt schnell – und doch nimmt man jede Situation gelassen.

Vor mehr als 100 Jahren – am 2. Juli 1893 – stach Kapitän Richard With mit der »Vesterålen«

Die Hurtig-Schiffe gehören zu Norwegens Küste wie der Sonnenuntergang

Hurtig bedeutet hier gelassen: Zeit für Plausch und Panoramablick

nordwärts in See und eröffnete damit die Schnelldampferlinie. Heute pendeln das ganze Jahr hindurch elf Schiffe zwischen Bergen und Kirkenes. Die Strecke einmal hin und zurück: 2500 Seemeilen, rund 4200 Kilometer, werden von ein und demselben Schiff in elf Tagen bewältigt. 68 bis 72 Häfen werden, je nach Wetter, dabei angelaufen. Von allen Schiffen zusammen werden in einem Jahr rund 1,5 Millionen Kilometer zurückgelegt, das entspricht der 36fachen Umrundung der Erde am Äquator.

Jeden Abend um 22 Uhr beginnt die Fahrt in Bergen, mittags um 12 Uhr legt das Schiff am sechsten Tag in Kirkenes an. Am elften Tag kommt es um 14 Uhr wieder nach Bergen zurück. In einigen Häfen dauert der Aufenthalt so lange, daß die Fahrgäste einen Landausflug unternehmen können. Die Häfen, die man auf der Hinfahrt während der Nacht verpaßt, werden auf der Rückfahrt am Tage angelaufen.

Rund zwei Stunden nach der ersten nächtlichen Station, Florø, fährt das Schiff an dem 860 Meter hohen Felsen Hornelen vorbei; hier darf nicht getutet werden, damit in dem brüchigen Fels keine Steinlawine ausgelöst wird. Am Morgen erreicht man das Fischereizentrum Måløy mit seiner »singenden Brücke«, einer 1224 Meter langen Hochbrücke zum Festland, die bei bestimmtem Wind angeblich in einem eingestrichenen C ertönt. Von Torvik aus kann man sich einen siebenstündigen Landausflug nach Molde, der Stadt der Rosen und des Jazz, arrangieren lassen, wo man das Schiff später wieder antrifft. Dieser Abstecher lohnt sich, weil einem dabei eines der großartigsten Landschaftserlebnisse Norwegens vermittelt wird: eine Fahrt am Geirangerfjord und auf dem »Adlerweg« mit seinen atemberaubenden Serpentinen. Bleibt man aber an Bord, kann man sich das zauberhafte Ålesund ansehen – die 1909 nach einem Brand aus einem Guß wiederaufgebaute Jugendstilstadt. Am besten steigt man die 418 Stufen auf den »Stadtberg« Aksla hinauf, von wo es einen wunderschönen Ausblick auf den Ort gibt.

Am frühen Morgen (2. Tag) erreicht das Schiff die ehemalige Bischofs- und einstige Hauptstadt Trondheim (135000 Einwohner), wo für eine gründliche Besichtigung sechs Stunden Zeit zur Verfügung stehen. Bei der Weiterfahrt passiert der Postdampfer vor Rørvik den engen Stokksund: Hier soll Kaiser Wilhelm II. auf seiner »Hohenzollern« in Panik dem Lotsen ins Steuer gegriffen haben – der das aber gelassen mit den Worten abwehrte: »Hier hilft es nichts, Kaiser zu sein, hier bin ich der Lotse.« Kurz vor Brønnøysund ist der Torghatten zu sehen, der »Trollhut«, ein Felsen mit einem Loch, das einst (bevor die Landmasse sich hob) von der Brandung hineingefressen wurde. Die Sage erklärt das natürlich anders.

Am Morgen des dritten Tages wird der Polarkreis überquert. Wer ihn zum ersten Mal kreuzt, dem wird eine Urkunde überreicht. Von nun an befindet man sich im »Land der Mitternachtssonne«. Bald kommt im Binnenland der Svartisen-Gletscher in Sicht, weltweit einer der wenigen, die weiterhin wachsen. Zur Mittagszeit legt das Schiff in Bodø an, dem nördlichsten Punkt der norwegischen Eisenbahn. Der Ort wurde im Mai 1940 von deutschen Bombern fast völlig zerstört (heute 30000 Einwohner). Nach dem Ablegen am Nachmittag wird der »Vestfjord« überquert, der breite Meeresteil zwischen Festland und Lofoten.

Abends folgt die großartige Fahrt entlang der Lofoteninseln. Hinter Svolvær fährt das Schiff in den besonders engen Trollfjord ein, wo man fast die Felswände links und rechts berührt. Weitere nächtliche Haltepunkte sind Stokmarknes, Sortland und Risøyhamn auf den Vesterålen, der Inselgruppe nördlich der Lofoten. Gerade an diesen Häfen kann man die Menschen (Arbeiter, Helfer, Neugierige, jugendliche Bummler) mit ihrem rauh-herzlichen Umgangston in ähnlicher Atmosphäre beobachten, wie sie die Schriftstellerin Torborg Nedreaas beschrieb.

Die Reise am vierten Tag führt u. a. nach Tromsø, der nördlichsten Universitätsstadt der Welt (50 000 Einwohner) – auch als »Tor zum Eismeer« bezeichnet. Besonders sehenswert sind die Eismeerkathedrale, einer der originellsten Kirchenbauten, und das Nordlichtplanetarium.

Hammerfest (5. Tag) hat den Ruhm, die nördlichste Stadt der Welt zu sein (7000 Einwohner im eigentlichen Stadtbereich). 1989 konnte das 200jährige Stadtjubiläum gefeiert werden. Hammerfest war die erste Stadt Europas, die elektrisches Licht bekam (1890). Von Honningsvåg aus, wo man am frühen Abend anlangt, wird eine Busfahrt zum Nordkap organisiert.

Die Landschaft wird immer karger. Vardø (6. Tag) wirkt wie eine Siedlung in Grönland. Der einzige Baum, eine Eberesche, wird sorgfältig gehütet. Zur Mittagszeit am selben Tag erreicht das Schiff den Wendepunkt der Reise: Kirkenes. Von hier sind es rund 2500 Straßenkilometer bis Oslo und weitere 2600 km bis nach Rom – dem anderen Ende der Europastraße 6.

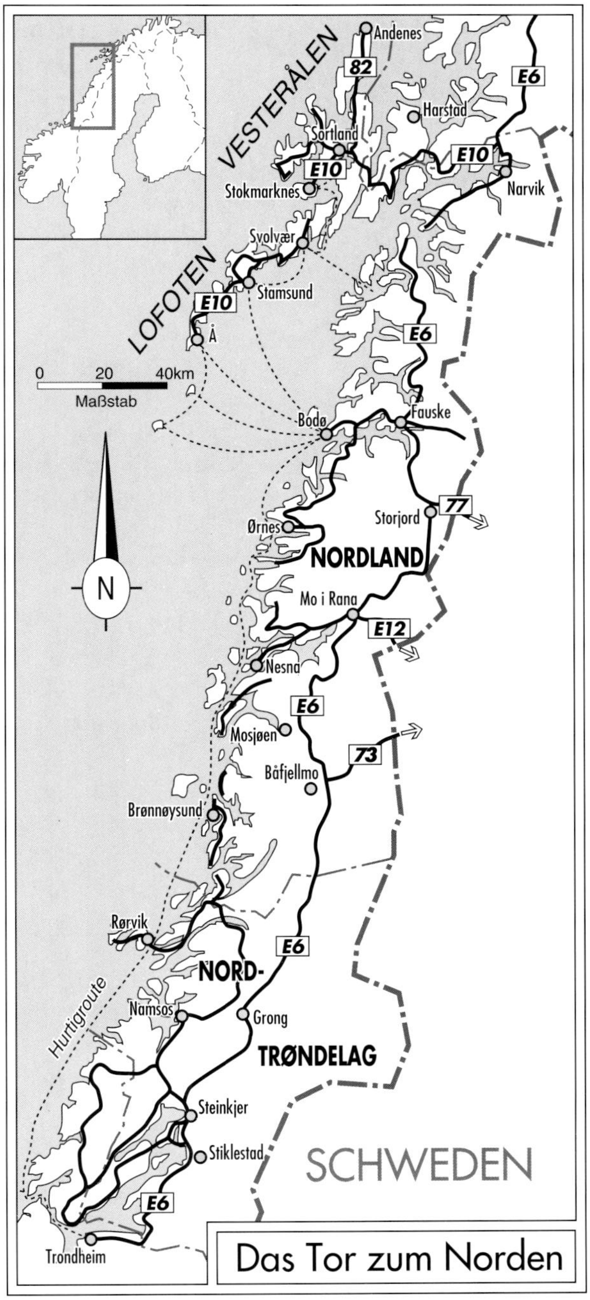

Das Tor zum Norden

Informationen: Reisen mit der »Hurtigrute«

[i] **Norwegische Schiffahrtsagentur (NSA),** Kleine Johannisstr. 10, D-20457 Hamburg; Tel. (040) 37 69 30, Fax (040) 36 41 77.

Beste Reisezeit ist natürlich der Sommer, vor allem, wenn man weniger »seefest« ist. Aber auch eine Reise im Winterhalbjahr kann sehr reizvoll sein, man zahlt dann nur den halben Preis. Und man hat die Chance, Nordlicht zu erleben!

Lofoten: Berge im Meer

Faszination Lofoten: Berge ragen steil aus dem Meer empor – keine glattgeschliffenen, sanft gerundeten Höhenzüge, wie sie die Eiszeit vielfach in Norwegen hinterlassen hat, sondern schroffe, bizarr geformte Felswände. Fremd und abweisend wirken sie. Der Kontrast zur ebenen Fläche des Meeres könnte nicht heftiger sein. Dabei hat gerade dieses Meer die Lofoten mitgestaltet: Die unermüdliche Brandung, die gegen das nackte Gestein klatscht, stürzt sich gierig in jede Spalte, um neue Blöcke herauszubrechen, Klippen zu unterspülen und Überhänge zum Einsturz zu bringen. Subtiler vollzieht sich der Kampf in den oberen Regionen: Regen- und Schmelzwasser sammelt sich in Felsnischen und dehnt sich während der Gefrierphasen aus. Der Wechsel zwischen Auftau- und Gefrierperioden macht selbst so harte Urgesteine wie Granite und Gneise mürbe und sprengt sie entzwei.

Was die Menschen wohl bewogen haben mag, sich in dieser wilden, unzugänglichen Landschaft anzusiedeln? Fast jeder Meter urbaren Bodens mußte dem Fels mühsam abgerungen werden, mit Ausnahme einiger flacher, fruchtbarer Küstenstreifen. Es war vor allem der Fischfang, der bereits die Wikinger um das Jahr 1000 auf die Lofoten lockte und bis in unser Jahrhundert hinein die Lebensgrundlage der Inselbewohner bildete. Es ging um den Dorsch – den Kabeljau – der von Januar bis April in unvorstellbar großen Schwärmen aus der Barentssee in den Vestfjord zwischen Lofoten und Festland kam. Und so zogen die Menschen jahrhundertelang Tonne um Tonne Dorsch in ihre Boote. 1895 zählte man mehr als 30 000 Fischer, die opulente 123 500 Tonnen Dorsch unter sich aufteilten. Als Rekordjahr wird 1947 genannt, als 146 000 Tonnen Fischleiber in den Netzen zappelten.

Der Puls schlägt hier langsamer als anderswo. Fischfang ist heute wie vor 100 Jahren eine wichtige Erwerbsquelle auf den Lofoten

Dramatisch wie der Himmel ist dieses Land: Hamnoy/Lofoten

Die goldenen Zeiten sind vorüber. Ende der 80er Jahre ist die Fangquote auf unter 20 000 Tonnen gerutscht. Nicht einmal 2500 Fischer fahren heutzutage aus. Aber wenn die Zeiten schlechter werden, benötigt man einen Sündenbock: Wie gut, daß es die Umweltschützer von »Greenpeace« gibt, die dazu beitragen, daß Robben und Wale kein Freiwild mehr sind. Denn Robben und manche Walarten vertilgen immerhin nicht unerhebliche Mengen Fisch. Und so versteifen sich die Artikelschreiber nordnorwegischer Lokalzeitungen auf gewagte Argumente, die den Notstand der heimischen Fischer plausibel machen sollen. Staaten, die die Wale weiter schützen wollen, wird dabei unterstellt, von »hysterischen Organisationen wie ›Greenpeace‹« gesteuert zu sein. Dabei verdecken solche Thesen das eigentliche Problem: den industrialisierten Fischfang in internationalen Gewässern, an dem sich auch die gebeutelten Norweger beteiligen. Den Dorsch in der Barentssee, den fischen allerdings die Russen und Japaner ab, bevor er sich auf den Weg in den Vestfjord machen kann.

Trotz aller Widrigkeiten ist der Fischfang auf den Lofoten ein lebendiges Gewerbe. 1991 verzeichnete man noch einmal ein gutes Jahr. Die Holzgestelle, auf denen die Fische, paarweise zusammengebunden, zum Trocknen aufgehängt werden, waren voll.

Die Archipelbewohner schauen sich vorsichtshalber nach alternativen Verdienstquellen um. Seit den 80er Jahren hat sich die »Aquakultur«, wie die Fischzucht umschrieben wird, zu einem wichtigen Wirtschaftszweig entwickelt. In den Kühlhäusern türmen sich mittlerweile Berge von gezüchtetem Lachs, doch das Überschätzen der Nachfrage hat manchen Traum vom schnellen Geld zerplatzen lassen.

Die zuverlässigste Investition in die Zukunft ist aber der Ausbau der touristischen Infrastruktur. Das Fischermilieu inmitten der dramatischen Gebirgskulisse lockt mehr und mehr Besucher an. Besonders begehrt bei den Gästen sind die »rorbuer«, jene Hütten entlang der Küste, in denen einst während der Fangsaison die auswärtigen Fischer wohnten.

Einige der verbliebenen Kutter, die von Januar bis April zum Fischfang auslaufen, bringen in den Sommermonaten Ausflügler und Hobbyangler aufs Meer hinaus. Wer bereits bei dem Gedanken

Begehrter Exportartikel in manche Länder: Trockenfisch (hier der Klippfisch, der im Gegensatz zum Stockfisch ursprünglich auf Felsen getrocknet wurde)

an ein schaukelndes Boot seekrank wird, braucht den Archipel keineswegs zu meiden. Auch mit dem eigenen Automobil lassen sich die Lofoten bestens »erfahren«.

Neben vielen kleinen Eilanden, Schären und Holmen setzen sie sich aus fünf großen Inseln zusammen: Austvågøya, Gimsøya, Vestvågøya, Flakstadøya und Moskenesøya. Von der benachbarten Inselgruppe Vesterålen aus zieht sich die Europastraße 10 als zusammenhängendes Band über den Archipel. Brücken und Tunnels meistern die Sunde, der Fährbetrieb ist eingestellt. An der Ostküste Austvågøyas liegen die Lofoten-Hauptstadt Svolvær und ihre Vorgängerin Kabelvåg, früher die Drehscheibe des Fischexports. In den hübschen, alten Holzhäusern Kabelvågs hat sich auch eine kleine Künstlerkolonie niedergelassen. Den südlichen Zipfel der Insel ziert das Fischerdorf Henningsvær, das sich vor einer

Informationen: Lofoten

[i] **Destination Lofoten,** 8301 Svolvær, Tel. 76 07 30 00, Fax 76 07 30 01. Turistinformasjon Moskenes, 8392 Sørvågen, Tel. 76 09 15 99.

Beste Reisezeit: von Mai bis September. Wer sich für die Lofotfischerei interessiert, sollte im März kommen. Bis Mai krönt eine feine Schneedecke die Gipfel der Berge. Die Mitternachtssonne scheint zwischen Ende Mai und Ende Juli.

Sehenswürdigkeiten: Nordnorsk Kunstnersenter, Svinøya, Svolvær, Tel. 76 07 05 60. Eine der besten Plattformen für die Werke nordnorwegischer Künstler. Lofot-Akvariet, Storvågan, Kabelvåg, Tel. 76 07 86 65, Fax 76 07 89 40. Meeresbewohner der nordnorwegischen Küste, Multimediashow zur Meeresfauna und -flora der Lofoten. Lofotmuseum, Storvågan, Kabelvåg, Tel. 76 07 82 23. Professionell konzipiertes Museum, das den Alltag der Lofotfischer nachvollzieht. Norsk Fiskeværsmuseum, Å, Tel. 76 09 14 88. Umfaßt mehr als 20 historische Gebäude aus dem 19. Jahrhundert.

Lohnende Abstecher: mit einem Ausflugsboot ab Svolvær in den engen Trollfjord, mit der Autofähre auf die Vogelinseln Værøy und Røst.

Campingplätze mit Hütten: Sandvika Fjord- og Sjøhus Camping, Kabelvåg, Tel. 76 07 81 45. Brustranda Sjøcamping, Strandslett auf Vestvågøya, Tel. 76 08 71 02. Moskenstraumen Camping, Å, Tel. 76 09 11 48.
Nirgends wohnt man schöner als in Reine. Wer sich für einen »rorbu« interessiert: Reine rorbuer, Tel. 76 09 22 22.

Schiffsverbindungen: »Hurtigrute« Bodø (Festland) – Stamsund auf Vestvågøya – Svolvær auf Austvågøya. Autofähren Skutvik (Festland) Svolvær, ferner Bodø – Moskenes auf Moskenesøya, einige Abfahrten mit Stationen auf Røst und Værøy, sowie Melbu (E 10, Vesterålen) – Fiskebøl.

Zunehmend ein Touristenhit, und doch oft einsam: Die Lofoten locken mit malerischen Buchten und schroffen Bergen

mächtigen Felswand auf mehreren Inseln verteilt. Während der Fischfangsaison ankern hier die meisten Kutter.

Den Sund zwischen Vestvågøya und Flakstadøya unterquert der 1780 Meter lange Nappstraumtunnel. Der spannendste Ausflug auf Flakstadøya endet im Fischerdörfchen Nusfjord, das sich zwischen senkrechte Granitwände zwängt. Der hufeisenförmige Kai, der die dunkelroten »rorbuer« trägt, muß sich mit einer winzigen Bucht begnügen – eine maritime Puppenstube, in der sich die Sonne nur selten blicken läßt.

In Å ist die E 10 zu Ende und gleichzeitig die südlichste Lofoten-Siedlung erreicht. Nach einem Bummel durch die malerischen Holzhausgassen erreicht man das Felsplateau oberhalb der Ortschaft und läßt das Auge wandern. Im Südwesten heben sich die Vogelinseln Værøy und Røst aus dem Meer, im Osten erblickt man das Festland. Der südliche Zipfel des Archipels verbirgt sich hinter einem unüberwindlichen, zerschnittenen Massiv aus Granit und Gneis. Kein Pfad führt dorthin. Es ist, als sei man am Ende der Welt angelangt.

Mittsommernacht

Norwegens ausgelassenstes Fest ist, abgesehen vielleicht vom faschingsähnlichen Umzug der »Russen«, der Schulabgänger, zum Nationalfeiertag am 17. Mai, der St. Hansaften am 23. Juni zur Mittsommernacht. Genaugenommen gibt es jedoch in Höhe der Lofoten an diesem Tag weder einen richtigen Abend noch eine Nacht. Selbst zur Geisterstunde steht die Sonne noch über dem Horizont.

Wenn die Nacht zum Tage wird: der 23. Juni, ein Ereignis zum Feiern

Bereits seit dem Frühjahr wurde in den Orten alles Brennbare zusammengetragen. Jetzt ist es soweit: In einer Bucht mit einem weiten Sandstrand werden Holzhaufen kunstvoll aufgeschichtet. Aus Lieferwagen schleppt man Grills, Limonadenkisten, tiefgefrorene Blöcke mit hunderten »pølser«, schmalen Würstchen, Musikinstrumente und Thermoskannen ans Ufer. Eine Schulkapelle intoniert mutig, fehlgestimmt, aber laut norwegische Volkslieder und Dixieland. Das Feuer, das traditionelle »bål«, lodert auf. An langen Stecken rösten Mutige darin ihre Würste, während die anderen am Grill Schlange stehen.

Nach einer Stunde ist das Feuer niedergebrannt, das Repertoire des Orchesters zum dritten Mal erklungen, die Kinder sind müde. Ohne daß auch nur eine leere Flasche am Ufer zurückbliebe, wird alles wieder in Lieferwagen verstaut und abtransportiert. Doch Norwegens längste Nacht ist noch lange nicht zu Ende. Ein Stück weiter, vor einer Schule, treffen sich die Unermüdlichen wieder. Ein paar Schüler sind auch hier dabei, der Pauker wird mit »Hallo« begrüßt. Man reicht mir einen zugespitzten Ast. Ich solle mir ein Würstchen aus dem Tiefkühlblock herausbrechen und dichter ans Feuer rücken.

Jeder ist willkommen. Jemand fragt nach dem Woher und Wohin. Und natürlich kommt die Standardfrage: Wie gefällt's dir in Norwegen?

An einem Schrottplatz dringt aus einem Container Akkordeon- und Fiedelklang. Ein Alter und eine junge Frau tanzen zwischen Gabelstaplern und einer aufgebockten Jacht; er angeheitert hüpfend, sie eher schüchtern und wankend.

»Skål!« Statt meine angebotene Flasche zu ergreifen, stellt einer der Musiker seinen Zerrwanst zur Seite und reicht mir eine Flasche ohne Etikett. Ein Rachenputzer, der sicher in irgendeinem Keller auf irgendeiner Insel durch die Kühlwendeln einer gläsernen Apparatur getropft ist (»hjemmebrand«).

Es ist bereits früher Morgen, das Feuer lange niedergebrannt und die Musiker verstummt, als wir uns von dem improvisierten Tisch mit den Resten des Mittsommernachtsschmauses erheben. Ein Hüne drückt mir eine noch halbvolle Whisky-Pulle in die Hand. »Wo wollt ihr schlafen?« fragt er. »Kommt doch zu mir.« Kurzentschlossen nehmen wir die Einladung an. Unser Gastgeber schafft es noch, uns ein Zimmer zuzuweisen und eine weitere etikettlose Flasche zu entkorken, dann fordert die längste Nacht des Jahres ihren Tribut – er schläft ein. Und die Mittsommernachtssonne schmunzelt dazu…

Reise zu den letzten Riesen: auf Walsafari

Mit leicht verwirrten Sinnen machten sich die Besucher auf den Weg zum Kai. Seltsame Töne hatten sie gehört, wunderschöne, fast unwirkliche Bilder gesehen. Sie hatten sich im »Walzentrum« von Andenes getroffen – auf den Vesterålen, der Inselgruppe nördlich der Lofoten, genauer gesagt, auf der Insel Andøy – und waren durch eine Führung in dem kleinen Museum auf das Kommende eingestimmt worden. »Walsafari« lautete das Zauberwort! An Bord wurden die Gäste vom Kapitän begrüßt: einem echten Walfänger. Geschickterweise waren die Naturschützer auf die Idee gekommen, diese erfahrenen Leute für ihre Zwecke zu gewinnen, ihnen eine Alternative für den Beruf zu bieten, den sie aus Schutzgründen nicht mehr oder kaum noch ausüben können.

Endlich lief das Schiff aus. Die See war ruhig. Viel Geduld mußten die Fahrgäste allerdings mitbringen: Zwei Stunden sollte es dauern, bevor man überhaupt eine Chance hatte, das zu erleben, was das Ziel der Reise war. Man mußte erst über den Kontinentalsockel hinauskommen; die großen Wale gibt es nur in der Tiefsee.

Die Fotografen hatten ihre Kamera längst vorbereitet. Nach einer weiteren halben Stunde kam plötzlich Unruhe auf.

Aufgeregtes Zeigen und Ausrichten der Ferngläser. Der Kapitän hatte einen »Blast« entdeckt, die Wasserfontäne eines Pottwals, der seine Atemluft ausstieß. Nicht lange danach war das Schiff ganz nahe heran: Dicht neben ihm tauchte der Wal wieder auf, nur wenig über die Oberfläche, gigantisch der massige Leib. Am deutlichsten konnte man jene merkwürdige Spitze erkennen, die etwa die hintere Grenze des mächtigen Kopfes markiert, welcher ein ganzes Drittel der Gesamtlänge einnimmt. Wieder die Fontäne, die jetzt riesig wirkte – Applaus aus der begeisterten Menge auf dem Schiff. Noch fünf weitere Begegnungen mit den »Riesen der Meere« waren auf dieser Fahrt zu erleben. Ein Pottwal kam extrem nahe ans Schiff heran – bis auf 25 Meter. Faszinierend die ruhigen Bewegungen dieses gigantischen Säugetieres, das 18, manchmal 20 Meter lang werden kann und 60 Tonnen schwer. Dieses Exemplar wirkte regelrecht neugierig, es schien die »Show« vor den zahlreichen, applaudierenden Zuschauern zu »genießen«.

Informationen: Walsafaris

[i] Hvalsafari A/S, Andøykontoret, postboks 58, N-8480 Andenes; Tel. 76 14 26 11, Fax 76 14 23 77.

Abstecher: Westlich von Andøya liegt der Vogelfelsen Bleiksøya mit u. a. 70 000 Papageientaucherpaaren. Zu ihm wird eine zweistündige Bootstour angeboten – Anmeldung im Walzentrum.

Übernachtung: Andenes Camping, N-8480 Andenes (kein Tel.) – vor dem Ort am Rv. 82; es gibt keine Hütten. Lankanholmen Sjøhus, N-8480 Andenes; Tel. 76 14 28 50, Fax 76 14 28 55 – komfortable (nicht ganz billige) Hütten für vier Personen direkt am Hafen.

Anreise: Von der E 6 biegt man bei Bjerkvik (kurz hinter Narvik) auf Riksvei 19 ein (der nach Å am Südende der Lofoten führt). Bei Sortland muß man nach rechts auf Rv. 82 abbiegen. Andenes hat auch einen Flugplatz.

Tip: In Andenes kann man sich ein Fahrrad mieten. Während einer Fahrradtour nach Bleik an der Küste entlang konnten wir Seeadler beobachten.

60 Tonnen tauchen ab!

Seit 1987 gibt es auf Andenes das Walzentrum, geleitet von einer nordischen Arbeitsgruppe und unterstützt vom WWF, der internationalen Naturschutzorganisation. Von vornherein sollten zwei Ziele miteinander verknüpft werden: das Angebot an Besucher, die Wale auf Beobachtungsfahrten näher kennenzulernen, und die Walforschung zu verbessern und auszuweiten.

Fraglos hat der Mensch zu den Walen – übrigens gehören auch die Delphine dazu – eine besondere, emotional geprägte, teilweise bis ins Mythische reichende Beziehung. Die hohe Intelligenz, die ausgesprochen soziale Lebensart, die Tendenz zur Neugier und zum spielerischen Verhalten – all das kannte und schätzte man von altersher. Zur Zeit der Segelschiffe war man von den eigentümlichen Lauten, den »Walgesängen«, fasziniert – die allerdings mit sagenhaften Seeungeheuern u. ä. in Zusammenhang gebracht wurden. Seit die Dampfer mit ihrem Motorenlärm die Ozeane durchpflügen, konnte man sie nicht mehr hören.

Das Motiv für die Forschungsarbeit hängt unmittelbar mit den Schutzbestrebungen zusam-

Lofotenfischer: Erfahrene Walfänger führen heute Besucher zu den letzten Riesen der Meere

men: Innerhalb der Internationalen Walfangkommission IWC (von der zum Beispiel die Fangquoten festgelegt werden) wird von den ehemaligen Walfangländern wie Norwegen immer wieder eine Fangquote »zu Forschungszwecken« durchgesetzt. Die Frage ist: Muß man wirklich Wale töten, um sie zu erforschen? Die Mitarbeiter des Walzentrums von Andenes versuchen es jedenfalls auf andere Art: Z. B. machen sie jedesmal Fotos von der Fluke, der Schwanzflosse, um einzelne Tiere wiederzuerkennen, denn die Schwanzflosse sieht bei jedem Wal anders aus. Auf der Grundlage dieser Fotos wird eine Kartei angelegt. Bis zum Sommer 1989 hatte man bereits 29 Pottwale in der Kartei von Andenes registriert.

Mit Hilfe von Hydrofonen, Unterwassermikrofonen, werden auch die Lautäußerungen der Tiere untersucht. Von Buckelwalen weiß man, daß sie mit Hilfe der »Gesänge« über Hunderte von Kilometern hinweg Verbindung zueinander halten. Über die Pottwale aber gibt es noch eine andere interessante Theorie: daß sie bestimmte Laute zur Ortung der Beute benutzen, ähnlich den Fledermäusen. Mit Hilfe von Luft wird im Inneren des Mauls ein lauter Knall erzeugt. Dieser wird von dem parabolförmigen Schädel – der in der Tat wie eine Parabolantenne wirkt – reflektiert, von einer linsenförmigen Ölkammer im Kopf gebündelt und konzentriert auf die Beute gerichtet. Das »Echo« kann dann empfangen und ausgewertet werden.

Die Pottwale zählen zu den Zahnwalen, die größere Beutetiere aufnehmen können (im Gegensatz zu den Bartenwalen, die Kleinlebewesen aus dem Wasser filtern). Pottwale leben von Tintenfischen, die sie aus der Tiefsee holen. Sie sind Meister im Tauchen. Eineinhalb Stunden können sie unter Wasser bleiben und bis zu 3 Kilometer in die Tiefe gehen. Nur männliche Pottwale kommen offenbar in die Nähe von Andenes, sie sind womöglich von den Azoren hierher geschwommen. Warum? Auch das zählt zu den offenen Fragen, auf die die Forscher des Walzentrums hoffentlich eine Antwort finden werden.

Der »Pfad der Hebamme« – zu Fuß auf den Vesterålen

Wenn in Nyksund, am äußersten Nordwest-Zipfel der Vesterålen-Insel Langøya, eine Hebamme benötigt wurde und der Ort bei schwerem Wetter nicht per Boot erreichbar war, wurde sie von zwei Männern über einen Bergpfad vom Nachbarort Stø geholt und begleitet. Heutzutage ist Nyksund von den meisten Landkarten gestrichen. Der für moderne Schiffe zu flache Hafen, der allgemeine Rückgang der Fischerträge, der Zusammenbruch des Pomorhandels mit Rußland sowie die abgeschiedene Lage werden für die zwischen 1970 und 1977 erfolgte vollständige Entvölkerung des einstmals reichen Ortes verantwortlich gemacht. Seit einigen Jahren versuchen Enthusiasten aus verschiedenen Ländern, das verlassene Fischerdorf mit seiner einzigartigen Zweckarchitektur zu erhalten und wiederzubeleben – mit wechselndem Erfolg.

Der alte Pfad der Hebamme von Stø nach Nyksund bietet sich zu einer Tageswanderung an.

Das Leben geht einen ruhigen Gang in Stø. Jetzt im Juni wird der letzte, Anfang des Jahres gefangene, inzwischen steinhart luftgetrocknete Stock- bzw. Dörrfisch von den Gestellen genommen, sortiert und abgepackt, um zum Großteil nach Italien exportiert zu werden. Im Unterschied zum gesalzenen »Klippfisch« wird er ohne jede Konservierung getrocknet, ist aber jahrelang haltbar. Allerdings dauert die Zubereitung dann bis zu vier Tagen, in denen der Dörrfisch die ihm entzogenen 70 % Wasser wieder aufnehmen muß, um schließlich als »Lutefisch« auf den

Auf dem Weg zur Geisterstadt: Nyksund, malerisch und verfallen

Delikatessentisch zu kommen. Aus den abgetrennten Köpfen, die billig nach Nigeria verkauft werden, kocht man dort ein sehr energiereiches Nationalgericht. Nach jahrelanger Überfischung ist heute der Kabeljaufang streng kontingentiert, und trotz starker jährlicher Schwankungen scheinen die Erträge wieder anzusteigen.

Noch blieb das Schicksal Nyksunds dem Nachbarort erspart, doch auch in Stø muß man sich nach neuen Verdienstmöglichkeiten umsehen. Der Tourismus, der derzeit die Lofoten im Sommer immer wieder aus ihrer gewohnten Ruhe rüttelt, hat die benachbarten Vesterålen noch nicht erreicht. Über eine Schutthalde verlassen wir den Ort. Nur einen schmalen Uferstreifen freilassend, steigt der Fels auf über 400 Meter an. Der Küstenpfad durchzieht Uferwiesen mit malerischen Wollgrasteppichen, später eine Bucht, in der gewaltige rundgeschliffene Gesteinsbrocken bleibende Zeugen der Erosion sind. Ehemals sorgsam geborgen als Bau- und Brennmaterial, liegt heute Treibholz unbeachtet neben rostigen Tonnen und anderem Schiffsmüll am Ufer. Überraschend vielfältig präsentiert sich auch die Pflanzenwelt dieser kargen, eher unwirtlichen Gegend. Neben Wollgras und Moosen finden sich Schwedischer Hartriegel, Roter Steinbrech und Läusekraut. Eine Rotdrossel stimmt ihr Lied an. Doch auf die herrlich geflötete Strophe folgt ein kratzendes Ende.

Den weiteren Weg versperrt der 314 Meter hohe Berg Mælen. Früher schon nicht ungefährliche – und den Nyksunder Kindern verbotene – Pfade entlang der Küste sind auch heute riskant zu begehen. Mit jedem Schritt wird die Aussicht auf Meer, Schärengürtel und die schroffe Bergwelt spektakulärer. An einer Wegkreuzung schließlich beginnt der Abstieg nach Nyksund auf einem nur noch selten begangenen Pfad, auf dem vor einem halben Jahrhundert schon die Nyksund-Kinder zum Unterricht nach Stø liefen. Erst 1939 hatte der Ort eine eigene Schule bekommen. Doch war ihr kein langes Leben beschieden, nur das Fundament blieb erhalten.

Es regnet. Ein feiner, alles durchdringender Nieselregen, so richtig dem traurigen Bild verfallener, sich gegenseitig stützender hölzerner Fabrikbauten auf Pfählen um den ehemaligen Hafen angepaßt. Ein regelmäßiger Hammerschlag ist das einzige Geräusch. Wir passieren zum Hafenbecken hin abgerutschte Häuschen, denen nur noch ein Gnadenstoß bis zum endgültigen Zusammenbruch fehlt. Die sonstigen Bauten hier, überwiegend Wohnhäuser, zeigen zwar auch Zeichen des Verfalls. Doch sind ihre Fenster häufig geputzt und stehen leere Flaschen, Fähnchen und Nippes auf den zumeist gardinenlosen Fensterbänken. Einzelne Häuser sind laienhaft, doch umsichtig und liebevoll restauriert. An eine Hauswand hat ein Witzbold Hunderte verschlissener Schuhe genagelt. Eine Inschrift informiert: »Strandgut«. Daneben in kyrillischen Buchstaben ein handgeschriebenes Straßenschild: »Krasnaja Ploschdschadch«. Roter Platz. Doch anscheinend ist hier niemand mehr zuhause. Wir laufen durch den Ort; rechts der Fels, links am Hafenbecken die Zeile relativ gut erhaltener mehrstöckiger Gebäude in frischen Farben. Durch ein Fenster blicke ich in ein aufgegebenes Café: leere Regale, eine halbvolle Geschirreinigerflasche aus Deutschland, die moderne Kaffeemaschine, malerisch von einer Spinne eingewebt. Ein Stück weiter ein handgemaltes Schild: »Konsthandverksted«. Bei einem früheren Besuch hatte ich hier eine interessante, scheinbar zufällige und doch kunstvoll arrangierte Mischung aus Strandgut, Naturmaterialien, Drechselerzeugnissen, Grafiken und Fotos bestaunen können. Jetzt Totenstille.

Über eine kleine Mole erreicht man die Südseite des Ortes. Nur zwei vergessene Wohnhäuser überblicken von hier aus den restlichen Ort. Hier erklingen jene Hammerschläge, die von fern das einzige Lebenszeichen gewesen waren. Der Mann heißt Ole. Nyksund war einst sein Zuhause gewesen. Wie alle anderen Bewohner hatte er den Ort wegen fehlender Verdienstmöglichkeiten verlassen. Jetzt versucht er den Verfall doch noch aufzuhalten. Ein Kampf gegen Windmühlenflügel.

Herrlich blau ist der Himmel, zauberhaft der Rundumblick über Nyksund und die zahlreichen Schären im Atlantik. Da – ein Goldregenpfeiferpärchen umfliegt uns. Einer der Vögel landet sogar in unmittelbarer Nähe, um dann, mit einem hängenden Flügel, laut pfeifend wegzuhinken. Offensichtlich will er uns von der zwischen Geröll verborgenen Nistmulde fortlocken. Ich entdecke auch zwei Steinschmätzerjunge und den mehrfach anfliegenden Altvogel.

Über vegetationslose Geröllhänge wenden wir uns wieder Stø zu. Jede bewältigte Kuppe gibt nur die Aussicht auf eine weitere frei. Die nächsten Kilometer sind kräftezehrend: ständiger Wechsel von großartiger Rundumsicht und absoluter Milchsuppe, wenn sich die Wolken naßkalt bis auf uns herabsenken und jede Orientierung verlorengeht. Schließlich passieren wir eine überdimensionale Tunnelbaustelle. In der Nähe einer häßlichen Radarstation verlieren wir den ausgetretenen Pfad und sind zu einem etwas riskanten, steilen Abstieg über loses Gestein gezwungen. Am Fuß des Berges leuchten in der Spätsonne die Häuschen und der von langen Molen umfaßte Hafen von Stø, Ausgangs- und nun Endpunkt unserer Tour.

Rauhe, karge Felsen, freundlich-bunte Holzhäuser: Moskenes auf der Lofoteninsel Moskensøya ▷

Informationen: Nyksund

[i] Vesterålen Reiselivslag, Postboks 243, N-8401 Sortland, Tel.: 76 12 15 55, Fax.: 76 12 36 66.

Camping/Übernachtung: Mehrere Herbergen auf den Vesterålen, in Nyksund selbst gibt es keine Übernachtungsmöglichkeiten mehr. Verträumt idyllisch am Meer liegt die Jugendherberge von Bø, ein kleines einsames Holzhäuschen. Der Wirt kommt nur abends mal kurz vorbei, wenn nicht, hinterlegt man den Obolus einfach auf einem Teller. Anrufen zwecklos. Platz gibt es eigentlich immer. Und schön warm ist es auch!

Karten: Eine detaillierte Wanderkarte der Region Stø-Nyksund ist zu beziehen bei [i] (kostenlos).

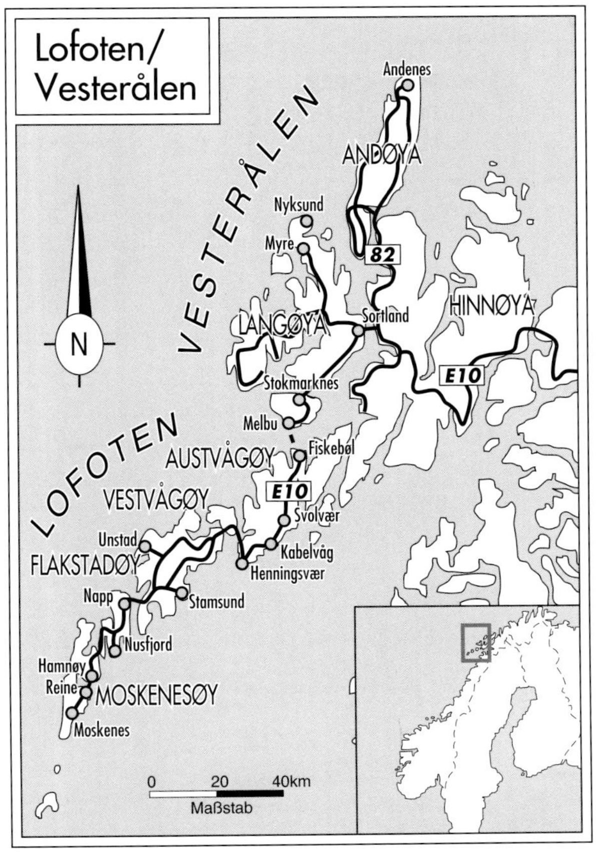

Norwegen extrem

Der Hamburger Bjørn Klauer erfüllte sich einen Jugendtraum. Er wanderte von Oslo bis in die Arktis: ein Abenteuer mit Folgewirkung.

Einsamkeit pur: 3500 Kilometer zu Fuß durch Norwegen

Hvor skal du?« wohin willst du, fragte mich der alte, fast weißhaarige Mann nordwestlich von Oslo, als ich an seinem verwitterten Gartenzaun mit meinem schweren Rucksack auftauchte. Ich deutete nur mit dem Kopf in die Richtung, nannte die ersten Etappenziele wie Telemark und die Hardangervidda. Er grinste, so wie einer eben grinst, der aus Höflichkeit eine nicht verstandene Antwort als Vakuum bestehen läßt. Doch dann glätten sich langsam seine Gesichtszüge. Er deutete nur auf seine Holzski an der Schuppenwand – die letzten Zeugen des vergangenen Winters.

Obwohl ich in der einjährigen Vorbereitungszeit nie an meiner Idee gezweifelt hatte, Norwegen von Oslo nach Kirkenes durch alle vier Jahreszeiten erwandern zu können – überfielen mich während meiner ersten Schritte bei Oslo und den ersten Nächten im Freien doch eigenartige Gedanken und Selbstzweifel. Zu schwer war der Abschied von meiner Freundin und den Bekannten gewesen. Zu einsam drohen jetzt die noch schneebedeckten Berge mit ihrer atemberaubenden Stille, die nur selten den Schrei eines Raubvogels preisgibt.

Was ich mir vorgenommen hatte, baute sich jetzt im Mai zu einer hohen Mauer auf, die fast unüberwindlich schien. Erst nach und nach, mit dem Eingewöhnen in das Leben der Natur, mit der wachsenden Vertrautheit mit den unmittelbaren, konkreten und einfachen Problemen des »outdoor«-Lebens schwand letztlich auch diese Mauer und sank zu einem kleinen Steinwall zusammen, bis letztlich auch dieser verschwand. Zu überzeugend bot sich der Frühling Norwegens an.

In den Tälern war nur noch Restschnee auszumachen, und oben in den Bergen der Telemark setzte die Sonne dem Schnee kräftig zu. Die Luft tönte von neuem Leben. Unzählige Vögel durchschwirrten die einsamen, menschenleeren Wälder und verlassenen Almen auf der Suche nach einem Partner oder schon während des Nestbaus. Aus allen Schnäbeln war nur ein Lied zu hören – das Lied des Frühlings. So eng war die Natur noch nie an mich herangerückt. Anders als bei vorangegangenen Wanderurlauben in Norwegen brauchte ich nicht lange, um das Gefühl zu entwickeln, »mitten drin« zu leben. Alles Belastende fiel nach und nach von mir ab. Kein Lohnsteuerjahresausgleich, kein Problem mit dem Auto oder der Arbeit. Das Leben wurde einfach, die Gedanken direkt. Wieviel Proviant mußte ich bis zum nächsten Laden mitnehmen? Hatte ich heute genug Feuerholz, um mir ein Brot zu backen? Wie kam ich über den Fluß? Trug diese Schneebrücke?

Nur des Nachts kamen in der ersten Zeit die alten Probleme und Geschichten hoch und wuchsen sich manchmal geradezu zu einem Alpdruck aus. Belastendes und Unschönes aus der Vergangenheit stießen durch den noch nicht sehr soliden Boden des neuen Lebens. Sie rieben sich im Unterbewußtsein an dieser unkomplizierten Lebensweise, wie Schuhe an den Füßen. Sie bildeten wunde Stellen, Blasen – und verheilten. Der Fuß paßte sich dem Schuh an und der Schuh dem Fuß. Nur: Die Natur paßt sich dem Menschen niemals an. Sind die ohnehin engen Toleranzen erreicht, wird der Mensch nachgeben müssen, oder er geht unter. Gelingt es dem Menschen nicht, sich mit Haut und Haar der Umgebung anzupassen, so wird er den Boden unter den Füßen und somit den Kampf ums Dasein verlieren.

Wie nötig diese Einsicht war, wurde mir im Winter in Nordnorwegen mit aller Deutlichkeit bewußt. Jedes Nichtbeachten der Natur, jede Nachlässigkeit, jedes sich »Stärker«-Fühlen als die natürlichen Kräfte, erzeugt automatisch Fehler. Einer davon kann immer der letzte sein.

Aber noch steht der Frühling bevor, die Zeit des Erwachens. Gegensätze, die ins Auge springen. In den Tälern unten die ersten sich entfaltenden Blattknospen der Birken, die kleinen Blüten des Isländischen Mooses, die sich rot zur Sonne strekken – und oben in den Bergen ist noch Winter. Tiefverschneite Hochebenen, vereiste Seen. Die Rentiere bekommen erst langsam ihr braunes Fell. Der Schnee ist oft noch so hoch und ab der Mittagszeit derartig weichgetaut, daß ich den Plan aufgeben muß, über Europas größte Hochebene, die Hardangervidda, zu laufen. Sie liegt durchschnittlich über 1000 Meter über dem Meeresspiegel, und das macht in diesen Breitengraden Jahreszeiten aus. Mir fällt die Begegnung mit dem Alten bei Oslo ein. Was würde ich für seine Skier geben!

Ich gehe weiter nach Norden, tiefer in liebliche, menschenleere Täler. Ab und zu eine verlassene Alm, eine alte verwitterte Blockhütte im Wald.

Überall wachsen jetzt Kräuter, die die Rucksackküche willkommen ergänzen. Brennesseln werden zu Spinat, Sauerampfer und Löwenzahn zu Salat: Delikatessen in der Eintönigkeit von Tütensuppen und Nudeln.

So stellt sich mir der obere Teil des Numedal (dal = Tal) vor: Viel blauer Himmel, dem sich die ausladenden Kronen freistehender Kiefern entgegenstrecken. Durch kleine Dörfer geht die Wanderung, vorbei an Feldern, auf denen die Bauern mit ihrer Arbeit beginnen. Die Schafe sind herausgetrieben und freuen sich über ihren Nachwuchs und das frische Gras. Spielende Kinder auf Straßen und Wegen oder mit dem Rucksack auf dem Weg zur Schule. Dazwischen immer wieder die einsame Bergwelt, die mich anzieht wie ein Magnet. Denn dort kann ich leben, wie ich will. Mein Interesse an Städten und Dörfern beschränkt sich eigentlich nur auf die Lebensmittelgeschäfte und die Teilnahme an der Lebensfreude, die spielende Kinder zeigen.

Ab und zu traut sich eines der mutigsten an mich heran und fragt mich etwas in einem Dialekt, der mich zweifeln läßt, ob ich überhaupt noch in Norwegen bin. Wir können uns nur schlecht verständigen. Alle Kinder scheinen hier umwerfend freundlich und neugierig zu sein. Sie bleiben freundlich, auch wenn die Neugier nicht befriedigt wird. Was ist das nur für ein Land?

Als nächstes großes Etappenziel steht Jotunheim, das »Heim der Bergriesen«, auf dem Plan. Es ist schon längst Juni, und der Schnee ist selbst in den Höhen beträchtlich zurückgegangen oder so zusammengeschmolzen, daß er gut trägt. Ich treffe mich zu dieser Etappe mit meinem Freund Rainer, dessen Anwesenheit die Einsamkeit beendet. Je mehr wir uns vom Südosten her dem Bergmassiv nähern, desto schroffer und zerklüfteter ragen die Felsen in den Himmel.

Am 11. Juni steht unser Zelt am Fuße des Berges Glittertind. Der Aufstieg nur mit einem kleinen Tagesrucksack und bei bestem Wetter führt über graue, endlose Geröllfelder. Das Gehen erfordert höchste Konzentration. Ein falscher Schritt zwischen die Felsen, und schon ist der Fuß verstaucht oder gebrochen. Von Stein zu Stein laufend folgen wir einem fast unsichtbaren Pfad nach oben. Aber nicht so steil, daß irgendwelche klettertechnische Vorkenntnisse erforderlich wären. Wie fast überall in Norwegen kann man die Gipfel bergwandernd erobern.

Langsam erheben sich die schroffen Wände Jotunheims um uns. Riesige Geröllhänge, steile Schluchten, spitze, ja alpine Gipfel.

Tragen die Berge sonst in Norwegen deutlich die Züge zweier gewaltiger Eiszeiten, so scheint dieses Gebiet von den Gletschern verschont worden zu sein. Hier sind keine abgerundeten Bergkuppen oder weite Täler auszumachen.

Kurz vor dem Gipfel sinkt die Temperatur unter Null, der Schnee wird steinhart.

Wir sind auf der vergletscherten Spitze des Glittertinds, am höchsten Punkt Norwegens angelangt. Der Ausblick, die Stimmung hier oben, verschlägt uns die Sprache. Kein Lüftchen rührt sich, es ist totenstill, als wir da oben den Ausblick genießen. Um uns herum türmen sich die schneebedeckten Gipfel Jotunheims, majestätisch und erhaben liegt die Bergwelt vor unseren Füßen. Vergleiche mit den Alpen sind hier nicht angebracht, zu einsam und unberührt liegt jetzt alles in der jungen Sommersonne.

Aus 2472 Metern Höhe können wir unendlich weit sehen. Im Südwesten erhebt sich in fast 130 Kilometer Entfernung die Hochebene der Hardangervidda. Im Westen, 60 Kilometer entfernt, erstreckt sich der Jostedalsbre, der größte Gletscher Europas. Auch unser nächstes Ziel, der 70 Kilometer entfernte Rondane-Nationalpark, läßt sich im Dunst sehr gut ausmachen.

Wir werden von einem letzten Gruß des Winters überrascht. Des Nachts fällt die Temperatur auf – 6 Grad, und es schneit. Der Sommer scheint für ein paar Tage verschoben worden zu sein.

Nein, nicht nur für ein paar Tage. Er läßt noch lange auf sich warten. Oft regnet es tagelang, die Stiefel werden nur noch selten trocken. Nasse Schuhe und Strümpfe reiben Blasen. Der Regen dringt durch den Rucksack, alles wird feucht. Die seltenen Sonnenstunden nutzen wir, um riesige Wäscheleinen zu spannen und die gesamte Ausrüstung zu trocknen.

Meine inzwischen dazugekommene Freundin Jutta nimmt Plastiktüten als äußeren Strumpf, ihr Kampf gegen die Blasen ist fast verzweifelt. Aber wir gewöhnen uns an die ständige Nässe, an die versumpften Hochebenen und an die angeschwollenen Flüsse. Wir lernen mit dem Wetter umzugehen und werden erfinderisch.

Auch schöne Seiten sind diesem Wetter abzugewinnen. Dunkle, tiefhängende Wolken erzeugen eine besondere, ja manchmal fast bedrohliche Faszination.

Auf dem Weg nach Norden stoßen wir immer wieder auf kleine Ortschaften wie Røros mit seinen alten, gut erhaltenen Holzbauten aus längst vergangenen Bergwerkzeiten. Und kaum setzen wir wieder unsere Füße in den Wald, begegnen wir einer Faune und Flora, die uns oft das Wetter vergessen lassen. Sei es ein Biber in einem Flußarm, Elche in offenem Wald, sei es die Blumenpracht der Berge oder die Beeren, die in schier unfaßbaren Mengen reif werden. Die Walderdbeeren, Himbeeren und Blaubeeren lernen wir in unterschiedlicher Weise zu nutzen. Später wird dann auch die Vitamin-C-reiche Multebeere die Speisekarte bereichern. Wenn auch selten, aber um so leckerer, wandern verschiedene Fische in die Pfanne oder Kochtopf.

Anfang September erreiche ich – nun wieder alleine – den Bezirk Nordland. Der Herbst überzieht fast schlagartig das Land. Nachts sinken die Temperaturen wieder unter Null, am Morgen glitzert Tau im Gestrüpp und an Spinnweben.

Die Flora verfärbt sich. Schnell wird aus dem Grün Gelb, Orange und Rot in zahllosen Abstufungen. Jeder Baum, jeder Busch, jeder Halm färbt die Landschaft bunt.

Jetzt ist überwiegend bestes Wetter. Das Wandern ein reines Vergnügen. Oft brauche ich mein Zelt gar nicht aufzubauen, eine Plane als Schutz gegen den Reif reicht.

Meine Wanderung geht jetzt durch Gebiete, in denen es keine Wanderwege gibt. Manchmal sehe ich eine Ewigkeit keine Menschenseele. Nur von fern sind jetzt im Oktober die Schüsse der Jäger zu hören, die es auf Schneehühner oder den Elch abgesehen haben. Oft komme ich in Fjordlandschaften, die vom Zahn der Zeit verschont geblieben zu sein scheinen. Kleine, schnuckelige Fischersiedlungen verlieren sich an den bunten Hängen der Fjorde. Die kleinen Boote dümpeln einsam im klaren Wasser. Irgendwo tief im Fjord tuckert ein Motor.

Mit den kürzer werdenden Tagen bekomme ich nun immer häufiger das Nordlicht zu sehen. Manchmal kann ich diesem bizarren Lichtgewoge von meinem Schlafsack aus stundenlang zusehen. Wie leicht im Winde wehende, leuchtende Gardinen wallt es in großer Höhe über dem dunklen Himmel, von Lichtstreifen durchkreuzt. Einige Male erlebe ich wahre Feuerwerke. Da leuchten immer wieder sich verändernde Streifen und Brandungen in sanftem, grünlichem Licht mit zarten roten Rändern auf. Da platzt über mir eine Rakete und sendet spitze Strahlen in alle Himmelsrichtungen – lautlose Lichtspiele vor schwarzem All – faszinierende Formen zwischen den Sternen.

Im Oktober hüllen die ersten Schneeschauer am Polarkreis die Landschaft in ein dünnes, weißes Kleid. Der Schnee bedeckt die stille Natur. Auf Flüssen und Seen entsteht dünnes Eis, das noch nicht trägt. Es ist Ende Oktober, als ich von Bodø durch ein recht schroffes, aber desto beeindruckenderes Gebiet nach Nordosten laufe. Je höher ich in die Berge komme, desto unwirtlicher werden Landschaft und Wetter. Ein tagelanger Sturm fegt über Gipfel und Sattel, oftmals ist das Vorwärtskommen ein einziger Kraftakt, ab und zu zwingt mich eine zu kräftige Bö zu Boden. Viele Bäche und Wasserfälle sind gefroren, an Felsen hängen Eiszapfen. Ganze Hänge sind mit Eis bedeckt – das aus dem Fjellbewuchs heraustretende Wasser gefriert und überzieht den Hang mit einem dicken Eispanzer.

Mir ist nicht wohl in meiner Haut. Ohne Steigeisen ist die Fortbewegung auf diesen Eishängen ein risikoreiches Unternehmen. Aber ich will nicht umkehren, so kurz vor dem Tagesziel. Manchmal muß ich mich mit dem Seil sichern oder hinunterlassen oder Steine, die aus dem Eis hervorragen, als Tritte benutzen.

An einem gänzlich vereisten Flüßchen, das sich hier von dem steilen Hang in den See stürzt, ist es soweit. Offenbar ist der Stein, der aus dem Eis ragt, selbst leicht vereist. Ehe ich mich's versehe, verliere ich den Halt, und schon geht es in rasender Sturzfahrt auf dem Eis dem See zu. »Mein Gott«, denke ich, »jetzt ist es aus. Jetzt knallst du da unten gegen die Felsbrocken, wirst bewußtlos und ertrinkst im See!« Panische Angst packt mich. Hektisch greife ich nach Ästen der Birken, die hier am Boden entlangkriechen. Nach unendlich langen Sekunden klappt es schließlich. Ich muß alle Kräfte aufbieten, um mich an einer Birke mit der rechten Hand abzufangen. So hänge ich da, nur noch fünf Meter vor den Felsen am See. Mir zittern die Knochen. Tränen schießen in die Augen.

In den Tälern war nur Restschnee auszumachen – die Luft tönte nach neuem Leben

Vom Schock leicht erholt, hangele ich mich an das eisfreie Ufer, werfe alles Gepäck von mir und bin nur noch froh, daß ich lebe. Außer einigen Prellungen und einer aufgerissenen rechten Hand ist mir nichts passiert. Nur in der Kameratasche sieht es anders aus. Mein Zoomobjektiv gleicht einer Banane.

Auch unten an den Fjorden zieht der Winter ein. Von der Fähre, die mich nach Svolvær auf den Lofoten bringt, sehe ich die verschneiten Inseln in der Sonne liegen. Fischerboote sind mit dem Eis der Gischt bedeckt.

Die Sonne geht jetzt erst um 10 Uhr auf, um gegen 14 Uhr für 20 Stunden wieder zu verschwinden. Die Suche nach einem Quartier für die Polarnacht beginnt im Wettlauf mit den immer kürzer werdenden Tagen. Es geht über endlose Straßen auf die Vesterålen-Inseln, vorbei an kleinen Bauern- und Fischersiedlungen.

Endlich, am 20. November, gelange ich in das fast verlassene Fischerörtchen Nyksund. Alle Knochen schmerzen vom Rucksack und dem Laufen auf den Straßen. Diese Straßen sind es auch, die für reichlich Blasen an meinen Füßen gesorgt haben. Als ich in Nyksund ankomme, sind sie längst blutig, die Strümpfe rostbraun.

Nyksund empfängt mich mit den unheimlichen Geräuschen einer Geisterstadt. Rostige Türscharniere quietschen im Wind, schlagende Fenster und das ständige Heulen und Pfeifen des Windes sorgen für eine unheimliche Stimmung zwischen diesen halbverfallenen Wohnhäusern, Speichern und Schuppen.

Ich humple umher auf der Suche nach einem Plätzchen für die Nacht. Geschützte Stellen gibt es nur wenige, denn die Dächer der Gebäude sind oft seit Jahren undicht, oder es zieht gnadenlos durch die kaputten Fenster.

Wie ein Geist in dieser Geisterstadt steht gänzlich unerwartet jemand vor mir. Zu meiner Erleichterung stellt sich rasch heraus, daß es sich nicht um eine Erscheinung handelt, sondern um einen Menschen aus Fleisch und Blut. Wir kommen etwas zögerlich ins Gespräch, denn keiner von uns beiden hätte erwartet, hier auf jemanden zu stoßen. Ich frage: »Wohnst du hier?« »Ja, dort oben. Noch hinter der Kirche. In dem weißen Haus zusammen mit meiner Frau«, antwortet er, ohne daß die Skepsis aus seinem zerfurchten Gesicht weicht. Schweigen. Schließlich übermannt ihn dann doch die Neugierde: »Und was machst du hier?«

Meine etwas längere Erklärung hellt sein Gesicht auf, und der kritische Ausdruck darin verschwindet. Sogar zu meinem Geburtsort fällt ihm sofort die in Norwegen gängige Auffassung von der Hamburger Hauptstraße ein: »Ahh, Reeperbahn ...«

Ich bin heilfroh, daß es in diesem Dorf nicht nur Geister gibt. Torstein und Maria, wie die beiden letzten Einwohner im Dorf heißen, werden bis Ende Januar, wenn die Sonne wieder über den Horizont schaut und ich weiter laufe, meine Nachbarn sein. Sie vermitteln mir ein hervorragendes Winterquartier in Form eines kleinen Häuschens, dessen wichtigster Einrichtungsgegenstand ein solider Holzofen darstellt.

Doch obwohl ich eigentlich vor Freude über die überaus geglückte Suche nach dem Winterquartier in die Luft springen müßte – denn Nyksund und meine netten Nachbarn haben meine kühnsten Erwartungen weit in den Schatten gestellt –, will sich eine gute Stimmung bei mir nicht so recht einstellen.

Die letzten Wochen auf den fast endlosen Straßen haben mir einen gehörigen Dämpfer verpaßt. Sicher gab es auch schon vorher sehr strapaziöse Etappen, aber immer hatte ich den Ausgleich der friedlichen Berge.

Doch jetzt drückt die hereingebrochene Polarnacht schwer auf die Seele. Um die Mittagszeit reicht das Dämmerlicht gerade noch aus, um Feuerholz zu sammeln oder ein wenig der Brandung zuzuschauen. Den Rest des Tages bin ich in das Häuschen verbannt. Lediglich die Besuche bei den Nachbarn, ein paar Briefe und Tagebucheintragungen und die allwöchentlichen Einkäufe in dem 13 Kilometer entfernten Myre lenken mich – viel zu selten! – von der Einsamkeit und Langeweile ab. Nichts zerstreut meine finsteren Gedankenwolken, und nur weniges heitert mich auf. Erst als meine Freundin Jutta in einem Brief ihren Besuch ankündigt, löst sich die innere Spannung. Und als dann endlich am 20. Januar die Sonne mit ihren ersten Sonnenstrahlen am Horizont das Ende der Polarnacht ankündigt, kehren mein alter Lebensmut und die unbändige Unternehmungslust zurück.

Schnell sind die Sachen wieder gepackt. Es geht in Richtung Osten auf die norwegisch-schwedische Grenze zu. Bei dem Städtchen Harstad lerne ich einen Schlittenhundezüchter kennen, der mir Keito, ein Prachtexemplar von Grönlandhund, für die letzten 1000 Kilometer ausleiht.

Keito erweist sich als treuer Begleiter, der mich von meiner Einsamkeit befreit. Auch wenn die Gespräche recht einseitig verlaufen und höchstens mit einem Blick kommentiert werden, habe ich nun doch einen Partner, mit dem ich mich gemeinsam durch die weiße Wildnis schlage.

Und das macht Keito perfekt. Er zeichnet sich nicht nur durch seine Gelassenheit gegenüber 40 Minusgraden und Schneestürmen aus, sondern auch durch einen nicht kleinzukriegenden Arbeitswillen. Einen Teil der im Vergleich zum Sommer erheblich umfangreicheren Winterausrüstung zieht er auf einem kleinen Schlitten (Pulka) der russischen Grenze entgegen. Und das empfindet er nicht etwa als Schinderei. Nein, sobald er das Geschirr in meinen Händen sieht, kann er den Aufbruch gar nicht mehr erwarten und bellt und springt vor Ungeduld. Nur eine kräftige Reepschnur scheint ihn daran zu hindern, die Ziellinie Wochen vor mir zu überschreiten.

Zwar gibt es am Anfang Probleme mit der Koordination von Hund, Pulka, Ski, Skistöcken und dem Tau, das uns verbindet. Aber schließlich werden die Stürze seltener und kann man wirklich von »Vorwärtskommen« sprechen.

Und das gefällt mir und Keito immer besser. Jetzt sind alle Seen und Sümpfe zugefroren, nur auf dem unsicheren Eis der Flußläufe müssen wir uns sehr vorsichtig bewegen. Sonst geht es einfach geradeaus und der Nase nach in einer Schnelligkeit, von der ich im Sommer nicht einmal träumen konnte. Lediglich die Rentierherden bringen Keito vom Ziel ab. So freundlich er Menschen gegenüber ist, hier schlägt seine nahe Verwandtschaft zum Wolf durch.

Langsam werden die Temperaturen moderater, die Zeit der harten Fröste ist vorbei. Bald treffen wir auf die ersten offenen Flüsse und Bäche. Die ganze Landschaft scheint lebendig zu werden. Hier und da ist das ungewohnte Gezwitscher erster Frühlingsboten zu hören, und selbst die sterile Winterluft des Waldes wird langsam von den Gerüchen welken Laubes durchzogen.

Mitte April, 347 Tage nach meinem Aufbruch, erreiche ich die russische Grenze: Ende eines Abenteuers mit Folgewirkung. Der Norwegenbazillus hat mich erwischt.

Heute lebe ich mit meiner Frau Jutta und unseren zwei Kindern in Nordnorwegen zwischen Narvik und Tromsø – natürlich mit Schlittenhunden.

Informationen: Extremtouren

Bjørn Klauer arbeitet heute in Norwegen als Bergführer und »hundekjører«, Hundeschlittenfahrer. Gästen bietet er organisierte Schlittenhundetouren an, einfache Tagestouren bis hin zu Expeditionen von 7 bis 28 Tagen Dauer.

[i] Bjørn Klauer, Altevannsveien, N-9250 Bardu, Norwegen, Tel./Fax: 771 84503.

Vorbereitung: Ich plante die Tour als Ein-Mann-Unternehmung. Damit hielt ich mich im Hochrisikobereich auf. Ich mußte mich also auf möglichst alle Eventualitäten gut vorbereiten, da ich auf der Tour selbst keine Hilfe haben würde. Doch je mehr ich mich in das Vorhaben vertiefte, desto klarer wurde mir eigentlich, worauf ich mich da eingelassen hatte. Das Jahr der Vorbereitung wurde mir also nicht lang.

Meine Erfahrungen in 8 Punkten:

1. Alle zu erwartenden Jahreszeiten, Witterungsbedingungen und landschaftlichen Gegebenheiten sollten vor einer Extremwanderung schon einmal erfahren worden sein. Das erspart nicht nur überflüssiges Gewicht im Rucksack (Badehose im Winter), sondern schützt auch vor mancher Überraschung (»So hatte ich mir das eigentlich nicht gedacht«). Überraschungen gibt es gewöhnlich mehr als genug.

2. Jeder, der schon einmal eine Wanderung gemacht hat, weiß, daß ausreichende körperliche Fitness von Vorteil ist. Der fundamentalistische Extremwanderer

mag sich als Ziel setzen, seinen 35 Kilo schweren Rucksack auf dem gestreckten Zeigefinger durch die Tundra balancieren zu können. Das war mein Ziel nicht. Nur macht eine Wanderung einfach mehr Spaß, wenn man eine Steigung mit einem Liedchen auf den Lippen nehmen kann, anstatt unmelodiös aus dem letzten Loch zu pfeifen. Und wenn zu einem seelischen Tief (das kommt unweigerlich) auch noch ein ausgedehntes körperliches kommt, ist das oft das Ende des Abenteuers.

3. Alle Ausrüstung muß gründlich getestet sein, nicht nur im Hinblick auf die Haltbarkeit des Materials, sondern auch unter Berücksichtigung der zu erwartenden Witterungsbedingungen. Ein Kocher, der im Sommer gut funktioniert, kann im Winter unter qualmendem Gespucke abstürzen.
Die Langzeitbelastung des Materials ist auch nicht zu vernachlässigen. Die Vorstellung: »Der Kocher ist gut, der hat mich in den letzten 5 Jahren nicht im Stich gelassen«, ist sicher gut gemeint, sagt aber gar nichts. Einer 5-jährigen Urlaubsbenutzung des Kochers entspricht eine Benutzung auf einjähriger Wanderung. Es gilt also, nicht nur nach fliegengewichtiger, sondern ebensosehr nach robuster Ausrüstung Ausschau zu halten.
Bei Schuhen ist das aber reines Wunschdenken. Wesentlich länger als 1000 Kilometer hat bei mir kein Schuh gehalten. Das bedeutet dann, nicht nur alle 1000 Kilometer neue Schuhe zu kaufen, sondern auch alle 1000 Kilometer neue Blasen zu pflegen!

4. Bei der Vorbereitung der Tour geschieht es manchmal, daß die Gedanken ein Problem zwar der Tiefe nach ausloten, die Weite aber vernachlässigen. Deswegen kann es sehr hilfreich sein, sich mit anderen, die mehr Erfahrung haben, auseinanderzusetzen. Ausrufe wie: »Daran habe ich ja noch gar nicht gedacht!« oder »Das habe ich ja total unterschätzt« sind sicher gar nicht selten.
Fazit: Man muß die Fehler der anderen ja nicht unbedingt wiederholen! (Auch wenn das ein beliebter Sport ist).

5. Die mentale Belastung des Alleinseins ist bei jedem Menschen unterschiedlich. Jemand, der immer schon gerne alleine war, wird sich mit der Einsamkeit schneller arrangieren als derjenige, der meist das Bad in den Massen sucht (z. B. Politiker). Während der eine in der Abgeschiedenheit erst richtig aufatmet, verkümmert der andere in der Isolation. Hier sollte man sich selbst gut kennen und testen.

6. Trifft man dann endlich doch auf einen Menschen, kann sich mit ihm aber nicht vernünftig verständigen, ist das wirklich ein ganz hartes Brot. Deswegen: Sprache lernen!

7. Obwohl ich z. B. die Einsamkeit im Herbst genoß, war ich doch recht froh, im Winter einen Begleiter in Form eines Schlittenhundes zu haben. Auch wenn mit ihm – wie gesagt – die Unterhaltung recht zähflüssig war, so war doch immer jemand in meiner Nähe. Es ist einfach ein angenehmes Gefühl, nachts im Zelt zu liegen und auf der anderen Seite des Zelttuches das leise Geschnarche eines Lebewesens zu hören.
Im Winter bot mir der Schlittenhund die Möglichkeit, meine Leidensfähigkeit nicht ganz ausreizen zu müssen. Schließlich sind die Einkaufsmöglichkeiten im Norden begrenzt, was bedeutet, daß die Etappen länger sind. Auch hat die Winterausrüstung ihr Gewicht. Ein gut trainierter Hund zieht sein eigenes Körpergewicht. Ein unschlagbares Argument!

8. Skier oder Schneeschuhe? Das ist die Frage bei langen Wintertouren. Skier sind in relativ offenem Gelände einfach durch ihre Gleitfähigkeit sowohl in der Ebene als auch bei der Abfahrt Schneeschuhen bei weitem überlegen. (Bei Schneeschuhen spricht man auch nicht von Abfahrt, sondern höchstens von Abgang.) Lediglich in dichtem, verwachsenem Wald kommt man per Ski nicht sehr weit, da ihre Länge störend ist.
Will man außerdem möglichst perfekt Ski fahren, so muß man das erst lernen. Das ist bei Schneeschuhen nicht nötig, da man einfach etwas breitbeinig geht. Ich habe Skifahren nie gelernt, auch nicht auf den 1000 km im Winter. »Stemmbogen« und »Schneepflug« kann ich kaum buchstabieren, geschweige denn ausführen. Das hat mich aber in der norwegischen Bergwelt nie gestört. Ich benutze die Skier als Schuhe, die mich am Einsinken hindern. Wenn es mir zu schnell geht, setzte ich mich ganz einfach auf den Hosenboden, und die ganze Sache kommt zum Stillstand. Schwierig wurde es erst mit Keito samt Pulka, der mittels eines Taus mit mir verbunden war und praktisch nie die gleiche Abfahrtsgeschwindigkeit hatte wie ich. Sein wiederholtes Parken der Pulka während einer Abfahrt sorgte nicht selten für sicher recht fotogene Stürze.

Wasser und Wälder – in den Kanurevieren Südschwedens

Schweden: Land der 96 000 Seen

Die Schweden nennen ihr Land Sverige, ein Name, der ursprünglich aus zwei Worten entstand: Svea rike – das Reich der Svea. Lange ist das her, noch vor der Zeit der Wikinger, als sich die Svea mit den Göta bekriegten, sie schließlich besiegten und dem Land ihren Namen gaben: Aus Svea rike wurde Sverige...

Ein großes Land, nach Spanien und Frankreich das drittgrößte Europas, mit nur knapp 9 Millionen Einwohnern, mit viel Platz für Mensch und Tier, mit unterschiedlichsten Landschaften, Stille und Einsamkeit. Das hier vorgestellte südliche Schweden ist ein Kanu-Dorado.

Für viele Besucher ist das Auto das Haupttransportmittel in die Einsamkeit. Oft bleibt es das einzige Verkehrsmittel, um Kanuten oder Wanderer an den Startpunkt ihrer Wildnistour zu bringen und ihnen die Welt abseits der großen Durchgangsstraßen zu eröffnen.

Das Angebot an Aktivitäten ist vielseitig. Natürlich steht die Natur im Vordergrund. Aber auch Städte und Ortschaften haben Reiz und Charme, und die kleinen roten Holzhäuser, die wie Farbtupfer in einem Meer aus Grün schimmern, sind ein Sinnbild für Gemütlichkeit. Die stille Schönheit hier wird man am ehesten bei Kanu-, Skilanglauftouren, Wanderungen und Hundeschlittenfahrten erleben. 449 964 Quadratkilometer Land machen die Fläche Schwedens aus. Darauf leben nur knapp 9 Mio. Menschen. Platz gibt es also reichlich fürs Abenteuer.

Südschweden umfaßt die Provinzen Skåne, Blekinge, Småland und die Inseln Gotland und Öland.

Skåne erinnert an den Norden Deutschlands und den Süden Dänemarks: hügelige Landschaften mit Bauernhöfen, Baumalleen, gerahmt durch das Blau der Ostsee. Die Inseln Öland und Gotland bieten herrliche Strände, reizvolle historische Stätten und eine Natur, die geradezu darauf wartet, z. B. mit dem Fahrrad erkundet zu werden.

Auch Småland hat Sandstrände, doch hier bestechen eher die malerischen Dörfer und Seen.

Zu Westschweden zählt man die Provinzen Bohuslän, Halland, Dalsland, Värmland und Västergötland.

Bohuslän und Halland sind die Küstenregionen, mit Schären- und Sandstrandküsten. Västergötland hat keinen direkten Zugang zur See, besitzt aber sein Binnenmeer Vänern. Dalsland ist das Land der tausend Seen. In der Gunst der Kanufahrer rangiert es weit oben. Gleiches gilt für große Teile Värmlands.

Es ist unmöglich, in einem Urlaub alle Landschaften Schwedens zu »erfahren«, zu groß ist das Land, zu vielseitig die touristischen Möglichkeiten. »Schwedenhappen« lautet daher das Motto.

Die Straße der Biber – im Kanu durch Värmland

Der Sturm tobt nun schon den ganzen Vormittag über den See, dessen Namensbedeutung mir heute wieder einmal so richtig klar geworden ist: »Nain«. »Launisches altes Weib« bedeutet das im Finnischen. Recht hatten die Namensgeber. Vermutlich war es der Finne Erik Hakkarainen, der sich um 1630 in den weiten Wäldern am Nain-Ufer niedergelassen hatte. Der Sage zufolge wählte er das östliche Ufer, doch es heißt, die dort ansässigen Waldgeister forderten von ihm einen Ochsen pro Jahr als Tribut. Das war Erik dann doch zu teuer, und er ging auf die Westseite. Seine Überfahrt war mühsam: Es war, als verwandelte der Nain seine Oberfläche in ein brodelndes Meer.

Seit Generationen wird diese Geschichte überliefert. Birger Eriksson, ein alter Schwede aus den Wäldern hier, erzählte sie mir an einem Winterabend am knisternden Herdfeuer. Birger kannte sie von seinem Vater, der sie wieder von seinem Vater erzählt bekommen hatte. Der alte Brauch des Geschichtenerzählens blieb hier bis in unsere Zeit erhalten.

Ein Tag im September. Die Sonne scheint warm aus wolkenlosem, tiefblauem Himmel und läßt den See in sattem Dunkelblau schimmern. Kontrastreich leuchten die Wälder am gegenüberliegenden Ufer in herbstlichen Rot- und Gelbtönen; Birken, Weiden und Espen, deren Farbsymphonie vom Dunkelgrün der Nadelbäume unterstrichen wird. Altweibersommer in Schweden, das ist »eine Periode, in der die Natur nach dem vitalen Frühjahr und Sommer eine kreative Pause einlegt«, so hatten es schwedische Freunde einmal gesagt. Die Tage werden kürzer, die Nachttemperaturen sinken stark ab, obwohl man tagsüber noch in der warmen Sonne sitzen kann.

Von einer schöpferischen Pause allerdings hält der Nain im Moment wenig. Ein Sturm tobt von Norden her und baut auf dem See gefährliche Wellenberge auf. Keine Chancen für uns in unseren offenen Kanus. In Värmlandsgården, einer der Kanuzentralen im Nordosten der Provinz Värmland, waren wir gestartet. Värmlandsgården war in alten Tagen ein Priestersitz. Heute kann

Zum Aufbruch bereit: Kanu-Wanderfahrt durch die herbstlichen Wälder Värmlands

Zauber des stillen Dahingleitens: Kanutour zu dritt

man hier Kanus und die notwendige Ausrüstung mieten.

Die Kanutour sollte uns für zwei Wochen in die herbstlichen Wälder bringen. Zügig und konzentriert packen wir unser Boot. Dabei achte ich darauf, daß das Gewicht gleichmäßig verteilt und das Kanu nicht zu kopflastig und dadurch instabil wird. Ein kurzes schwedisches »hej, hej« zum Abschied an die Zurückbleibenden, dann gleitet das Kanu unter der Kuppel des Nachmittagshimmels dahin. Stille umgibt uns, nur unterbrochen vom gleichmäßigen Eintauchen der Paddel. Nach ein paar Minuten nehmen wir die Paddel ins Kanu und folgen einem alten Ritual: Zwei Städter lauschen der Stille. Kein Windhauch, kein Vogel ist zu hören, nicht mal ein Biber ist aktiv. Langsam paddeln wir weiter, vorbei an schwimmenden Moorinseln, dann durch den Ulrikbergstjärnen, danach durch den Deglunden-See. Dort, wo die Seen sich fast berühren, liegt das Dörfchen Gustav Adolf. Nur eine Handvoll Menschen lebt hier während des Sommers, im Winter sind viele Häuser verwaist. Dann ziehen ihre Besitzer ins 20 Kilometer entfernte Hagfors. Gustav Adolf ist reizvoll, dazu trägt nicht zuletzt die kleine Holzkirche aus dem 18. Jahrhundert bei. Damals herrschten in den Wäldern noch rauhe Sitten, mit Räubern und Dieben.

»Insbesondere die Leute aus dem Nachbarort Laggåsen«, hatte Birger mir erzählt, »waren oft nicht die sanftesten im Umgang mit Fremden. Einige hatten es auf die aus Västergötland stammenden Händler abgesehen, die in den Augen mancher viel zu reich waren, als daß man sie ungeschoren durch die Wälder hätte ziehen lassen können. Der eine oder andere ließ dabei neben seinen Reichtümern auch sein Leben in den Wäldern Värmlands.«

Ich kenne die kleine Kirche von früheren Besuchen und liebe es, draußen auf dem See vorbeizupaddeln und dem hellen Klang ihrer Glocke zu lauschen. Reizvoll ist auch der Blick auf die für Schweden so typischen roten Holzhäuschen mit den weißgetünchten Fensterrahmen. Schon bald ist der vier Kilometer breite Deglunden-See passiert. Eine Portage, ein Landtransport zum nächsten See, schließt sich an. Wir folgen dabei einer Straße, wobei wir den mitgeführten Kanuwagen benutzen, der die Last unseres Kanus trägt.

Da, plötzlich eine Begegnung: eine mächtige Elchkuh. Argwöhnisch wittert sie über 50 Meter Distanz zu uns rüber. Mißtrauen auf beiden Seiten. In zwei Wochen wird in Schweden die Elchjagd eröffnet. Doch es scheint, als habe sie den genauen Jagdtermin im mächtigen Schädel. Genüßlich äst sie an den Spitzen von Fichten und Birken, ohne uns auch nur eines weiteren Blickes zu würdigen.

Am Dragsjön-See beladen wir das Kanu erneut. Doch jetzt mit mehr Routine. Schon gleitet das Boot zum nördlichen Ausläufer des Sees, in den sich der Norsälven-Fluß ergießt. Ein Stück werden wir ihm folgen. Dann beginnt die erste Nacht in der Wildnis.

Zauberhaft ist sie, mit den Stimmen und Düften der Wälder, mit dem Lagerfeuer, aber auch mit Moskitos und dem Dreck an Händen und Hosenboden. Und doch ist sie unvergeßlich. Daß hier der Lebensraum höchst aktiver Biber ist, entdecke ich, als sich ein dunkler Punkt nähert. Ein Biber auf der Suche nach Nahrung. Die begehrten Pelzträger sind äußerst wachsame Tiere. Mit einem lauten »Plumps« seines Schwanzes taucht er ab. Wieder ist Stille, nur unterbrochen vom Summen vereinzelter Moskitos.

Am nächsten Morgen ist der Himmel bedeckt, Regen liegt in der Luft. Nach kurzer Paddelei erreichen wir ein Wehr, an dem früher die Mühle eines Sägewerkes stand. Doch die Natur hat sich zurückgeholt, was der Mensch für eine Weile nutzen durfte. Der heutige Kanute kann in dieser glasklaren Zauberwelt der Seen, Flüsse und Bäche bis auf den tiefen Grund sehen. Nicht mehr als zwei Meter breit ist der Bach. Dann gibt das Ufer für kurze Zeit den Blick auf eine weitere Moorfläche frei. Ich entdecke von Bibern ausgetretene Pfade im Gras, und unten, auf dem Boden des Baches, frische Zweige. Der Winter ist nicht mehr fern, und die Biber legen in weiser Voraussicht Vorräte an.

Annabeth und Ulf sind Lachszüchter in der zwischen Knou und Uppümfen gelegenen Ortschaft Gustavsfors. Nebenbei vermieten sie auch noch Kanus. Ich kenne Ulf von früheren Reisen und weiß, daß in seinem Haus immer eine Tasse starken schwedischen Kochkaffees bereitsteht.

»Wo wollt ihr heute nacht campen?« fragt er. Ich beschreibe ihm den Weg.

»Wir kommen heute abend mit dem Kanu vorbei.« Ohne Wenn und Aber sagt er das. Ulf ist das typische Nordlandgewächs.

Als wir das Kanu durch die 200-Einwohner-Gemeinde schieben, grüßen uns wildfremde Menschen. Ende letzten Jahrhunderts war der Name Gustavfors eng mit der Eisenindustrie verknüpft. Zehnmal soviele Einwohner wie heute lebten hier, und alles drehte sich ums Eisen. Sogar eine Bahnlinie nach Hagfors gab es. Die Menschen im umliegenden Busch verdienten sich ihr Brot mit der Köhlerei, deren Produkte den Schmelzöfen der Eisenhütte einheizten. Doch Anfang dieses Jahrhunderts wurde es still um den Ort. Die Hütte wurde nach Hagfors verlegt, und das »Aus« für die Eisenbahn kam wenig später. Die meisten wanderten ab, folgten der Industrie nach Westen. Nur ein paar Bauern und Waldarbeiter blieben.

Es ist windstill. In weiter Ferne liegt unser Ziel, eine kleine Inselgruppe. Im zarten Dunst wirkt sie wie eine Fatamorgana. Eine rundliche Insel, nur 150 Meter im Durchmesser, mit einer kleinen Bucht. Der »Traum von der Insel« wird hier wahr.

Ulf, der ehemalige Gebirgsjäger aus Schwedens hohem Norden, ein Bursche, dessen Lebensraum schon immer die Wildnis war, hatte sich nicht vom schlechten Wetter abhalten lassen.

Unvermittelt taucht die Silhouette seines Kanus aus dem Nebel auf. Bald brutzelt Wurst auf grünen Zweigen, die dicht an die Glut gehalten werden. Der Kaffeekessel summt. In den Augen Imaks (Ulfs Husky), der wie wir ins Feuer blinzelt, züngelt das Widerspiel der Flammen.

Der nächste Morgen begrüßt uns mit zarten Sonnenstrahlen auf dem Zeltdach. Nachdem die Geister des Nain sich jetzt von ihrer versöhnlichen Seite zeigen, beschließen wir, »Robinson auf Zeit« zu spielen und noch ein paar Tage hierzubleiben. Bei Kanutouren geht es mir weniger ums »Kilometerfressen« als um den Genuß des Outdoor-Lebens, um das hautnahe Erleben der Natur, des Wetters, den Tagesablauf von Sonnenauf- bis -untergang. Ich liebe es, diesem Orchester mit seinen unterschiedlichen Instrumenten zu lauschen. Das Kanu ist das Hilfsmittel dabei. Doch nicht immer beachten Kanuten die Grundregeln des Outdoor-Lebens: Gelegentlich sammeln wir Müll ein. Hier und da entdecke ich gefällte Bäume, die als Feuerholz herhalten mußten. Dabei ist das Schlagen lebender Bäume in Schweden untersagt. »Hinterlasse keine anderen Spuren als die Ringe, die dein Paddel im Wasser macht«, lautet eine der wichtigsten Outdoor-Regeln hier.

Die Herbstfarben werden leuchtender. Tagsüber wärmt noch immer die Sonne, so daß ich viele Stunden mit dem Kanu die Ufer erkunde, dem klagenden Ruf des Eistauchers lausche oder abends heimlich Biber beobachte, die mich bis auf wenige Meter an sich herankommen lassen. Der Nain schimmert wie ein riesiger Spiegel. Fast traue ich mich nicht, mit dem Paddel diese Illusion zu zerstören. Doch nachts sackt die Temperatur schon bis an den Gefrierpunkt. Gelegentlich finde ich morgens eine dünne Eisschicht auf meinem Kaffeebecher.

Transport auf dem Landweg (Portage): Weit ist es nicht bis zum nächsten Wasser

Ein paar Tage später: Wir verlassen den Nain. Nach kurzem Landstransport geht's rüber zum Bredsjön-See, der mit dem Nain durch einen Bach verbunden ist. Doch das Wetter schlägt plötzlich um. Peitschender Wind treibt uns auf eine kleine Insel auf dem Bredsjön-See zu. Just ist unser Camp errichtet und ein Feuer aus Treibholz entzündet, als sich der Himmel öffnet. Es regnet den restlichen Tag, es regnet die darauffolgende Nacht. Auch der nächste Morgen weckt uns mit Dauerregen. Hoffnungslos! Wir beschließen zum Nain zurückzufahren und von dort aus ein paar Abstecher zu unternehmen.

Zwei Tage später sitzen wir auf der Insel Brandholmen.

»Brandholmen findest du als Inselnamen häufig auf Karten«, sagte mir Birger Eriksson später. »Früher waren die Inseln Zufluchtsstätten für Menschen, deren Waldhöfe von Bränden bedroht waren.« Diese Sorge hatten wir jetzt nicht, denn Sturm und Regen tobten noch immer. Ein merkwürdiges Gefühl, hilflos auf einer Insel zu sitzen und der Natur ausgeliefert zu sein. Zugegeben, manchmal war mir etwas unheimlich. Doch es war auch ein Erlebnis, das zeigte, wie klein und abhängig man in der Natur ist. Und doch – es war auch eine Erfahrung, die ich jederzeit wiederholen würde. Schwedens Seele wird man selten intensiver erleben als auf einer Paddeltour im Kanu...

Informationen: Kanutouren

Schweden ist ein Traumland für Kanufahrten. Offizielle Stellen sprechen von 96 000 Seen!
Fast überall besteht die Möglichkeit, sich ein Kanu samt Ausrüstung zu leihen. Die klassischen Kanuregionen sind vor allem die Provinzen Dalsland und Värmland. In Värmland sind vier große Kanuzentralen in einem Verband zusammengeschlossen, dem »Värmlands Kanot«. Man erhält hier neben Kanus und Ausrüstung auch Tips und fachliches Know-how.

[i] **Värmlandsgården Vildmarkcenter AB,** Värmlandsgården, 683 91 Hagfors, Tel.: (0563) 910 22, Fax: (0563)-910 04; bietet Kanuvermietung, geführte Touren, Hüttenurlaub, Gruppenunterbringung.

Nordmarkens Kanot-Center, Årjäng, Box 24, 672 00 Årjäng, Tel.: (0573-)3 50 60/68, Fax: (0573) 3 50 95; Kanuvermietung, geführte Touren, Survival-Kurse, Touren im kanadischen Voyageur-Kanu für 10-16 Paddler.

Arvika Kanot & Touristcenter, Box 191, 671 01 Arvika, Tel.: (0570) 117 95; Kanuvermietung.

Vildmark i Värmland, Box 209, 685 00 Torsby, Tel.: (0560-)1 40 40, Fax: (0560) 1 30 68; Kanuvermietung, Wildwassertouren.
Rund 800 Kanus stellen diese Kanuzentralen zur Verfügung. Dennoch sollte man ein Boot rechtzeitig vor der Tour reservieren, vor allem in der Hauptsaison. Diese reicht von Ende Juni bis Ende Juli, Anfang August. Viele Vermieter gewähren 10–20 % Rabatt auf den Mietpreis in der Nachsaison.

Beste Reisezeit für Paddeltouren: Ende Mai bis Anfang Oktober. Doch jede Jahreszeit hat ihre Reize: Im Frühjahr beste Vogelbeobachtungsmöglichkeiten. Der Sommer, die Hauptsaison, ist zumeist auch wettermäßig schön. Nach dem sommerlichen Ansturm ist der Herbst die Zeit der Stille und Beschaulichkeit. Zudem leuchtet die Natur in einer ungeahnten herbstlichen Farbenpracht.

Dauer: Lohnende Touren zwischen wenigen Tagen und vier Wochen. Anfragen bei den jeweiligen Kanuzentralen klären die Ausmaße der Seensysteme und die daraus resultierenden Längen der Touren. Ein- und zweiwöchige Touren sind beliebt. Viele Paddler probieren zunächst zwei- bis dreitägige Trips aus und starten dann im nächsten Jahr erneut, dann aber für längere Zeit, getreu dem Motto »erst mal reinschnuppern«.

Ausrüstung: Sie kann zumeist komplett gemietet werden, z. B. Kanu, Rucksack, Zelt, Kocher, Liegematte, Schlafsack usw. Das klassische Boot zu Wanderfahrten ist das Kanu. Die Boote sind leicht zu be- und entladen, auch mit sperrigen Gepäckstücken. Kajaks sind im schwedischen Inland nicht zu mieten. Sie sind auch eher für Küstenfahrten geeignet, z. B. in den Schären vor der West- oder Ostküste.
Die meisten Kanuvermieter bieten Aluminium-Kanus an. Sie sind recht widerstandsfähig und wiegen nur ca. 35 kg. Die Länge der Kanus beträgt ca. 5-5,25 Meter, ihre Nutzlast liegt bei ca. 400 kg. Ebenso werden Kanus aus Kunststoff (GFK) benutzt. Sie sind in der Regel meist etwas schwerer als Aluminiumboote. Dafür sind sie »leiser«, sie klingen nicht so blechern, wenn Wellen dagegenklatschen oder man den Rand mit dem Paddel berührt. Man kann Kanus sowohl sitzend als auch kniend paddeln. Letzteres ist durchaus bequem und bringt durch die Verlagerung des Schwerpunktes nach unten ein besseres Gefühl für das Boot mit sich.
Ein wichtiges Hilfsmittel ist der Kanuwagen. Bei Portagen dient er als Transportuntersatz für das Kanu und einen Teil der Ausrüstung. Der kleine Wagen verkraftet je nach Bauart ein Gewicht bis zu 120 kg. Das reicht nicht für das ganze Gepäck, denn schon das

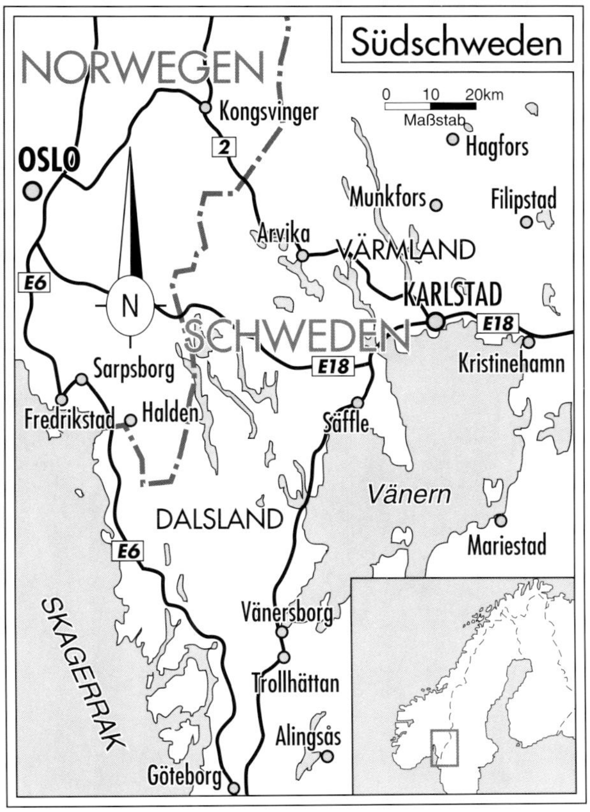

leere Kanu schlägt mit bis zu 40 kg zu Buche. Also: Rucksack schultern und im Zweifelsfall lieber zweimal gehen. Das liegt im eigenen Interesse, denn ist der Wagen erst einmal zerbrochen, stellt sich die Frage: »Was tun...?«
In der Regel wird man dem eigenen Schlafsack den Vorzug geben. Ratsam ist es, ihn in einem wasserdichten Sack zu verstauen. Das gilt auch für Kameras. Solche »Kanusäcke« oder Kunststoffbehälter gibt es in jedem Kanufachgeschäft.

Beispiele für die Ausrüstung:
- **Streichhölzer** (wasserdicht verpackt und nicht zu knapp)
- ein dünnes Seil, Nähzeug, Schnur
- Arzneimittel (Pflaster, Desinfektionsmittel, elastische Binden, Grippe-, Schmerz-, vielleicht Verdauungstabletten)
- Toilettenpapier (wasserdicht verpacken!)

Preise: Hier – als unverbindliche Anhaltspunkte – einige Preisbeispiele (in schwedischen Kronen pro Woche):

Kanu (inkl. 3 Paddel, Schwimmweste, Spaten, Abfallsack)	ca. 800,–
Kanuwagen	ca. 150,–
Zelt (für 2 Personen)	ca. 250,–
Spirituskocher mit Töpfen (Marke TRANGIA)	ca. 70,–
Landkarten müssen gekauft werden. Pro Stück	ca. 50,–

Es besteht die Möglichkeit, sich samt Ausrüstung zu speziellen Seen bringen zu lassen. Maximal 8 Personen + 4 Kanus pro Bus und Fahrt. Die Preise sind ähnlich wie die für Taxis.
Rabatt: 20 % vor dem 12. Juni und nach dem 8. August.
Für alle Kanuneulinge, die sich noch keine Touren auf eigene Faust zutrauen, gibt es geführte Touren inklusive Tourleiter und Vollverpflegung. Preis: Ca. 700,– bis 800,– DM pro Person und Woche.
Von allen Kanuzentralen können vorab Tourbeschreibungen geordert (Gebühr) werden. Man kann so in aller Ruhe die Touren prüfen und sich dann entscheiden, wo, wann oder ggf. mit wem man sich den skandinavischen Wassern anvertrauen will. Hier die Adresse des schwedischen Kanuverbandes:

Svenska Kanotförbundet, Idrottens Hus, 123 87 Farsta, Tel.: (08) 6056000, Fax: (08) 6056555.

Verpflegung: Faustformel: Keine Konservendosen in die Wälder schleppen. Durch ihren hohen Wassergehalt sind sie zu schwer. Bei der ersten Portage wird man über diesen Entschluß froh sein. Ratsam sind z. B. Reis, Nudeln, Mehl, Kartoffelpüree aus der Tüte, eventuell Hülsenfrüchte, des weiteren Schwarzbrot (von zuhause mitgebracht), Schokolade, Nüsse, Tütensuppen, Marmelade, Haferflocken, Salami, Trokkenobst, Margarine, Backpulver (für Bannocks), Salz und diverse Gewürze. Für die ersten Tage der Tour können sich auch einige Eier dazugesellen. Doch man sollte nie das Transportproblem aus den Augen verlieren. Platz-, gewichtssparend und daher beliebt sind gefriergetrocknete Mahlzeiten. Die dehydrierten Gerichte werden mit Wasser angerührt und kurz aufgekocht. Vorteil: Sie sind sehr leicht. Nachteil: Sie sind teuer; pro Person und Mahlzeit ca. 7,– bis 10,– DM. Bei Kanutouren sind sie wohl entbehrlich, denn hier zählt das Gewicht weniger als bei Wander- oder Trekkingtouren.

Tip: Die Angaben der Hersteller über Portionsmengen bei Fertiggerichten sollten geflissentlich übersehen werden. Wer 24 Stunden pro Tag an der frischen Luft ist, kann durchaus den Hunger eines Vielfraßes entwickeln.

Kanus im Angebot
Kanugewässer Dalsland, südliches Värmland und Grenzbereich Norwegen:
1. Sommarvik Fritidscenter, Årjäng, Tel.: (0573) 12060.
2. Scandiatrail AB, Grunnerud, Årjäng, Lennartsfors, Tel.: (0573) 30001, Fax: (042) 116134 Kanubasis mitten in der Wildmark. Vermietung von 2–3 Personen-Kanus. Vollständige Ausrüstung, Service. Geführte Kanusafaris, komplett ausgestattet. Von ruhigen Familientouren bis hin zu anspruchsvollen Wildmarkexpeditionen für Fortgeschrittene.
3. BLS Valåsen Kanot, Box 5018, 69105 Karlskoga, Tel.: (586) 282320, 55107, 58371, Fax: (0586) 53412. Paddeln auf dem Fluß Svartälven von Tyfors nach Karlskoga, 120 Kilometer, Transportservice.
4. Motor & Sport, UNO-X Tankstelle, Nordmarkshyttan, Tel.: (0570) 50016. Paddeln auf dem Tabergs-Kanal und den Seen der Nordmark.
5. Wermes Hyrkanoter, Glaskogen, Lenungshammer, 67020 Glava, Tel.: (0570) 44007, Fax: (0570) 44048. Paddeln im Naturreservat Glaskogen.
6. Seekajak-Paddeltouren auf dem Vänersee: Vänerkajak, Östra Rosenlundsvägen 54, 66302 Hammarö, Tel.: (054) 521627.
7. Dalslands Camping & Kanotcentral AB, 66691 Bengtsfors, Tel.: (0531) 11797, Fax: (0531) 31163. Kanuvermietung. Campinghütten und Zimmer auf

3-Sterne-Platz, Vermietung von Ausrüstung, Motorbooten, Booten zum Schleppfischen.
8. Gustavsfors Kanuvermietung, Dalslands Turistråd, Box 181, 662 31 Åmål, Tel.: (05 32) 1 60 60, Fax: (05 32) 1 21 30.
9. Kanuvermietung David Gustavssons eftr., Kvarnviken Pl 1388, 666 91 Bengtsfors, Tel.: (05 31) 2 30 22.
10. Silverlake Canoeing, Slussen, 666 91 Bengstfors, Tel.: (05 31) 1 21 73, (0 10) 2 87 60 84, (0 10) 2 34 24 01, Fax: (05 31) 1 17 11. Ca. 100 Kanus zu vermieten. Zentrale Lage in Bengstfors. Übernachtungsmöglichkeiten. Kombitouren, Transportservice. Fahrradvermietung.
11. Fritid & Sjöliv, Kanuvermietung, Kanalvillan, 660 10 Dals Långed, Tel./Fax: (05 31) 4 11 16. Vermietung von Kanus und Ausrüstung, geführte Touren, Gruppenfreizeiten, Aktivitäten für Firmen, Konferenzen.
12. Canodal Kanuverleih, Gamla Edsvägen 4, 668 00 Ed, Tel.: (05 34) 1 18 03, 1 19 12. Direkte Zugverbindung von Göteborg, Kopenhagen und Hamburg.
13. Örnäs Kanotcentral, Box 65, 662 22 Åmål, Tel.: (05 32) 1 71 43. Vermietung von Kanus und Ausrüstung. Transporte, Gruppenfreizeiten. Zentrale Lage, Bahnanbindung.
14. Gustavsfors Kanotuthyrning, Vinkelgatan 3, 662 37 Åmål, Tel.: (05 31) 2 01 97, (05 32) 1 03 66.
15. Köpmannebro Båt- och kanotuthyrning, Slussen, Köpmannebro, 464 90 Mellerud, Tel.: (05 30) 3 10 97, 3 11 10, Fax: (05 30) 3 10 97. Kanuvermietung in Köpmannebro, Upperud und Håverud (Dalsland Center). Motorbootvermietung.

Kanugewässer Värmland und nördliches Dalsland:
1. Klara Kanot, Tel.: (054) 11 27 49 und (0 10) 2 07 52 04. Kanufahren auf dem Klarälven-Fluß von Forshaga nach Karlstad.
2. Storfors Turistenbüro, Tel.: (05 50) 6 51 91, 6 51 00, Fax: (05 50) 6 51 14. Vermietung von Kanus und Outdoorausrüstung. Erleben Sie den Bergslagskanal mit vielen Bibern in schöner Natur.

Faszination Winter-Paddeln

Paddeln im Winter – eine Schnapsidee? Durchaus nicht. Unbeschreiblich ist es, lautlos mit dem Kanu durch einen von der Sonne durchfluteten Winterwald zu gleiten. Natürlich ist es bedeutend kühler als bei einer Sommertour – dafür gibt's im Winter keine Moskitos!

Die Probleme allerdings beginnen bei der Auswahl des Gewässers. Die Seen sind normalerweise bis April mit Eis bedeckt, und nur einige wenige Flüsse frieren nicht zu. Problem Nummer zwei ist die Beschaffung eines Kanus. Kaum ein Kanuvermieter hat im Winter geöffnet.

Ein Morgen im winterlichen Nordvärmland nahe der Ortschaft Gustavsfors. Es war nebelig in der Nacht gewesen, noch dazu hatte es stark gefroren. Jetzt liegt Rauhreif wie ein feiner Schleier über dem Land. Langsam steigt die Sonne, durchbricht den Nebel und offenbart eine Märchenwelt. Minus 18 Grad Celsius zeigt das Thermometer an – das ernüchtert ein wenig. Wir wissen, daß ein kurzes, nur fünf Kilometer langes

Paddeln im Winter – und die Skier kommen mit

Stück des Norsälven zwischen den Seen Uppämten und Dragsjön nicht zugefroren ist. Das reicht für eine kleine Tagestour, mit Rast irgendwo am Ufer. Viele Male bin ich hier während der Sommer gewesen. Doch Winterpaddeln ist von besonderer Faszination. Frisches, dünnes Eis am Ufer knistert leise, wenn es beim Herankommen der kleinen Wellen des Kanus bricht. Wir paddeln ohne Handschuhe, die trockene Kälte ist gut zu ertragen. Oberhalb des Paddelblattes gefriert das Wasser am Paddelschaft, auch Tropfen im Boot werden sofort zu Eis.

Wir erreichen eine breite Stelle des Flusses. Hier, wo die Fließgeschwindigkeit gleich Null ist, ist der Fluß über die gesamte Breite gefroren. Unser Alu-Kanu frißt sich durch die dünne Schicht. Uns wird warm. Wenn nur nicht die angewinkelten Beine so eiskalt wären! Daher sind wir dankbar für eine kurze Portage, nur ein einfaches Überheben über ein Wehr, auf dessen anderer Seite ein kleiner Bach den Anschluß bildet. Einbooten, Paddeln durch dichten Wald, bis eine weitere Eisdecke den Weg versperrt. Unser Boot hat die Grenze seiner Tauglichkeit erreicht. Sechzig Zentimeter dickes Eis zwingt uns zur Umkehr. Gleißend wird das Sonnenlicht auf der großen Eisfläche reflektiert. Auf dem Rückweg sehen wir drei Singschwäne. Majestätisch streichen sie über uns dahin, trompetend. Eigentlich wähnten wir sie in milderen Gefilden irgendwo im Süden. Aber vielleicht geht es ihnen wie uns: Der Norden lockt auch im Winter!

Bootstörn durch die Stockholmer Schären

Die alte Sehnsucht hat einen Namen. Jedes Jahr im Winter kommt sie aufs neue. »Schweden« heißt sie, genaugenommen »Stockholmer Schären«, eine Zauberwelt aus 24000 Inseln und Inselchen. Von Arholma im Norden bis Landsort im Süden erstrecken sie sich über eine Strecke von knapp 100 Seemeilen. Das sollte unser Bootsrevier für einen Sommer werden.

Die Sportbootkarte ist schnell zur Hand, und der Rundtörn, der uns von Vindö über Möja und Sandö durch das äußere Küstenband bis Utö und zurück führen soll, wird ausgetüftelt. Vercharterer werden angeschrieben, Angebote eingeholt und verglichen. Der stolze Preis von rund 1500.- DM pro Woche ist im voraus zu berappen – worauf die Bestätigung nicht lange auf sich warten läßt.

Vielleicht war es etwas blauäugig, sich ohne wirkliche Erfahrung in die äußeren Gewässer der Schären zu wagen. Schwedische Seedienststellen warnen davor, diese Gewässer ohne ausreichende maritime und navigatorische Kenntnisse zu befahren. Keinesfalls sollte man von den ausgewiesenen Fahrtstrecken abweichen. Die Warnung ist berechtigt, heute weiß ich das. Jährlich havarieren hier zahlreiche Boote.

Aufregung bei der ganzen Crew. Startschuß für die Fahrt in die Schären. Mit der Motorjacht »Maxim« verlassen wir den Anleger bei Stockholm in Richtung Nordosten und passieren vier Seemeilen später die Festung Dalarö Skans. Das Monument kriegerischer Auseinandersetzungen wurde 1623 von Gustav Adolf II. erbaut und diente zur Verteidigung der nach Stockholm führenden Wasserwege. Vor allem einer sollte abgehalten werden: König Sigismund von Polen, der ein begehrliches Auge auf die Besitzungen der schwedischen Krone geworfen hatte. Heute dient der eindrucksvolle Bau eher friedlichen Zwecken der Meeresforschung wie auch als beeindruckender Background bei Open-Air-Konzerten. Vor allem aus historischer Sicht ist die Insel interessant. Noch liegen hier tief im Schlamm der Jahrhundertwende verborgen Schiffswracks.

Wir bunkern Treibstoff an der Wassertankstelle

nahe der pittoresken Ortschaft Dalarö. Im Hafen Askfatshamnen legen wir an. Abgesehen vom äußerst zuvorkommenden Personal bietet der Hafen jedoch keine weiteren Highlights. Ganz anders Dalarö selbst. Vom Hafen aus führt eine in den Fels gehauene Treppe geradewegs zum Marktplatz; ein vorzüglicher Platz, um das quirlige Treiben während der Urlaubssaison zu beobachten. Dalarö gilt als »Perle des Schärengartens«.

Bei einem früheren Besuch hatte ich die Einheimischen vom Fischreichtum in der Meerenge zwischen dem Festland und der Insel Genböte schwärmen hören. Massenhaft Riesenbarsche stünden da. Das hatte mich elektrisiert. Wenig später gehen wir dort vor Anker. Ich werfe zunächst die Ankerleine und dann die Angelleine aus: da, ein Biß, und noch einer. Die ersten Barsche wandern gleich in die Kombüse. Doch danach tut sich nichts mehr. Zumindest so lange, bis mit lautem Geschrei ein Schwarm Möwen sich 300 Meter weiter wie auf ein geheimes Kommando auf die Wasseroberfläche stürzt. Sind da vielleicht Heringe? Kaum, die Saison für Heringe ist doch schon einige Monate vorüber. Ich greife nach dem Fernglas. Wie Silberstreifen springen Fische aus dem Wasser und tauchen elegant unter. »Lachse auf der Wanderung!« Die Angelleidenschaft packt mich. Wurf folgt auf Wurf. Doch kein Lachs scheint Interesse an unserem Blinker zu haben. Ich stelle das Echolot mit der Fischlupe an. Nichts! Hier und da Felsen, vereinzelte Fische, jedoch nicht der erwartete große Lachsschwarm. Moment mal! Plötzlich erscheint ein Schwarm auf dem Schirm. Ich werfe den Angelhaken aus. »Petrus, du alter Schutzpatron der Angler, wo bleibst du heute?« Nichts geschieht... Vielleicht sollte ich es mit den Würmern versuchen, die uns der Hafenmeister von Dalarö mitgegeben hat? Der neue Köder ist kaum in halber Wassertiefe, da ruckt es, die Rute krümmt sich, die Rolle kreischt – Momente später hieve ich eine große Brasse ins Boot. Doch das war nur der Anfang.

Im Hafen treffen wir den Hafenmeister. Er wirft einen spöttischen Blick auf unseren Fang. »Katzenfutter, schmeißt das Zeug ins Meer!« Alles Geschmackssache. Wir ziehen uns aufs Boot zurück, um die Fische zu räuchern. Bald weht der aromatische Duft unseres »Katzenfutters« durch den Hafen und läßt auch anderen Anlegern das Wasser im Munde zusammenlaufen.

Man kann sich dem Schärengarten von Möja auf vielerlei Weise nähern. Doch egal, von wo man kommt, Landschaft und Eindrücke wechseln ständig. Das ist das Geheimnis seiner Attraktivität. Für die Urlauber, Segler, Motorbootfahrer und Sommergäste, die hier per Waxholmboot von Stockholm aus eintreffen, sind Möja und seine angrenzenden Inseln ein wahrer Schatz des Schärengartens. Überhaupt, die ganze Gegend ist zauberhaft. Auch ein Abstecher in südöstlicher Richtung durch den engen Bocksöund zu dem idyllischen Naturhafen an seinem Ende lohnt sich. Doch Vorsicht: Das Meer außerhalb der markierten Fahrwasser ist nicht ungefährlich.

Das Wetter zeigt sich während der nächsten Tage wenig kooperativ. Ein steifer Nordwest vertreibt uns aus der am Abend zuvor noch so ruhigen Bucht. Kurzentschlossen suchen wir in den inneren Schären stilleres Fahrwasser auf. Der Entschluß wird zum Abenteuer: Als wir südlich von Möja auf die riesigen Wasserflächen des

Die Stockholmer Schären: Wassersportmöglichkeiten ohne Ende für Motorbootfahrer, Segler und Ruderer

Kanholmfjärd stoßen, klatscht die Urgewalt der Natur mit voller Breitseite gegen unser Boot. Wieder und wieder durchpflügt der Bug die Wellentäler. Wogen brechen sich über uns. Nach einer endlos erscheinenden Fahrt über den Möja Västerfjärd erreichen wir den phantastisch schönen Naturhafen Finnhamn auf der Insel Jolpan. Erschöpft sinken wir in die Kojen.

Die Insel Fjärdlång ist der Wendepunkt unserer Reise. Die tiefe Bucht, eingebettet zwischen hohen Felsen, ist bei Seglern und Motorbootfahrern bekannt und beliebt. Doch Achtung, hier gibt es militärische Sperrgebiete. Bei Übertretungen sind die Folgen ernst. Wer hier fährt, sollte die entsprechenden Regularien kennen.

Der reizvolle Gasthafen von Utö mit einer Kapazität von rund 300 Booten empfängt uns mit pulsierendem Leben. Der auskunftsfreudige Hafenmeister plaudert über die Geschichte der Insel.

Am folgenden Morgen verlassen wir den Ort, passieren die Inseln Rånö und Nattarö und nehmen Kurs auf Nynäshamn, gewissermaßen eine Metropole der südlichen Stockholmer Schären. Hier befindet sich auch die Zollstation, bei der von Süden einlaufende ausländische Wasserfahrzeuge einklarieren müssen. Bald haben wir das erste blinkende Seefeuer vor uns.

Es wird eine lange, zauberhafte Nacht. Mehr als einmal fühle ich mich in der Stille der Schären wie Robinson Crusoe – doch dann reißt mich ein erleuchtetes Frachtschiff in die Gegenwart zurück.

Der nächste Tag bringt uns bis ans Ende des Baggensfjärdens, wo wir in den Baggenstäket, einen Kanal mit langer Geschichte, einlaufen. 1719 gelang es hier dem Karolinger Balzar von Dalheim, die unter General Appraxin einfallenden 6000 russischen Krieger vernichtend zu schlagen. Um das zu erreichen, hatte man den Baggenstäket an dieser Stelle künstlich verengt und verflacht. Seitdem gaben die Russen die Versuche auf, Stockholm zu erobern.

Nicht so wir …

Am nächsten Morgen liegt die Skyline der schwedischen Hauptstadt vor uns. Eine halbe Stunde später laufen wir in den Gasthafen nördlich des Wasa-Museums ein, um von dort aus das »Venedig des Nordens« zu erkunden.

Strömender Regen weckt uns am letzten Chartertag. Nach Rückgabe der »Maxim« lassen wir unser eigenes kleines Boot, das wir zuvor untergestellt hatten, zu Wasser, um eine während des Törns entdeckte Insel für den Rest des Urlaubs in Beschlag zu nehmen. Welche? Nun – das wird unser Geheimnis bleiben.

Informationen: Schärenrundfahrt

Wichtig: Die auf der Seekarte angegebenen Vogel- und Robbenschutzgebiete müssen während der ausgewiesenen Zeiten gemieden werden.

Abfall: Sämtliche Wassertankstellen nehmen von Bord stammende Abfälle auf – an einigen können auch Septiktanks entleert werden. Auf vielen Schären befinden sich Toiletten sowie Plätze zur Müllentsorgung.

Militärische Schutzbereiche: Tillträdesförbud (Zutrittsverbot) gilt für bestimmte durch Schilder gekennzeichnete Inseln. Die Seekarte enthält keine diesbezüglichen Hinweise.
Förbjudna Omraden (Sperrbereich) bedeutet totale Einschränkung der Bewegungsfreiheit zu Wasser und zu Land. Durch Bojen markiert. Die Ausweisung der Sperrbereiche erfolgt in der Seekarte durch violette oder rote Begrenzungslinien.
Weitere Informationen erteilen die schwedische Polizei sowie die Dienststellen der Küstenartillerie Stockholm.

Karten: Båtsportkort A, Serie A, Arholma – Landsort, herausgegeben von: Sjöfartsverket, Norrköping, zu beziehen durch den Fachhandel in Deutschland.

Seewetterberichte: Radio (SMHI, Programm 1): täglich, außer sonntags: 8.05, 13.00 und 18.30 Uhr sonntags: 13.00, 1830 und 21.50 Uhr

Beste Reisezeit für Bootstouren: Juni und August. Seewassertemperaturen normalerweise um 16 °C, in flachen Buchten im Sommer bis 22 °C.

Praktische Reisetips

Reisevorbereitung, Formalitäten, Geld und vieles mehr

Reisezeit
Die beste Reisezeit liegt zwischen Mai und September. Für Mai und Juni sprechen die relativ geringen Niederschlagsmengen, der Frühlingsbeginn und vor allem die langen Tage. Allerdings muß bis Ende Juni in den Höhenlagen noch mit Schnee gerechnet werden. Im Juli, der Hauptreisezeit, ist es häufig entweder drückend heiß, oder es regnet viel. Mitte August ebbt die Reisewelle schnell ab, das Wetter ist eher wechselhaft. Zwischen Ende August und Ende September liegen oft zwei, drei Wochen mit überwiegend schönem Wetter.
Im allgemeinen sind an der Küste die Temperaturen im Sommer niedriger und die Niederschlagsmengen höher als im Inland. Doch verläßliche Prognosen sind selten. Ein sonnenverwöhnter Sommer im sonst feuchten Westnorwegen oder auf den Lofoten ist ebenso möglich wie ein verregneter August im eher niederschlagsarmen Gebiet um Røros. Allerdings – wegen des Wetters kommt niemand nach Norwegen.

Geld
Währungseinheit ist die Norwegische Krone (nkr). Eine Krone hat 100 Øre. Wer bei der Einreise mehr als 25 000 nkr dabei hat, muß den Betrag beim Zoll angeben.
Den besten Wechselkurs bietet das deutsche **Postsparbuch**, von dem man allerdings nur 2000 DM in 4 Wochen abheben kann.

Kreditkarten werden, ausgenommen in kleinen Läden auf dem Land, ohne weiteres akzeptiert; »Visa« und »American Express« jedoch häufiger als die »Eurocard«.
Ein gutes Zahlungsmittel ist auch der **Euroscheck.** Der Höchstbetrag per Scheck liegt bei 1300 nkr.

Gesundheitsvorsorge
Vorläufig müssen Arztrechnungen noch bar bezahlt werden. AOK-Mitglieder bekommen zu Hause nur die Summe erstattet, die die Behandlung in Deutschland gekostet hätte. Da die Arztkosten in Norwegen höher sind, ist eine **Reisekrankenversicherung** zu empfehlen. Privat Versicherte erkundigen sich besser vor dem Reiseantritt bei ihrer Versicherung.
Da Medikamente in Norwegen nur gegen Rezept ausgehändigt werden, stelle man sich eine kleine Reiseapotheke zusammen.

Anreise
Die meisten Urlauber kommen mit dem eigenen Fahrzeug – und damit um eine Fährfahrt nicht herum. Zwischen Kiel und Oslo verkehrt die »Color Line«, die einzige Direktverbindung ab Deutschland. Alle anderen Fähren legen in Norddänemark ab: Hanstholm-Egersund/Bergen (»Fjord Line«), der schnellste Weg nach Westnorwegen, Hirtshals-Kristiansand (»Color Line«), die kürzeste Verbindung, Frederikshavn-Larvik (»Larvik Line«), für die Weiterreise zur Sørlandsküste und ins zentrale Hochland günstig, sowie Hirtshals-Oslo (»Color Line«), Frederikshavn-Oslo und Frederikshavn-Moss (beide »Stena Line«). Die Preissysteme sind dermaßen verschachtelt, daß sich das genaue Studium von Fahrplänen und Prospekten allemal rentiert.
Das **Flugzeug** ist interessant geworden, seit Spartarife wie Super Flieg & Spar die Reisekasse deutlich entlasten. SAS und Lufthansa fliegen Oslo direkt ab Berlin, Hamburg, Düsseldorf, Frankfurt am Main, München und Zürich an. Gut ist auch die Route Hamburg-Bergen, für Fjordland-Urlauber wie geschaffen.
Der **Bus** nach Oslo bietet eine preiswerte, aber anstrengende Alternative. Die **Eisenbahn** ist eher teuer und langsamer, was Eisenbahnfans allerdings wohl kaum abhalten wird.

Einreise
Der gültige Personalausweis genügt. Wer länger als drei Monate bleiben will, braucht eine Aufenthaltsgenehmigung, die die Norwegische Botschaft im Heimatland ausstellt.
Der norwegische Zoll achtet besonders auf Alkoholika und Tabak: Bei der Einreise erlaubt sind 1 Liter Spirituosen und 1 Liter Wein und 1 Liter Bier oder 2 Liter Wein und 2 Liter Bier (Mindestalter 20 Jahre) bzw. 200 Zigaretten, 50 Zigarren oder 250 Gramm Tabak (Mindestalter 16 Jahre).
Haustiere dürfen nur im Rahmen einer langwierigen Prozedur mitkommen, die Impfungsnachweise und das Verschicken von Blutproben beinhaltet. Gebühren und Tierarztkosten kommen auf mehrere hundert Mark. Lassen Sie Ihr Haustier besser daheim.

Transport
Norwegens Küste ist, die Fjorde einbezogen, mehr als 21 300 Kilometer lang. In vielen Regionen ist das **Schiff** das einzig mögliche Transportmittel.
Das zerfurchte Landschaftsprofil erfordert lange Reisewege. Deshalb ist Norwegen von einem relativ engmaschigen **Flugnetz** überzogen. Allein auf die in diesem Buch beschriebenen Landesteile verteilen sich 34 Flughäfen, die von mehreren Gesellschaften

bedient werden. Kleine Flughäfen sind oft nur durch (mehrmaliges) Umsteigen zu erreichen. Wegen der Vielzahl der Verbindungen muß man sich vor Ort in Reisebüros um einen Platz bemühen. Inlandflüge müssen nicht teuer sein: Die Gesellschaften werben mit Coupons und Rabattsystemen um Kunden. Anschlußflüge ab Oslo können bei der Anreisebuchung über SAS erfragt werden.

Fjorde und Gebirge beschränken die **Eisenbahn** auf wenige Strecken. Die drei großen Routen verbinden Oslo mit Stavanger, Bergen und, über Trondheim, mit Bodø. Die meisten Nebenstrecken wurden im Lauf der Zeit eingestellt und durch Busse ersetzt. Die Norwegischen Staatsbahnen (NSB) haben mit einem gewaltigen Finanzdefizit zu kämpfen. Um den Zugverkehr attraktiver zu machen, gilt ein flexibles Preissystem. In den Fernzügen sind Platzkarten obligatorisch.

Der **Bus** schließt die Lücken, die Schiff, Flugzeug und Bahn nicht ausfüllen können. Zwischen den großen Städten verkehren Überlandbusse, die flott vorankommen. Das Nahverkehrsnetz auf dem Land wird dagegen ausgedünnt.

A–Z für Autofahrer

Das Abblendlicht ist auch tagsüber vorgeschrieben. Auf Vorder- und Rücksitzen gilt Anschnallpflicht, sofern Sicherheitsgurte vorhanden sind.

Geschwindigkeitsbegrenzungen: innerhalb geschlossener Ortschaften 50 km/h, außerhalb geschlossener Ortschaften 80 km/h, auf einigen Autobahnen und Schnellstraßen 90 km/h. Die Bußgelder sind enorm und werden an Ort und Stelle kassiert.

Tiere: Schafe und Ziegen benutzen Straßen als Verkehrswege und suchen bei Regen manchmal in Tunneleinfahrten Schutz. Hinweisschilder sind ernstzunehmen. Zusammenstöße mit einem tonnenschweren Elch enden für Autofahrer mitunter tödlich.

Notruf: Tel. 1 13.

Im **Winter** sollten Schneeketten zur Ausrüstung gehören. Von Anfang November bis Mitte April können Spikesreifen geliehen werden: Ulrich Gummiservice, Bygdøy Allé 135, 0277 Oslo, Tel. 22 55 77 18, Fax 22 44 82 52.

Schmale, kurvenreiche Straßen und niedrige Tunnels sind nicht immer für **Wohnmobile** und **Wohnwagen** geeignet. Eine Karte mit den problematischen Strekken verschickt Nortra Marketing Versandservice, Christophstraße 18–20, 45130 Essen.

Unterkünfte

Hotels sind ausgesprochen teuer, reist man nicht mit einem Rabattpaß, der in bestimmten Hotels Nachlässe garantiert. Am weitesten verbreitet ist der »Fjord Pass«. Bezug: Nortra Marketing Versandservice, Christophstraße 18–20, 45130 Essen.

Knapp 100 **Jugendherbergen** in unterschiedlicher Ausstattung verteilen sich über das Land. Wer den üblichen Leinenschlafsack nicht dabei hat, muß Bettwäsche ausleihen. Ein Jugendherbergsausweis ist nicht notwendig, sorgt aber für Rabatt. Das Gesamtverzeichnis verschickt Norsk Vandrerhjem, Dronningensgate 26, 0154 Oslo, Tel. 22 42 14 10, Fax 22 42 44 76.

Wegen des gelegentlich unsteten Wetters können vor Ort auch Hütten gemietet werden, entweder autarke Ferienhütten oder einfache **Campinghütten** ohne Küche und Bad.

Die Auswahl an **Campingplätzen** ist groß, der Standard aber sehr unterschiedlich. Die Klassifizierung nach Sternen sagt nichts über die Reinlichkeit aus. Wohnmobilisten sollten eine 50-Meter-Kabeltrommel dabei haben, Zeltschläfer können sich ihren Platz selbst aussuchen (keine Parzellen).

Das **Jedermannsrecht** besagt, daß man eine Nacht in der Natur schlafen kann, sofern ein paar hundert Meter Abstand zum nächsten Gebäude eingehalten werden. Das gilt für Wanderer und Fahrradfahrer, die wegen zu großer Entfernungen keine öffentliche Unterkunft erreichen können. Wer motorisiert unterwegs ist, ist auf den guten Willen der Norweger angewiesen. Leider bleibt häufig Müll zurück, wird im Sommerhalbjahr trotz des Verbots offenes Feuer entzündet, Holz von Bäumen und Büschen abgebrochen oder die Chemietoilette im See entleert. Solch verantwortungslose Zeitgenossen gefährden den Fortbestand des Jedermannsrechts. Gehen Sie mit gutem Beispiel voran.

Öffnungszeiten

Supermärkte haben keine festen Ladenöffnungszeiten. In großen Einkaufszentren gilt maximal Mo–Fr 9–21 Uhr, Sa 9–18 Uhr, ansonsten etwa Mo–Fr 9/10–16/17 Uhr, Sa 9/10–13/14 Uhr.

Postämter: Mo–Fr 8/8.30–16/16.30 Uhr, Sa 8/9–12/13 Uhr.

Banken: Mo–Fr 8.30–15/15.30 Uhr, Do bis 17 Uhr.

Telefonieren

In Norwegen gelten generell achtstellige Telefonnummern, egal von wo aus man anruft. Für Auslandsgespräche wählt man die 095, danach die Landeskennzahl, die Ortsvorwahl ohne 0 sowie die gewünschte Rufnummer. Landeskennzahlen: Deutschland 49, Schweiz 41, Österreich 43. Kartentelefone sind noch selten.

Feiertage
Gesetzliche Feiertage sind der Neujahrstag, die Ostertage von Gründonnerstag bis Ostermontag, der Tag der Arbeit am 1. Mai, der Nationalfeiertag am 17. Mai, Pfingstsonntag und -montag sowie die beiden Weihnachtsfeiertage. Der Mittsommertag fällt auf den 24. Juni. Am Vorabend, St. Hansaften genannt, feiern die Norweger die kürzeste Nacht des Jahres.

Karten und Literatur
Eine sehr gute **Straßenkarte** ist die Cappelens kart, bei Kümmerly & Frey als Lizenzausgabe erschienen: gute Darstellung, wird sorgfältig aktualisiert, insgesamt 5 Blätter mit Überhang.
Von Autor Alexander Geh sind erschienen im Regenbogen Verlag, Zürich: **Norwegen selbst entdecken**, sowie: **Westnorwegen selbst entdecken.** Akkurat recherchierter Reiseführer. Viele Anregungen für Wanderungen und Aktivtrips.
Bei Frederking & Thaler erschien von ihm: **Fjorde, Gletscher, Wasserfälle.** Beschreibung einer mehrmonatigen Fahrradreise im Wechsel der Jahreszeiten.

Hundeschlittenfahren in Norwegen: Der Gebrauch von Schlittenhunden hat in Norwegen lange Tradition. Schließlich benutzten schon die norwegischen Jäger an der ostgrönländischen Küste und auf Spitzbergen Hundeschlittengespanne. In den letzten Jahrzehnten hat der Hundeschlittensport immer mehr Anhänger gefunden. Heute werden Rennen jeder Länge und Anforderung ausgetragen. Das längste Rennen Europas findet in Nordnorwegen statt und geht über eine Distanz von 1000 Kilometern. Die »Finnlandsløpe« gehört zu den härtesten Rennen der Welt. Der Winter dauert in Südnorwegen mindestens vier, in Nordnorwegen maximal acht Monate. Im Hochgebirge in Südnorwegen und im Norden Norwegens endet die Schlittensaison im Mai. Das Nordlicht ist nur in Nordnorwegen gut zu beobachten.

Informationen über Hundeschlittenfahrten: Bjørn Klauer, Innset, N-9250 Bardu, Norwegen, Tel/Fax (00 47) 77 18 45 03.
Informative Zeitschrift für aktive wie passive Schlittenhundeführer (Musher): Zeitschrift Schlittenhund. Goldrausch Verlag – Karl Heinz Raubuch, Hauptstr. 249, 66773 Schwalbach, Tel. u. Fax: (0 68 34) 59 76.

Nützliche Anschriften

Zentrales Fremdenverkehrsbüro
Norwegisches Fremdenverkehrsamt, Mundsburger Damm 27, Postfach 760820, 22058 Hamburg, Tel. (0 40) 22 71 08 10, Fax (0 40) 22 71 08 15.

Bezug von Karten und Literatur
Nordis Buch- und Landkartenhandel, Postfach 100343, 40767 Monheim, Tel. (0 21 73) 5 66 65, Fax (0 21 73) 5 42 78.

Buchung von Fähren
»Color Line«, Postfach 2646, 24025 Kiel, Tel. (04 31) 97 41 10, Fax (04 31) 9 74 11 22.
»Fjord Line«, Agentur Karl Geuther, Martinistraße 58, 28195 Bremen, Tel. (04 21) 1 76 03 62, Fax (04 21) 1 85 75.
»Larvik Line«, Reisebüro Norden, Ost-West-Straße 70, 20457 Hamburg, Tel. (0 40) 36 00 15 78, Fax (0 40) 36 64 83. »Stena Line«, Schwedenkai 1, 24103 Kiel, Tel. (04 31) 90 99, Fax (04 31) 92 00.

Infos für Busreisen nach Norwegen
»CGD-Continent Bus«, Adenauerallee 78, 20097 Hamburg. Tel. (0 40) 24 71 06, Fax (0 40) 2 80 21 27.
»Deutsche Touring«, Am Römerhof 17, 60486 Frankfurt am Main, Tel. (0 69) 7 90 30.

Infos für Bahn- und Busreisen
NSB (Norwegische Staatsbahnen), Postboks 11 62, 0107 Oslo, Tel. 22 17 14 00 und 22 17 14 01. Bestellen Sie den aktuellen Fahrplan »NSB Togruter«, vor Ort in jedem Bahnhof erhältlich.
»NORWAY« Bussekspress«, Karl Johansgate 2, 0154 Oslo, Tel. 22 17 52 90, Fax 22 83 24 78. Bedient die Überlandbusse in Norwegen.

Automobilklub
NAF (Norges Automobil Forbund), Storgate 2, 0105 Oslo, Tel. 22 34 16 00, Fax 22 42 88 30. Telefon Tag und Nacht besetzt.

Für Körperbehinderte
Norges Handikapforbund, Postboks 9217 Vaterland, 0134 Oslo, Tel. 22 17 02 55, Fax 22 17 61 77.

Norwegische Botschaften
Deutschland: Mittelstraße 43, 53175 Bonn, Tel. (02 28) 81 99 70, Fax (02 28) 37 34 98.
Schweiz: Defourstraße 29, 3005 Bern, Tel. (0 31) 44 46 76, Fax (0 31) 43 53 81.
Österreich: Bayerngasse 3, 1037 Wien, Tel. (02 22) 7 15 66 92, Fax (02 22) 7 12 65 52.

Temperaturen

Durchschnittstemperaturen in Celsius.
O = Oslo S = Stavanger B = Bergen L = Lærdal R = Røros T = Trondheim B = Bodø

	Jan	Feb	Mär	Apr	Mai	Jun	Jul	Aug	Sep	Okt	Nov	Dez
O	− 4,7	− 4,0	− 0,5	4,8	10,7	14,7	17,3	15,9	11,3	5,9	1,1	− 2,0
S	0,7	0,4	2,3	5,5	9,6	12,2	14,7	14,7	12,3	8,5	5,2	2,8
B	1,4	1,2	3,1	5,9	10,4	13,0	15,3	14,9	12,1	8,3	5,5	3,2
L	− 2,7	− 2,6	0,9	5,5	10,4	13,3	15,7	14,6	10,5	5,7	2,3	0,0
R	− 11,2	− 9,8	− 6,4	0,1	5,0	9,4	12,4	10,9	6,6	1,1	− 3,8	− 7,4
T	− 3,4	− 2,8	− 0,4	3,8	8,4	11,9	15,0	14,0	10,2	5,7	1,9	− 0,7
B	− 2,1	− 2,4	− 1,0	2,2	6,2	9,9	13,6	12,7	9,4	5,1	1,9	− 0,1

Niederschläge

in mm	total	Jan	Feb	Mär	Apr	Mai	Jun	Jul	Aug	Sep	Okt	Nov	Dez
	740	49	35	26	44	44	71	84	96	83	76	69	63
S	1015	88	59	38	55	48	69	89	108	122	122	122	105
B	2108	193	150	117	151	89	135	152	180	244	254	225	218
L	410	32	26	14	19	20	31	46	43	53	51	35	40
R	480	30	28	27	25	24	67	79	62	47	31	28	32
T	817	57	57	59	60	46	68	71	85	89	94	60	71
B	1042	90	72	80	54	49	69	70	97	125	132	100	104

Entfernungen

in km	Be	Bo	Kr	Li	Os	Rø	St	Tr	Al
Bergen		1420	398	440	484	656	149	682	401
Bodø	1420		1611	1098	1277	892	1557	738	1166
Kristiansand	398	1611		513	328	729	256	873	901
Lillehammer	440	1098	513		185	261	542	360	388
Oslo	484	1277	328	185		401	584	539	573
Røros	656	892	729	261	401		804	154	402
Stavanger	149	1557	256	542	584	804		819	528
Trondheim	682	738	873	360	539	154	819		428
Ålesund	401	1166	901	388	573	402	528	428	

Ortsregister

Ortsregister

Ortsregister